新时代
未成年人保护
司法政策研究

徐新忠　马铁丰　李照彬○主　编

西南财经大学出版社

中国·成都

图书在版编目（CIP）数据

新时代未成年人保护司法政策研究/徐新忠,马铁丰,
李照彬主编.--成都:西南财经大学出版社,
2024.10.--ISBN 978-7-5504-6430-8

Ⅰ.D922.74

中国国家版本馆 CIP 数据核字第 2024L2F474 号

新时代未成年人保护司法政策研究

XIN SHIDAI WEICHENGNIANREN BAOHU SIFA ZHENGCE YANJIU

徐新忠　马铁丰　李照彬　主编

责任编辑:王　利
责任校对:植　苗
封面设计:墨创文化
责任印制:朱曼丽

出版发行	西南财经大学出版社(四川省成都市光华村街 55 号)
网　　址	http://cbs.swufe.edu.cn
电子邮件	bookcj@swufe.edu.cn
邮政编码	610074
电　　话	028-87353785
照　　排	四川胜翔数码印务设计有限公司
印　　刷	郫县犀浦印刷厂
成品尺寸	170 mm×240 mm
印　　张	14.75
字　　数	245 千字
版　　次	2024 年 10 月第 1 版
印　　次	2024 年 10 月第 1 次印刷
书　　号	ISBN 978-7-5504-6430-8
定　　价	78.00 元

《新时代未成年人保护司法政策研究》
编委会名单

主　编：徐新忠　马铁丰　李照彬

编　委（排名不分先后）：

魏庆锋　王　玥　刘丽君

高　倩　豆晓红　罗　虹

杨思思　杜　茜　唐楠栋

曹金容　许世强　朱兴琴

鲁朝俊　胡云双　苏　易

刘　颖　熊智临　任建梅

丁楠力　朱文娜

前　言

本书基于回应人民群众对未成年人（少年）司法保护的新需求新期待，将目光投向关涉未成年人司法保护体系方向性、周密性、实效性的司法政策问题，以"服务国家战略、贯彻落实法律、回应群众关切、重塑少审辉煌"为目标，在对司法政策若干基本问题进行深入研究，以及对未成年人司法保护态势予以分析研判的基础上，探索构建"延伸审判职能、协同社会机制"的未成年人司法保护政策体系。本书的研究方向既着眼宏观，通过系统梳理、厘清范畴、对照检视，构筑未成年人司法保护政策的整体"防护林"，又关注微观，重点研究"罪错未成年人分级处遇机制"（"处遇"一词最早源于监狱学相关理论，有"处理""对待""治疗"等意思，强调刑罚个别化和对行刑制度进行改革）、"未成年人刑事案件言辞证据审查"等八个关涉司法政策落实的具体问题。本书是四川省高级人民法院、西南财经大学联合申报的最高人民法院2021年度司法研究重大课题的转化成果，该课题报告结项验收获评优秀。本书主要涵盖以下内容：

（1）关于未成年人保护司法政策基本问题。综论部分系统梳理了国内外未成年人保护司法政策发展脉络，提出完善中国未成年人司法政策体系必须处理好五个关键问题，即儿童定义的"开放性"与未成年人定义的"恒定性"的毫厘之别；双向保护"两难全"与宽严相济"左右摆"的位阶选择；审判工作"专业化"与职能延伸"多元化"的相促制衡；司法保护"送出去"与社会支持"接进来"的咬合相弥；政策制定"碎片化"与法律制度"体系化"的逻辑互洽。

（2）关于罪错未成年人分级处遇制度问题。该部分聚焦低龄未成年人违法犯罪问题，着重从"保护"与"惩治"平衡角度展开讨论。通过实证分析，该部分提出我国罪错未成年人分级处遇制度存在规则制定不严密、罪错行为分级标准不明确、罪错行为分类体系不科学、专门矫治教育程序不合理等问题，并从司法职能延伸与社会机制的全面充分协同角度，提出分级处遇应引入第三方机构开展专业干预，并构建以罪错未成年人信息共享、强化刑事诉讼程序与矫治措施的衔接为着力点的联合处遇体系。

（3）关于未成年人刑事案件言辞证据审查问题。该部分以被害人陈述可信度审查为中心，揭示了刑事案件未成年人言辞证据审查存在的充分印证难以实现、案件事实难以推定、确切结论难以形成的实践困境，并据此构建审查"被害人陈述可信度"的核心标准、辅助标准及配套机制。

（4）关于未成年人犯罪记录封存制度问题。该部分全面梳理封存制度相关政策，揭示该制度在运行中存在查询主体和查询程序不明确、封存范围有待细化、对罪错未成年人缺少持续考察、封存流程信息保护不到位等问题，并据此提出增设封存考验期、建立覆盖诉讼全流程的未成年人信息管理系统等完善对策。

（5）关于性侵害未成年人犯罪惩治问题。该部分在对性侵害未成年人案件态势进行观察的基础上，锚定性侵害未成年人案件中司法裁判存在的几大难点：特殊证据构造与刑事案件证明标准不匹配的事实认定难、从严惩治背景下从宽情节把握易失当、司法资源有限背景下被告人和被害人难兼顾的双向保护失衡、融入性侵治理职能延伸作用发挥不足，并据此提出确立综合证明模式做到有罪必罚、审慎把握从宽情节确保罪刑相当、强化被害人保护促进双向平衡、延伸审判职能实现惩治并重的完善路径。

（6）关于未成年人网络交易行为民事纠纷问题。该部分主要探讨在未成年人广泛参与网络交易的背景下，如何实现未成年人权益"特殊、优先"保护与网络经营者的信赖利益保护，以及维护网络交易效率与安全之间的价值平衡。通过典型案例（案件）分析，该部分从未成年人网络交易行为的效力认定、举证责任的分配、责任的承担三个方面探索构建未成年人网络交易民事纠纷裁判规则体系。

（7）关于未成年人民事监护制度问题。该部分以涉及未成年人民事案件中的监护失责现象为研究对象，在现行法律框架内提出行之有效、用以指引审判实践的司法政策，让"最有利于未成年人"原则回归到与未成年人成长最为息息相关的家庭中，明确了司法政策在践行"养老育幼"中国优秀传统伦理价值观中的路径。

（8）关于校园欺凌问题。该部分基于实证分析，发现校园欺凌发生的根本原因是"权责分离"，提出应从国家监护角度划定校园欺凌治理边界，区分司法系统和前端系统划定责任。前端系统应建立分级分类分流治理体系，在社会调查程序前置的基础上，对相关要素予以充分考量，并最终建立以学校为预防主体、第三方为认定主体、教育行政机构为处置主体的校园欺凌责任惩处体系，着重从社会机制支持角度厘定了相应司法政策的适用空间。

（9）关于未成年人案件审判延伸工作机制问题。该部分提出在未成年人案件审判工作专门法庭向专门法院发展的过渡阶段，由人民法庭相对集中地补位承担未成年人案件审判延伸职能。对照人民法庭的发展理念、工作要求和职能定位，可以发现，它们与未成年人案件审判延伸工作的类型化功能理念呈现三个契合：修复型的司法理念与人民法庭内涵的"枫桥经验"契合；综合治理型的"社会性"与人民法庭的基层治理"单元性"工作要求契合；诉讼权利保障型的"国家亲权"理念与人民法庭司法为民职能定位契合。据此，本书提出以审判工作和延伸工作适度分离为前提，创制由人民法庭补位未成年人司法延伸工作的"机制构建类司法政策"。

需要特别指出的是，本书编写委员会充分发挥院校合作优势，注重运用交叉学科分析方法，强化了研究的应用特色。编写委员会搜集、整理全国范围内的相关案例（案件）和事件，实地走访了成都、内江、绵阳、德阳、自贡、泸州、阿坝、凉山等地市州及部分下辖区县，与公安机关、检察机关、法院、教育机构、妇联、共青团等负责未成年人工作的相关一线同志，就未成年人保护问题进行深入交流，设计了面向未成年人的《四川省未成年人法治意识调查问卷》，面向成年人的《四川省婚姻家庭观调查问卷》，以及分别面向法院系统和普通群众的《未成年人保护司法政策研究问卷》，创新性地利用基于倾向得分匹配的列联表分析考察各要素之间的逻辑关系，并引入伪实验设计中匹配估计量的思想，对数据进行基于最近邻的倾向得分匹配，保证处理组与控制组个体的可测变量取值尽可能相似，从而减少选择性偏误，以获得各要素之间最接近真实的关联特征，最大限度地确保实证素材的真实性。此外，编写委员会在深入开展理论研究及实证调研的基础上，通过系统梳理相关文件资料，经反复论证，形成关于完善未成年人保护司法政策的意见，涵盖重点研究的八个问题，形成75条规定（建议），力求为未成年人司法政策的完善和落实提供具有参考价值的操作规范。

本书由徐新忠、马铁丰和李照彬共同确定整体框架、研究方向和写作思路。四川省高级人民法院行政庭副庭长刘丽君和《四川审判》杂志副主编高倩牵头负责全书的修改指导工作。本书写作人员具体分工如下：第一章，曹金容；第二章，杜茜；第三章，许世强、丁楠力；第四章，唐楠栋；第五章，魏庆铎、苏易；第六章，朱兴琴、鲁朝俊；第七章，罗虹、胡云双；第八章，王玥、刘颖；第九章，豆晓红；第十章，杨思思。第十一章为各章观点汇总，无具体执笔人。西南财经大学研究生熊智临、任建梅、朱文娜负责数据的整理、分析等工作。尽管写作人员付出了巨大的努力，并多次修改完善书稿，但限于水平，错漏疏忽仍在所难免，敬请广大读者批评指正。

本书编写委员会

2024 年 8 月

目　录

引　言

　　中国特色社会主义进入新时代，我国社会主要矛盾已经转化为人民日益增长的美好生活需要和不平衡不充分的发展之间的矛盾。人民群众对民主、法治、公平、正义、安全、环境等方面的需求日益增长，对未成年人保护和犯罪预防问题更加关注，未成年人保护日益成为舆论焦点、社会痛点、司法难点。与此同时，当代中国的司法活动和司法改革，使人民法院处于多元司法观碰撞的中心①。这种碰撞，尤其是在关涉未成年人保护的"百香果女孩"等案件中，加大了法律规则与社会现实之间的张力，引发社会公众对职业思维和大众思维，政治效果、法律效果、社会效果等关系的热烈讨论。在司法场域，如何处理法律规则与社会现实之间的张力关系，避免裁判结果与实践偏离、背道而驰甚至脱节，是人民法院始终面临的重大课题。然而，法律规则天然具有抽象性以及规制社会的滞后性，从"纸面"到"现实"，如何解释规则，需有全局性的战略指引；如何实施规则，需有精准性的对策匹配；如何填补罅隙，更需有宏观性的理念支撑。在实践中，司法政策在前述三个层面均发挥着不可或缺的作用，但无论是理论界抑或是实务界，对其范畴、运行机理和效果，均缺乏系统化和具象化研究。

　　因此，"未成年人保护司法政策研究"课题，基于回应人民群众对未成年人保护新要求新期待的必要性，又缘于弥合司法政策功能价值与研究现状之间鸿沟的紧迫性。我们以"服务国家战略、贯彻落实法律、回应群众关切、重塑少审辉煌"为宗旨，从司法政策的宏观与微观、整体与具体之别出发，在对国内外司法政策进行系统梳理的基础上，厘清范畴、观照检视，构筑宏观层面的整体"防护林"；同时对涉及未成年人司法保护的具体问题进行分析研判，厘定"罪错未成年人分级处遇""未成年人刑事

---

① 孙笑侠. 论基于规则与事实的司法哲学范畴［J］. 中国社会科学，2016（7）：126-144.

案件言辞证据审查""未成年人犯罪记录封存""性侵害未成年人""未成年人网络交易""未成年人民事监护""校园欺凌""未成年人案件审判职能延伸"八个关涉司法政策落实的重点领域问题开展研究，并分别提出因应之策。我们尝试以建议稿形式，构建既涵盖宏观指引又侧重微观落地的未成年人保护司法政策体系。

第一章 未成年人保护司法政策历史溯源

一、中国未成年人保护司法政策的变迁与发展

中国古代典籍、律法中多有"恤幼"内容。《尚书·大传》提倡"老弱不受刑",《周礼·秋官》中"三赦之法"规定"一赦曰幼弱",以及天下尽知的"幼吾幼以及人之幼"。但现代法治意义上的未成年人权利特别、优先保护,其正式发端应是 19 世纪中后期实证主义犯罪学理论的"少年无辜"论。该理论认为,人们在面对未成年人犯罪时必须抑制惩罚的冲动,应观察未成年罪犯本身的生理、心理和生存环境,通过国家干预来矫正其身心缺陷,使其回归正常生活。由此,衍生出预防未成年人犯罪和以教育、挽救为价值指引的现代未成年人司法制度。因此,从体系化发展角度来看,未成年人司法保护应被正式、系统、全面地作为一个命题安置于法治国家建设、社会治理体系的宏伟架构之内。鉴于此,本节拟从如下三个方面梳理我国未成年人保护司法政策的变迁、当前政策特征和因应之道。

(一)中国未成年人保护司法政策的变迁

未成年人工作事关国家发展和民族生存,维护未成年人权益、保障未成年人健康发展是党和国家事业的重要内容。正如习近平总书记所言:"十年树木,百年树人。祖国的未来属于下一代。做好关心下一代工作,

关系中华民族伟大复兴。"① "当代中国少年儿童既是实现第一个百年奋斗目标的经历者、见证者，更是实现第二个百年奋斗目标、建设社会主义现代化强国的生力军。"②我国历来重视未成年人权益保护。中国共产党第十八届中央委员会第四次全体会议提出全面推进依法治国战略部署之后，未成年人司法保护作为人权司法保障的重要组成部分，也随之进入全新发展阶段。针对未成年人司法保护工作，习近平总书记指出，"对损害少年儿童权益、破坏少年儿童身心健康的言行，要坚决防止和依法打击"③。经过长期努力，中国未成年人司法保护工作成效斐然，未成年人保护司法政策总体落实较好，司法力量为未成年人健康成长撑起了一把牢固的"保护伞"。新中国成立以来，我国未成年人保护司法政策经历了从无到有、从少到多、从宏观到具体的发展历程。通过梳理我国未成年人保护法律规定和重要事件，表 1.1 清晰展现了我国未成年人保护司法政策的变迁脉络。

表 1.1　新中国成立以来我国未成年人司法保护重要法律规定和重要事件

发布时间	法律法规、重要会议或重要事件	未成年人司法保护政策内容	相关法规、会议、事件所体现的司法原则和政策
1954 年	《中华人民共和国宪法》（已修改）	国家特别关怀青年的体力和智力发展；婚姻、家庭、母亲和儿童受国家的保护	国家亲权；特殊优先保护原则
1954 年	《中华人民共和国劳动改造条例》（已失效）	少年犯管教所，管教 13 周岁以上未满 18 周岁的少年犯。少年犯管教所应当对少年犯着重进行政治教育、新道德教育和基本的文化与生产技术教育，并且在照顾他们生理发育的情况下，让他们从事轻微劳动	特殊保护；保护与教育相结合原则

---

① 习近平. 坚持服务青少年的正确方向 推动关心下一代事业更好发展 [N]. 人民日报, 2015-08-26 (1).

② 王鹏. "美丽的中国梦属于你们"：以习近平同志为核心的党中央关心少年儿童工作纪实 [EB/OL]. http://jhsjk.people.cn/article/31793660.

③ 王鹏. "美丽的中国梦属于你们"：以习近平同志为核心的党中央关心少年儿童工作纪实 [EB/OL]. http://jhsjk.people.cn/article/31793660.

表1.1(续)

发布时间	法律法规、重要会议或重要事件	未成年人司法保护政策内容	相关法规、会议、事件所体现的司法原则和政策
1957 年	《中华人民共和国治安管理处罚条例》（已废止）	不满 13 周岁的人的违反治安管理规定的行为，不予处罚；已满 13 周岁不满 18 周岁的人的违反治安管理规定的行为，从轻处罚。但是应当责令他们的家长或者监护人严加管教。如果这种行为出于家长、监护人的纵容，处罚家长、监护人，但是以警告或者罚款为限	特殊保护；强调监护人责任
1979 年	《中华人民共和国刑事诉讼法》（已修改）	对于不满 18 周岁的未成年人犯罪的案件，在讯（询）问和审判时通知其法定代理人到场。没有委托辩护人的未成年人，人民法院应当为他指定辩护人。14 周岁以上不满 16 周岁未成年人犯罪的案件，一律不公开审理。16 周岁以上不满 18 周岁的未成年人犯罪的案件，一般也不公开审理	不公开审理原则；正当程序、特殊保护
1984 年	设立少年法庭	上海市长宁区人民法院试点设立首个少年法庭	特殊优先保护
1990 年	《关于惩治走私、制作、贩卖、传播淫秽物品的犯罪分子的决定》（已修改）	向未成年人传播淫秽物品的，从重处罚。不满 16 周岁的未成年人传抄、传看淫秽的图片、书刊或者其他淫秽物品的，家长、学校应当加强管教	特殊保护；教育原则
1990 年	《全国人民代表大会常务委员会关于禁毒的决定》（已失效）	利用、教唆未成年人走私、贩卖、运输、制造毒品的，从重处罚	严厉打击侵害未成年人犯罪
1991 年	《中华人民共和国未成年人保护法》（已修改）	保障未成年人的合法权益；尊重未成年人的人格尊严；适应未成年人身心发展的特点；教育与保护相结合	保护与教育相结合原则；听取意见原则；尊重人格尊严原则
1994 年	《中华人民共和国监狱法》（已修改）	对未成年罪犯执行刑罚应当以教育改造为主。未成年罪犯的劳动，应当符合未成年人的特点，以学习文化和生产技能为主	教育为主原则；适应身心健康发展规律和特点原则

表 1.1(续)

发布时间	法律法规、重要会议或重要事件	未成年人司法保护政策内容	相关法规、会议、事件所体现的司法原则和政策
1999 年	《中华人民共和国预防未成年人犯罪法》(已修改)	预防未成年人犯罪,立足于教育和保护,结合常见多发的未成年人犯罪,对不同年龄的未成年人进行有针对性的预防犯罪教育。依法免予刑事处罚、判处非监禁刑罚、判处刑罚宣告缓刑、假释或者刑罚执行完毕的未成年人,在复学、升学、就业等方面与其他未成年人享有同等权利,任何单位和个人不得歧视。对犯罪的未成年人追究刑事责任,实行教育、感化、挽救方针,坚持教育为主、惩罚为辅的原则	教育与保护相结合原则;不得歧视原则;教育感化原则;去标签;预防犯罪
2006 年	《中华人民共和国义务教育法》(已修改)	对未完成义务教育的未成年罪犯和被采取强制性教育措施的未成年人应当进行义务教育,所需经费由人民政府予以保障。县级以上地方人民政府根据需要,为具有预防未成年人犯罪法规定的严重不良行为的适龄少年设置专门的学校实施义务教育	教育原则;合作控制模式;特殊保护
2007 年	《中华人民共和国禁毒法》	不满 16 周岁的未成年人吸毒成瘾的,可以不适用强制隔离戒毒	去标签;特殊优先保护原则
2009 年	《中华人民共和国教育法》	国家、社会、家庭、学校及其他教育机构应当为有违法犯罪行为的未成年人接受教育创造条件	教育原则;综合保护
2012 年	《中华人民共和国刑事诉讼法》(已修改)	单列一章规定未成年人刑事案件诉讼程序。对犯罪的未成年人实行教育、感化、挽救的方针,坚持教育为主、惩罚为辅的原则。对被拘留、逮捕和执行刑罚的未成年人与成年人应当分别关押、分别管理、分别教育。审判的时候被告人不满 18 周岁的案件,不公开审理。但是,经未成年被告人及其法定代理人同意,未成年被告人所在学校和未成年人保护组织可以派代表到场。犯罪的时候不满 18 周岁,被判处五年有期徒刑以下刑罚的,应当对相关犯罪记录予以封存	教育为主、惩罚为辅的原则;去标签;不公开审理;特殊保护;记录封存

表1.1(续)

发布时间	法律法规、重要会议或重要事件	未成年人司法保护政策内容	相关法规、会议、事件所体现的司法原则和政策
2015 年	《中华人民共和国反家庭暴力法》	未成年人遭受家庭暴力的，应当给予特殊保护。无民事行为能力人、限制民事行为能力人因家庭暴力，身体受到严重伤害、面临人身安全威胁或者处于无人照料等危险状态的，公安机关应当通知并协助民政部门将其安置到临时庇护场所、救助管理机构或者福利机构。法律援助机构应当依法为家庭暴力被害人提供法律援助。法院应当依法对家庭暴力被害人缓收、减收或者免收诉讼费用。当事人因遭受家庭暴力或者面临家庭暴力的现实危险，向法院申请人身安全保护令的，法院应当受理	特殊保护原则；救助原则；保障人身安全；国家亲权；正当程序
2016 年	《中华人民共和国网络安全法》	国家支持研究开发有利于未成年人健康成长的网络产品和服务，依法惩治利用网络从事危害未成年人身心健康的活动，为未成年人提供安全、健康的网络环境	特殊、优先保护原则
2019 年	《中华人民共和国社区矫正法》	社区矫正机构应当根据未成年人矫正对象的年龄、心理特点、家庭监护教育条件等情况，采取针对性矫正措施。社区矫正机构工作人员和其他依法参与社区矫正工作的人员对履行职责过程中获得的未成年人身份信息应当予以保密。除司法机关办案需要或者有关单位根据国家规定查询外，未成年人矫正对象的档案信息不得提供给任何单位或者个人。共产主义青年团、妇女联合会、未成年人保护组织应当依法协助社区矫正机构做好未成年人社区矫正工作	特殊保护；信息保密；多主体联动；非监禁化；弱化刑罚影响

表1.1(续)

发布时间	法律法规、重要会议或重要事件	未成年人司法保护政策内容	相关法规、会议、事件所体现的司法原则和政策
2020 年	《中华人民共和国刑法修正案（十一）》	已满 16 周岁的人犯罪，应当负刑事责任。已满 14 周岁不满 16 周岁的人，犯故意杀人、故意伤害致人重伤或者死亡、强奸、抢劫、贩卖毒品、放火、爆炸、投放危险物质罪的，应当负刑事责任。已满 12 周岁不满 14 周岁的人，犯故意杀人、故意伤害罪，致人死亡或者以特别残忍手段致人重伤造成严重残疾，情节恶劣，经最高人民检察院核准追诉的，应当负刑事责任。对依照前三款规定追究刑事责任的不满 18 周岁的人，应当从轻或者减轻处罚。因不满 16 周岁不予刑事处罚的，责令其父母或者其他监护人加以管教；在必要的时候，依法进行专门矫治教育	正当程序；个别化处理
2021 年	《中华人民共和国行政处罚法》	不满 14 周岁的未成年人有违法行为的，不予行政处罚，责令监护人加以管教；已满 14 周岁不满 18 周岁的未成年人有违法行为的，应当从轻或者减轻行政处罚	教育为主、去标签
2021 年	《中华人民共和国个人信息保护法》	个人信息处理者处理不满 14 周岁未成年人个人信息的，应当取得未成年人的父母或者其他监护人的同意。个人信息处理者处理不满 14 周岁未成年人个人信息的，应当制定专门的个人信息处理规则。不满 14 周岁未成年人的个人信息是敏感个人信息	信息保护、去标签
2021 年	《中华人民共和国法律援助法》	刑事案件的犯罪嫌疑人、被告人属于未成年人，没有委托辩护人的，人民法院、人民检察院、公安机关应当通知法律援助机构指派律师担任辩护人	特殊保护；个别化处理

表1.1(续)

发布时间	法律法规、重要会议或重要事件	未成年人司法保护政策内容	相关法规、会议、事件所体现的司法原则和政策
2021 年	《中华人民共和国家庭教育促进法》	人民法院、人民检察院发挥职能作用，配合同级人民政府及其有关部门建立家庭教育工作联动机制，共同做好家庭教育工作。人民法院在审理离婚案件时，应当对有未成年子女的夫妻双方提供家庭教育指导。公安机关、人民检察院、人民法院在办理案件过程中，发现未成年人存在严重不良行为或者实施犯罪行为，或者未成年人的父母或者其他监护人不正确实施家庭教育侵害未成年人合法权益的，根据情况对其父母或者其他监护人予以训诫，并可以责令其接受家庭教育指导	青少年发展原则；多元联动协同；国家亲权；教育原则
2021 年	《最高人民法院关于加强新时代未成年人审判工作的意见》	维护未成年人权益，预防和矫治未成年人犯罪，是人民法院的重要职责。加强新时代未成年人审判工作，是人民法院积极参与国家治理、有效回应社会关切的必然要求。加强新时代未成年人审判工作，要坚持党对司法工作的绝对领导，坚定不移走中国特色社会主义法治道路，坚持以人民为中心的发展思想，坚持未成年人利益最大化原则，确保未成年人依法得到特殊、优先保护。对未成年人犯罪要坚持"教育、感化、挽救"方针和"教育为主、惩罚为辅"原则。对未成年人权益要坚持双向、全面保护。坚持双向保护，既依法保障未成年被告人的权益，又要依法保护未成年被害人的权益，对各类侵害未成年人的违法犯罪要依法严惩。坚持全面保护，既要加强对未成年人的刑事保护，又要加强对未成年人的民事、行政权益保护，努力实现对未成年人权益的全方位保护	未成年人利益最大化原则；特殊、优先保护原则；"教育、感化、挽救"方针和"教育为主、惩罚为辅"原则；未成年人权益全方位保护原则

表1.1(续)

发布时间	法律法规、重要会议或重要事件	未成年人司法保护政策内容	相关法规、会议、事件所体现的司法原则和政策
2022 年	最高人民法院发布未成年人权益司法保护典型案例	本案是一起对犯罪的未成年人坚持"教育、感化、挽救"方针和"教育为主,惩罚为辅"原则,帮助其重回人生正轨的典型案例。在审理过程中,人民法院采用了圆桌审判、社会调查、法庭教育、"政法一条龙"和"社会一条龙"等多项未成年人审判特色工作机制,平等保护非本地籍未成年被告人的合法权益,充分发挥法律的警醒、教育和亲情的感化作用,将审判变成失足少年的人生转折点。随着家庭教育促进法的正式实施,人民法院在办理未成年人犯罪案件时,发现监护人怠于履行家庭教育职责,或不正确实施家庭教育侵害未成年人合法权益的情形,通过发出家庭教育令,引导其正确履行家庭教育职责,能够为未成年人健康成长营造良好的家庭环境,从源头上预防和消除未成年人再次违法犯罪	"教育、感化、挽救"方针和"教育为主,惩罚为辅"原则;全面保护原则;平等保护原则
2022 年	全国法院系统第七次少年法庭工作会议	要切实增强做好新时代少年法庭工作的责任感、使命感、紧迫感。人民法院全面落实最有利于未成年人原则,树立和践行新时代少年(未成年人)司法理念;持续深化少年法庭改革,推动未成年人案件审判专业化建设水平迈上新台阶;切实加强审判监督指导,健全未成年人司法保护规范体系;注重推进源头治理、综合治理,推动形成未成年人保护强大合力;坚持少年法庭工作的人民性,落实最有利于未成年人原则;坚持少年法庭工作的时代性,始终以新时代正确司法理念指导少年案件审判实践;坚持少年法庭工作的专业性,不断提升少年司法能力;坚持少年法庭工作的创造性,推进少年司法理论创新、制度创新、实践创新;坚持少年法庭工作的协同性,形成多方参与、同向发力的格局。要牢固树立新时代少年司法理念,坚持最有利于未成年人原则,坚持贯彻"教育、感化、挽救"方针和"教育为主、惩罚为辅"原则,同时体现"包容宽容但绝不纵容"的政策精神,将特殊、优先、双向、全面保护理念落实到每一个案件的办理中	最有利于未成年人原则;全面保护原则;多元联动协同;坚持贯彻"教育、感化、挽救"方针和"教育为主、惩罚为辅"原则;特殊、优先、双向、全面保护原则

（二）当前未成年人保护司法政策的特征解析

未成年人司法没有一种"放之天下而皆准"的样板，不可避免地会出现多元化。通过分析，我们可以发现，以时间为标准对各种模式进行划分与各国法律实践并不完全匹配。究其原因，一是各国政治、经济、社会、法律发展不同；二是不同发展阶段各国司法实践受具体影响因素有别；三是司法理念迥异。就中国未成年人保护司法政策发展研究而言，掌握司法政策背后与未成年人司法密切相关的政治环境、生产关系和价值共识，继而判断司法发展的可能规律，也许远比掌握政策具体内容更有价值。2021年，《中华人民共和国刑法修正案（十一）》将最低刑事责任年龄下调至12周岁，是对未成年人犯罪形势的有效回应，其价值毋庸置疑。但也应注意到，随着中国人口生育率的下降、原子化社会日趋明显，在未来几十年或者更远的时间，曾经的未成年人保护方面的经验做法也许又会回到我们的视野里。故未成年人保护司法政策研究本身是一个不断发展的命题，在不同文化和历史背景下，其关注点会随之改变。基于此，我们将从群体异质化、社会原子化、道德微型化、法律乏力化四个层面解读当前中国未成年人司法政策需关注的整体性社会样态和背景。

1. 群体异质化

当前，我国社会主要矛盾已经转化为人民日益增长的美好生活需要和不平衡不充分的发展之间的矛盾。然而，城乡差异、区域隔断、收入分配不合理等导致不平衡发展，生态环境、教育、医疗、养老等明显短板导致社会不充分发展，不平衡不充分的发展致使官员、商人、知识分子、农民等各个群体差异扩大，最终导致群体异质化。不可否认，个体之间的差距容易弥合，群体的鸿沟却难以填平，长此以往，社会便出现了分层和固化现象，引发了一系列社会问题。对未成年人而言，群体异质化有几方面的体现。一是家庭教养方式、未成年人受教育条件的差距进一步拉大，造成未成年人成长环境差异巨大，易形成矛盾和冲突。如学者郭开元所言，家庭成员之间的关系、父母学历水平、家庭经济的优劣，在对待未成年人偏差行为、罪错行为态度方面具有重要的影响①。二是社会固化封锁未成年人成长空间，造成更多不稳定因素。如失学、辍学未成年人实施犯罪行为

---

① 郭开元. 中国未成年犯的群体特征分析［J］. 中国青年社会科学，2015（1）：34-37.

的可能性较大。三是群体之间矛盾加剧，并延伸至未成年人群体。未成年人之间的类同性和群体标签化形成亚文化群体，特别是边缘群体内的未成年人会与其他群体未成年人存在差异，继而引发认知差异、沟通障碍、行为冲突。四是群体差异的扩大加重了父母、家庭乃至未成年人的焦虑，形成群体性内卷，增加未成年人的成长压力。在我国面临百年未有之大变局的背景下，弱势群体的出现是社会发展不均衡、阶层分化的必然结果，而未成年人作为特殊的弱势群体尤其令人关注[①]。

2. 社会原子化

市场经济的发展本质上需要增加个人自由、维护主体权益，不可避免地使个人主义价值观兴起，最终导致社会原子化。个人主义是现代民主制度的基石，是资本市场运转的助力[②]。虽然我国同西方国家经济体制有着明显区别，但无论何种形式的市场经济运行，都必须建立在对以服从、牺牲和责任为价值准则的集体规则的突破之上，都需要增加个人自由、民主和权利保护。未成年人作为"祖国的花朵"，其本身亟须其他主体的特别奉献、分担责任和专门呵护。在实践中，无论是未成年人保护的主观需要还是客观环境，均突破了仅维护个人权益的边界，我们需要积极维护未成年人的权益。但社会原子化导致社会公共精神匮乏、趋利性和竞争性增加，相应的社会主体之间关联性减少、团体精神弱化、奉献精神稀释，社会难以形成"幼吾幼以及人之幼"的群体价值观，客观上为保护未成年人增加了难度。

3. 道德微型化

随着社会的不断发展，传统社会由血缘、宗族、民族、乡村等建立起来的纽带和联系也相继断裂[③]。人们虽然遵循着法律政策继续生活，但道德对个人的影响力和权威性却明显下降，所营造的信任环境和链接纽带也会随之缩小，社会共享的价值观也越来越少，道德冷漠大为增加，致使道德微型化。道德微型化、社会共享价值的断裂、价值系统的混沌不清，必然导致社会公民行为失范。一是经济生活中的诚实信用、公平交易萎缩，

[①] 杜立. 转型期的社会分层与未成年人弱势群体 [M] //王牧. 犯罪学论丛：第七卷. 北京：中国检察出版社，2009：371-387.

[②] 弗朗西斯·福山. 历史的终结与最后的人 [M]. 陈高华，译. 桂林：广西师范大学出版社，2014：256-260.

[③] 弗朗西斯·福山. 大断裂：人类本性与社会秩序的重建 [M]. 唐磊，译. 桂林：广西师范大学出版社，2015：53.

需要更多更细的法律来规范市场交易行为。二是政治生活中权力寻租、腐败现象增加，需要更严格更强势的方式来遏制腐败。三是社会生活领域的集体无意识行为、去社会化行为增加，致使社会性心理失衡和集体行为失范，铺张浪费、显富攀比等问题频发。"尊老爱幼"的德孝文化和"济贫扶弱"的公共品行逐渐弱化，公共道德空间缩小。溺爱、放纵和攀比成为家庭教育的常态，未成年人道德观、是非观被误导，同理心减弱。在此背景下，多元价值观无差别地冲击着未成年人思想，可能导致其价值理念迷失。

4. 法律乏力化

传统中国社会以农业经济、血缘宗族关系为根基，以义务为本位维系严格的等级秩序，家长制威权主义调控着整个社会，根深蒂固的权力等级和服从意识导致缺乏现代化法治观念和精神。自近现代以来，我国开始逐步构建现代化法治体系。当前，中国特色社会主义法律体系已建成，按照《法治中国建设规划（2020—2025年）》的布局，中国正大力建设和完善中国特色社会主义法治体系，为未成年人保护提供了较为稳定的法治环境。但不可否认，拐卖、性侵、家暴、校园欺凌、强迫劳动、猥亵等问题依然长期困扰着未成年人，法治化建设仍然任重而道远。社会的整体跨越式发展不仅带来了社会生产与生活方式的急剧变迁、道德文化的现代性转向，权利与义务不对等、崇权轻法、权力寻租、信访不信法等现象也随之频发，法律工具主义盛行，法律信仰难以成为基层社会治理的主流形式和基本规范，一旦遇到复杂问题便显得疲软和乏力，法治化进程受阻。未成年人司法保护是现代法治化建设的重要目标，也是当前我国法治化建设的一项重要议题，其不仅需要公共权力与义务的顶层设计，同时也离不开公共力量的理性汇集，即需要以社会化、普遍化、有效化的方式来形成保护合力。对未成年人保护司法政策而言，无论是外部司法政策还是内部司法政策，还需在自身规范化、法治化建设的基础上，关注案件频发和具有典型意义的领域，对症施策、久久为功。

（三）未成年人保护司法政策的因应之道

1. 动态理解未成年人保护司法规律

当前，中国社会在加速转型发展的同时，社会价值观、传统文化、公众行为模式也发生了巨大转变，基层社会面临群体异质化、社会原子化、道德微型化、法律乏力化"四化"环境，导致社会资本弱化、整体信任减少、社会黏性不足，进而引发诸多社会失序现象，如核心家庭破裂、生育率下降、离婚率升高、升学压力陡增等。在此复杂环境下，未成年人保护司法政策需不断发展和革新，司法机关也应准确掌握司法规律，提升规范性、目的性、灵活性和引导性，方能有效助推未成年人司法发展。综合来看，虽然我国社会整体环境发生着变化，但扩大对未成年人的保护一直是主流趋势。结合世界未成年人保护司法发展趋势和经验，在未成年人保护上，一是须考虑未成年人特性；二是应正视未成年人群体与其他群体的差异和身份区隔；三是应纵览其他群体的关联和互动给未成年人保护营造的整体环境；四是应重点关注弱势群体未成年子女及特殊未成年群体保护，如留守儿童、未成年残疾人、受过刑事处罚或刑满释放的未成年人等。

2. 灵活确定司法裁量标准

在具体司法案件处理中，我们建议从以下几方面予以考量：一是严惩严重暴力案件，纯粹侵财犯罪宜从宽从轻。例如性侵未成年人案件，通过加重和从重处罚情节认定，以及从严把握缓刑适用和附加宣告禁止令等落实从严惩治原则。对多次性侵害未成年人的罪犯或者刑满释放后再次实施性侵害未成年人犯罪的，可在判决时向社会公开其姓名、照片、籍贯、罪名等基本信息。二是对未成年人法定犯从宽，自然犯从严，过失犯罪不适用或少适用刑罚，贯彻优先保护未成年人原则。例如在未成年人网络消费案件中，监管部门通过督促平台设置未成年人模式对用户真实身份进行核实，通过语言检测限制"诱赏"，大额充值打赏触发提示等方式，减少未成年人对充值打赏的可操作性。三是除极个别情况外，禁止适用无期徒刑和死刑，根据认罪态度确定减轻刑罚的空间，从犯或被胁迫参与共同犯罪的减轻。四是手段特别残忍、侵害人数较多等案件从重，后果严重案件严惩。例如在校园欺凌案件中，探索在未成年人保护领域实施惩罚性赔偿制度。五是将未成年人保护作为人权建设的重要部分，注重司法程序性价值和国家整体正义的实现。例如在未成年人犯罪记录封存中，对未成年人实施毒品犯罪的记录不予封存，再次实施毒品犯罪的，以毒品再犯从重处罚。

3. 持续完善多元保护协同机制

经过长期实践和努力，我国已形成了罪错未成年人分级分类关押和矫治制度，充分贯彻了"教育为主、惩罚为辅"的未成年人司法理念。但以刑罚处罚方式作为主要司法干预措施模式的环境已发生转变，多元化的司法干预方式和手段成为发展趋势。基于此，我们给出如下建议：一是重点孵化和培育一批未成年人司法保护的社会服务机构和公益组织，例如推动建立以女性法官引导村（社区）妇联为主的未成年人保护公益组织。重点面向留守儿童、弱智儿童和问题儿童等，运用女性关怀、邻里关系、志愿服务等多种形式构建未成年人保护网。二是培养一支专业能力强的未成年人保护专门性人才队伍。例如在性侵未成年人案件中，强制报告的义务人所在单位和上级主管部门，通过加强对执业人员发现与识别性侵害未成年人行为的技能培训，指导其掌握报告时间、途径等，提升义务报告人的意识和能力。三是根据政策发展趋势，推动司法购买社会服务进入未成年人保护领域。放宽招标条件、重点吸纳社会工作组织、完善评估评分机制，以司法力量引导社会力量参与未成年人保护。2021 年新颁布的《中华人民共和国家庭教育促进法》已经为该类专业机构的组织构建、人员培养、职能定位做出了法律指引。

4. 逐步细化共同保护分类分流

未成年人司法功能具有多元性，即在未成年人司法过程中存在的维权、教育、矫正、观护、预防方面的功能，由司法机关、教育部门、福利部门、社区管理机构、家庭等行使并发挥不同作用，从而形成了少年司法一体化和"司法—社会"一体化整体结构。但多部门行动，不可避免会出现分头行动、内容重复、宣传为主等低效情况。基于此，我们建议建立未成年人评估中心，在未成年人进入福利体系、社会组织体系与司法体系之前，首先进行诊断与评估。评估中心类似于医院的分诊中心，提供评估、转诊分流和管理服务，针对未成年人不同需求，将其分配到合适的机构中，由各分支机构提供针对性服务。在中国社会治理背景下，未成年人评估中心最适合建立在社会综合治理中心（矛盾纠纷调解中心），融合"网格管理+诉讼服务中心案件分流+社区矫正+司法服务+矛盾纠纷化解"等功能，法院、检察机关、公安机关、司法机关、社区、学校等在党委领导下建立类似于政府组织的统一政务服务中心。同时，可邀请法学会、共青团、妇联、关工委（关心下一代工作委员会，后同）等入驻，打破司法体系与社会服务单线联系壁垒，将未成年人司法保护置于社会整体福利和保护框架之下，并以未成年人评估中心为平台，重点关注临界分流点和评估评分机制，合理调动多元力量。临界分流点设置五级处遇机制，包括保护观察、教育感化、警告训诫、惩罚管束、强制训诫。六大类主体介入，包括父母监护、学校教育、社区和社会组织监管、警察关注、法官和检察官训诫、监狱教育改造。对问题少年实行累计评分机制，当分数积累到一个临界点时，则由下一个主体介入进行教育和保护（见图 1.1）。

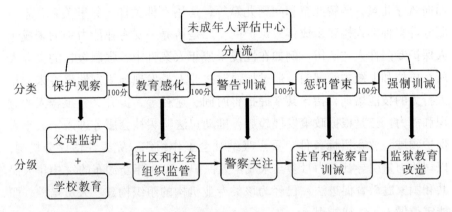

图 1.1　分级分类分流保护未成年人框架

二、世界未成年人保护司法政策发展概述

要想更好地解决中国的问题，就要将其置于世界格局下去看、去想。目前，未成年人犯罪与毒品、环境污染被并称为"世界三大公害"，受到国际社会的普遍关注①。尼尔·波兹曼②认为，未成年人的观念不是天然就有的，而是随着人类文明的发展而产生的，现代未成年人司法制度同样也经历了一个发展的过程。在 19 世纪以前，虽然国际社会对未成年人也多有恤幼规定和相关政策，但更多的是将其与成年人一视同仁，司法层面重视的是对未成年人犯罪的惩罚。在进入 19 世纪之后，随着社会的进步、生产力和生产关系的变迁，未成年人保护逐渐得到各界关注，未成年人司法日渐成熟。发展至今，理念先进的国际条约、法律、政策等已搭建起未成年

① 叶青，叶瑛. 论国际化视野下的未成年犯罪人的司法保护 [J]. 青少年犯罪问题，2006（4）：67-71.
② 尼尔·波兹曼. 娱乐至死：童年的消逝 [M]. 章艳，译. 桂林：广西师范大学出版社，2009：67-76.

人司法制度基本框架，未成年人司法机构逐渐独立，跨国家、跨地区、跨部门、跨专业的探索也在不断增强。未成年人司法政策的发展受到各个时期不同国家政治、经济和社会发展的综合影响，但从整体发展来看，无不意味着和贯穿着"保护"这一主题（见图1.2）。接下来，本节将从纵向视角概述国际未成年人司法演进历史。

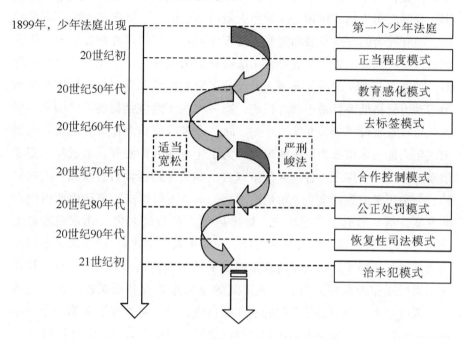

图 1.2　世界未成年人保护司法发展脉络

（一）正当程序模式

"国家亲权"（parens patriae）作为自然亲权的补充，是众多国家未成年人司法政策和制度的基本理论根基①。早在公元前186年，罗马颁布的《关于官选监护人的阿梯流斯法》便开始探索国家指派监护人，国家成为其领土上家庭和未成年人的后备帮助力量②。13世纪，英格兰为解决兵役土地继承和未成年人子女监护问题，发展形成了普通法中的"国家亲权"

①　姚建龙. 国家亲权理论与少年司法：以美国少年司法为中心的研究［J］. 法学杂志，2008（3）：92-95.

②　徐国栋. 普通法中的国家亲权制度及其罗马法根源［J］. 甘肃社会科学，2011（1）：186-190.

制度，该制度前后经历了父母绝对亲权、国家亲权辅助、国家亲权三个时期，是巩固社会秩序的产物。14世纪，英国颁布了《关于国王特权的法律》，规定了国王对臣民的监护义务，奠定了现代国家亲权制度的基础①。16世纪，法院开始介入国家亲权，并成为君主亲权的代理机构②。19世纪早期，英美国家法院为了进一步保障未成年人权益，开始扩展国家亲权范围，并随之衍生出"国家是未成年人最后的监护人"概念和内涵。20世纪初，随着社会的急速发展和裂变，侵害未成年人权益事件频发，未成年人犯罪也呈现高发态势，未成年人司法保护成为亟待解决的现实问题。一方面，随着工业革命的深入发展，劳动分工更加细致和专门化，导致儿童因为劳动力价格低廉且易于训练控制，第一次成了经济结构的重要因素，侵害儿童权益事件不断发生③；另一方面，许多国家城市化进程加快，大量未成年人涌入城市成为街头流浪者，为了生存而开始犯罪，未成年人犯罪浪潮来势汹汹。加之，各国人民争取自由和民主的运动日益激烈，人权保障、公平正义成为社会主流价值追求之一。"国家亲权"理论由此得到空前发展，基本形成了三重面向，即未成年人利益最大化（儿童利益最大化）、国家通过法律固定义务和责任、未成年人个别化对待④。国家亲权理论为理解和阐释未成年人司法政策提供了基本理论结构和内容，继而让司法正当程序作为保障人权、实现正义的重要形式而备受关注。在此趋势下，未成年人保护形成了专门的法律和制度，第一部少年法和第一个少年法庭应运而生，未成年人司法制度得以成型。少年司法制度成为1215年英国大宪章颁布以来，英美司法史上最重大的进展⑤。

这一时期，司法程序正义受到高度重视，强调未成年人应当在司法程序中受到公平对待，所有的程序和执法人员均应得到监督和制衡。司法政策关注未成年人违法犯罪案件的处理、保护措施、监护机构设立、宗教选择、少年法庭权力等，并在随后的发展中逐渐形成了不得自证其罪、通知

---

① 徐国栋. 国家亲权与自然亲权的斗争与合作 [J]. 私法研究，2011（1）：3-23.

② LAWRENCE R, HESSE M. Juvenile Justice: the essentials [CD/M]. e Book: Fixed Pag eTextbook (PDF). SAGE Publications, 2009：12.

③ E. 罗伊斯顿·派克. 被遗忘的苦难 [M]. 章艳，译. 福州：福建人民出版社，1983：52.

④ 陈家恩. 论涉罪未成年人拒证权的三重面向：以国家亲权理论为视角 [J]. 理论月刊，2021（9）：113-123.

⑤ SCHRAMM G L. Philosophy of the Juvenile Court [J]. Annals of the American Academy of Political and Social Science, 1949（1）：101-108.

监护人、举证质证、获得法律援助等正当程序。

（二）教育感化模式

第二次世界大战结束后，一方面，世界经济快速复苏，人口数量急速增长，生产与生活需要大量劳动力，未成年人作为潜在劳动力和国家发展重要动力被高度重视；另一方面，人们在战争中备受苦难，对人道和正义有了更深层次的理解，对人权的保护和重视逐渐成为世界主流趋势，刑法理念趋向平和。此时，人们希望未成年人在司法上能够得到更多保障和宽容对待，也期待刑事司法政策能够更加理性，未成年人司法理念趋向教育感化。教育感化模式源于犯罪学的实证主义研究，又被芝加哥学派基于现代社会学的研究所推崇，对预防青少年犯罪和未成年人保护影响深远。实证主义犯罪学派最典型的理论代表者是被称为"近代犯罪学之父"的意大利学者龙勃罗梭，其所著《犯罪人论》和《犯罪及其原因和矫治》等书，综合分析了导致一个人犯罪的社会学因素，其中包括教育、贫困、新闻媒体、文化程度等，他认为社会应当特别关注可能犯罪的未成年人并制定针对性预防措施。芝加哥学派以福德·肖和亨利·麦凯等学者为代表，他们认为犯罪的产生多半肇因于不良的社会环境，而未成年人犯罪高发是社会疾病的象征[①]。反之，如果能够消除种族歧视、阶级分化、战争对立等社会文化结构性问题，从未成年人的家庭、社区和环境切入，未成年人犯罪将会大大减少。那么，对未成年人的刑罚刚性便不再是必要的，教育和感化更能达到司法目的。1932 年，福德·肖发起了著名的芝加哥区域计划，在芝加哥的 6 个区域建立了 22 个邻里中心，管理儿童，协调社会资源，主办益童活动，扩建基础设施，并为青少年犯罪人员回归社区做准备。该计划有力地推动了未成年人犯罪预防和多元协同保护未成年人利益等政策的出台和实施，成为世界范围内犯罪预防的典范。

在教育感化理念指引下，未成年人司法政策强调：一是对未成年人进行分类处理，充分考虑未成年人家庭、学校和生存环境等因素；二是反对针对未成年人施行死刑，反对长期监禁未成年人；三是强调通过改善未成年人的生存环境来减少和预防未成年人犯罪。

---

① 张婧. 作为方法论的实证主义：基于犯罪学与实证主义之亲缘而展开 [J]. 理论界，2008
（6）：114-116.

（三）去标签模式

未成年人司法与犯罪学的联系尤为紧密，在一定程度上可以说犯罪学理论从预防、减少犯罪的角度创造了未成年人司法制度[①]。20世纪40年代，坦南鲍尔在他的《犯罪与社会》一书中首次提出"标签理论"，认为犯罪是一种被法律贴标签的行为[②]。而事实上每个人都很有可能会有初级越轨行为，但只有被标签化的人才更有可能会成为"越轨者"。在加里·斯坦利·贝克尔等学者的拥护下，20世纪60年代，该理论逐渐成熟并进入未成年人犯罪研究领域，用于解释未成年人的越轨行为并进行未成年人保护。芝加哥学派霍华德·贝克尔也运用"标签理论"进行著名的青年亚文化研究，他认为并不是青年亚群体制造了独特文化形式，而是主导意识形态所代表的主流文化促成了青年亚文化作为"越轨文化"而存在，在这种基于偏见和敌意的霸权观念主导下，很多青年被贴上了标签[③]。在"贴标签"意识的引导和强化下，很多越轨者被迫走上再次越轨的道路，并很有可能向习惯性越轨发展。

去标签模式或称不干预模式，强调通过分流形式加强对未成年人的保护。一是简化司法程序。减少未成年人进入司法程序，尽量让其留在原来的社区和家庭之中改过自新，在此基础上减少自身标签化的趋势，从心理状态和行为模式等方面完成自己去标签化的第一阶段。二是加强隐私保护。为了避免未成年人在刑事司法过程中被烙印和被贴标签，从司法的调查、起诉到审判、执行过程均应尽量减少对未成年人的贴标签行为。特别是对未成年人犯罪的记录和档案，更应该着重予以保护，以减少对未成年人未来生活的不良影响。三是多专业式介入。在犯罪情节轻微的案件中，相较于专业的法官、警察而言，社会工作者、家人和心理学专家等更能从未成年人内心上给予帮助，积极营造无标签的社会化环境，帮助未成年人回归社会。四是前科消灭制度。未成年人犯罪后，在刑罚已执行完毕等条件下，犯罪记录应被严格保存甚至在一定条件下予以抹除，避免未成年

---

① 代秋影. 司法改革背景下未成年人审判理论与实务专家论证会综述 [J]. 预防青少年犯罪研究，2016 (1)：111-117.

② TANNENBAUM F. Crime and the community [M]. New York：Columbia Universiey Press，1938.

③ 崔家新. 青年亚文化的被标签化与去标签化 [J]. 江苏海洋大学学报（人文社会科学版），2021 (6)：136-144.

遭受任何形式的歧视性对待，促进未成年犯罪人员实现再社会化。

（四）合作控制模式

20 世纪 70 年代，在电视、收音机等各种电子媒介进入人们生活中之后，电脑也应运而生，人类成长所依托的符号世界在形式、内容上发生了质的改变，未成年人和成年人无差别地接受各种信息的冲击。正如美国著名批评家尼尔·波兹曼所说，当未成年人有机会接触到从前被密藏的成人信息后，他们已被逐出"儿童乐园"。20 世纪 60~70 年代是美国女性离婚率和单亲家庭数量上升最快的时期①，给未成年人的成长带来了诸多不确定因素。此时，未成年人犯罪数量以惊人的速度攀升。据统计，1980 年之前的 30 年里，美国未成年人犯重罪比率增加了 11%；1950 年，美国成人犯重罪的比率比儿童高 215 倍，1960 年为 8 倍，1979 年已降至 5.5 倍②。高发的未成年人犯罪，一方面反映了社会发展给未成年人带来的影响，另一方面也反映了司法在单独应对未成年人犯罪上的乏力。为此，许多国家司法部门开始寻求与行政部门、社会组织进行合作来预防和控制未成年人犯罪，理论界称之为"共责模式"。

1969 年，美国学者特拉维斯·赫希通过《少年犯罪原因探讨》一书，将社会控制理论引入未成年人犯罪问题研究之中。他认为未成年人犯罪是人的本能，是缺乏社会控制的产物，未成年人通过依恋、奉献、卷入和信念四维度与社会发生联系并决定是否犯罪③。如果一个人对家庭、学校和社会的依恋程度越高、对传统目标的追寻越投入、对社会常规活动的参加越深入、对传统价值观念和道德与法制观念的信仰越强烈，就越不可能走上犯罪的道路④。随后，唐·布莱克通过法律个人—法律合作的框架深化了赫希的研究，认为家庭、家族、学校、司法力量的合作可以有效预防未成年人犯罪，法律合作社团将成为现代生活中社会控制的一种新媒介⑤。这

---

① 刘彩霞. 当代中美两国女性婚姻状况差异探析 [J]. 中州学刊，2014（9）：92-96.

② 尼尔·波兹曼. 娱乐至死：童年的消逝 [M]. 章艳，译. 桂林：广西师范大学出版社，2009：67-76.

③ 特拉维斯·赫希. 少年犯罪原因探讨 [M]. 吴宗宪，程振强，译. 北京：中国国际广播出版社，1997：10-17.

④ 胡俊文. 学校与未成年人犯罪预防：以社会控制理论为视角 [J]. 学术论坛，2009（2）：197-200.

⑤ 唐·布莱克. 社会学视野中的司法 [M]. 郭星华，译. 北京：法律出版社，2002：46-54.

种模式强调在未成年人犯罪工作中的分工与合作，司法机关、行政部门、社会组织、家庭亲人以及社区共同参与到未成年人犯罪的预防和治理之中，通过去除未成年人背景、合理分流和协调配合等来使未成年犯罪人员得到适当惩罚，共同控制未成年人犯罪。

（五）公正处罚模式

面对大量资源投入换来的未成年人犯罪高发，在教育感化和去标签这种偏向于"软性"的模式失效和理想幻灭后，理论界和实务界开始思考采用更加严厉的方式来遏制未成年人犯罪态势。20世纪80年代中后期，经济学上的"经济人假设"理论被引入犯罪学之中，被称为理性选择犯罪学思想或犯罪学中的"新保守主义"。该思想是对贝卡利亚的古典犯罪学和费尔巴哈的"心理强制说"的批判性继承。该思想认为，人是为了追求犯罪时候的快乐感性冲动才犯罪的，为了遏制犯罪就必须遏制冲动，而适当的刑罚可以让"理性"的人们预先知晓犯罪的痛苦后果，进行成本收益预算，做出理性选择，从而控制自己不犯罪。该思想被运用到预防未成年人犯罪之中，认为之前的"软性"模式过分强调环境对未成年人的影响，为未成年人犯罪寻找各种"借口"，而忽视了未成年人本身的选择和价值判断，实质上是放纵、助长了犯罪，而对未成年人犯罪的同罪不同罚也大大伤害了司法正义。因此，在未成年人犯罪中很有必要坚持公正惩罚模式，在惩罚未成年罪犯的同时，也能够阻吓潜在罪犯，从而控制、减少未成年人犯罪。

公正处罚模式强调，一是未成年人无论其家庭背景和成长环境有何不同，犯罪后均应当接受裁判，承担责任，并确保公正的程序；二是支持明确的判刑，认为明确的刑罚才能有效阻吓未成年人犯罪；三是虽然公正处罚需要明确判决，但也应当给未成年罪犯改正的机会。

（六）恢复性司法模式

20世纪90年代末，未成年人恢复性司法理念在英美、欧洲大陆等众多国家和地区飞速发展，成为传统刑事司法理念的重要补充。恢复性司法理念区别于传统报应性司法理念，认为犯罪不仅是对国家的伤害也是人际的冲突，可以通过合作型关系和协商等来恢复被害人与加害人之间的和睦关系，是对以惩罚为导向的报复性司法的改造和发展。英国犯罪学家马歇尔认为："恢复性司法是一种过程，在这一过程中，所有与犯罪有关的当事人走到一起，共同商讨如何处理犯罪造成的后果及其对未来的影响。"[1]传统未成年人刑事司法，不论是报应刑、目的刑或者两者兼顾的刑罚理论，都没有放弃实质性刑罚，而恢复性司法彻底改变了传统做法，强调未成年人犯罪涉及的各方共同参与到犯罪处理的司法模式当中，整合力量修复社会关系，是在刑法之外寻求对刑罚真正的替代措施[2]。在此理念下，未成年罪犯非必要不承受牢狱之苦，可以赔偿损失、社区劳动等方式来代替刑罚执行。

未成年人恢复性司法制度的法理基础是刑法谦抑主义，体现了刑法谦抑主义所提倡的"非刑罚化"的刑事司法政策[3]。此模式强调对未成年人犯罪的处理方式，一是应当积极调动犯罪所涉及的各方力量，给予各方直接参与的机会；二是鼓励以和解、赔偿方式化解矛盾，认为赔偿是恢复双方关系、实现正义的一种手段；三是认为应当从社会、经济、政治、道德等多方面来认识犯罪，强调社区在恢复性司法中发挥作用；四是致力于让实施欺凌行为的未成年人认识其行为过错并悔恨、忏悔，重返健康成长之路，让作为被害人的未成年人从心理、身体和物质等多方面得到真正的恢复。

（七）"治未犯"模式

进入 21 世纪后，虽然各国法律、政策均对未成年人发展提出了美好的理念，但未成年人司法现状并不乐观，童工、人口买卖、性侵、体罚等仍然在侵害着未成年人的身心健康。由此，"治未犯"[4] 被认为是保护未成年人健康成长和减少未成年人犯罪的根本出路。2002 年，在国际刑法学大会上，与会学者明确指出，当前未成年人犯罪呈现犯罪低龄化和高发态势，应当从立法、社会和司法体系上形成综合保护、特殊保护，并强化刑罚的

---

① 马明亮. 恢复性司法的程序化 [J]. 国家检察官学院学报，2005（6）：10-14.

② 刘东根. 恢复性司法及其借鉴意义 [J]. 环球法律评论，2006（2）：236-242.

③ 戴春来. 未成年人犯罪矫治的恢复性司法模式构建 [J]. 吉林公安高等专科学校学报，2007，22（3）：73-76.

④ "治未病"模式，是指多元主体通过对话与合作模式，预防、治理未成年人犯罪，强调将未成年人犯罪扼灭在萌芽甚至更早时期。该概念来源于"治未病"理念。《黄帝内经》说："上工治未病，不治已病，此之谓也。""治"，治理、管理的意思。"治未病"，即采取相应的措施，防止疾病的发生与发展，其在中医中的主要思想是未病先防和既病防变。

威慑作用，通过教育和感化预防未成年人犯罪。基于此，各国结合实际制定和颁布了一系列相关法律，司法实践中更加关注预防犯罪。以我国为例，先后多次修订的《中华人民共和国预防未成年人犯罪法》，成为首部预防犯罪专门立法。同时，通过修订《中华人民共和国妇女权益保障法》，印发《中国妇女发展纲要（2021—2030年）》《中国儿童发展纲要（2021—2030年）》，强化了妇女权益保护、维护家庭稳定和谐、规范家庭教育指导，夯实了家庭在预防未成年人犯罪中的基础作用。

三、国际组织及主要国家未成年人保护法律规定

上一小节从纵向视角概述了世界未成年人司法的变迁，本节将从横向视角总结国际组织的未成年人司法制度和不同国家"和而不同"的司法体系类型特点。

（一）国际组织未成年人保护司法政策的发展概况

在20世纪，国际人权事业得到空前发展，人类在反思两次世界大战给人类带来浩劫的基础上，制定了众多法律、政策来挽救人类尊严与自由，未成年人司法保护也得到了高度关注。此时，国际社会未成年人保护有一个明显趋势，即以国际组织为平台制定关于未成年人司法的国际性文件，形成具有广泛意义的国际准则和指导意见，这些规定涉及未成年人保护的基本原则、指导理念、正当程序、衡量标准等，为国际社会推动未成年人保护提供了重要指引和参照。

1. 注重价值引领和原则指导时期

1924年，各国纷纷签订了《儿童权利宣言》（《日内瓦宣言》），该文件成为第一个强调未成年人权利的国际公约，多国政府承诺救济和保护未成年人。1959年，《儿童权利宣言》在之前版本的基础上，明确了儿童有权利得到"特殊保护"，其父母、社会对儿童负有责任。"儿童利益最大化"成为儿童事业发展的首要原则，该原则也成为后期多国法律保护未成年人的重要依据。1966年，联合国大会发布《经济、社会及文化权利国际公约》，该公约第10条明确规定不得歧视未成年人，各国应当通过打击雇佣童工和保护妊娠期母亲而实现对未成年人的特殊保护。2001年，我国加

入该公约。

2. 明确司法公正和具体权益时期

1985 年，联合国在借鉴各国未成年人司法实践和研究成果的基础上通过了《联合国少年司法最低限度标准规则》（《北京规则》），成为国际上第一个系统规定未成年人犯罪起诉、拘役、判刑等司法程序的指导性文件。该规则立足于未成年人权益保护和减少法律干预原则，致力于从刑事各个阶段弱化刑罚对未成年人心理和身体方面的消极影响[①]。规则制定的对未成年人非犯罪化、非监禁化、非刑罚化和档案保密等相关制度，得到了多个国家支持，有力地推动了国际社会未成年人司法的进步[②]。1989 年通过的《儿童权利公约》是第一个明确规定儿童免受所有形式伤害的国际人权文件，为各国提供了如何对待儿童的权威指导。公约要求缔约国不能对未满 18 周岁的人判处死刑、无期徒刑，需单独关押未成年人并确保其获得法律援助等。公约将儿童权利划分为生存、受保护、发展和参与四个方面，明确了各国有保护儿童权利的责任，也赋予了政策制定者基于儿童利益最大化原则做出决策并取代其父母决定的权力，成为多个国家司法监督和保护未成年人权利的基础依据。我国于 1991 年加入该公约。

3. 关注预防犯罪和多元协同时期

1990 年，联合国大会通过《保护被剥夺自由少年规则》和《预防少年犯罪规则》。《保护被剥夺自由少年规则》开篇规定：未成年人司法应当增进未成年人福祉、维护未成年人权益，监禁是最后手段；对被逮捕、待审讯的未成年人应当假定无罪、优先处理、分开关押和提供法律援助；在记录、关押、管教、探望、暴力强制、申诉等司法过程中应当尊重未成年人人权并遵守特定程序；管理人员应当多元化、科学化和专业化，包括社会工作者和心理学家等，并以身作则、定期培训。《预防少年犯罪规则》从预防未成年人犯罪的角度进一步强调保护未成年人权益，促进其身心健康发展。值得关注的是，该规则明确了现代预防未成年人犯罪的核心理念，即以未成年人为中心、以社区为基础、以社会管制兜底、多主体协同预防，成为多国预防犯罪的参考标准和指导意见。2003 年正式生效的《打

---

① 张鸿巍，易榆杰. 对《联合国少年司法最低限度标准规则》中译本若干翻译的商榷 [J]. 青少年犯罪问题，2014（5）：76-86.

② 王娟. 论未成年人犯罪的刑事政策调整 [J]. 西北大学学报（哲学社会科学版），2007，37（3）：151-154.

击跨国有组织犯罪公约》及《关于预防、禁止和惩治贩运人口特别是妇女和儿童行为的补充议定书》，特别关注被贩卖儿童，要求缔约国打击人口贩卖、进行信息交换、加强边界管制、强化刑事定罪，在法院和行政程序上帮助被害人[①]。

（二）国外未成年人司法保护的典型做法

由于政策环境和法治体系不同，各国未成年人司法保护政策呈现多元化态势，各自关注的重点也有所不同。从偏重点来看，可将各国未成年人保护司法政策划分为四种主要类型。

1. 处罚与控制型

该类型注重未成年人司法正当程序，其典型国家有美国、匈牙利。美国作为世界上率先成立少年法庭（法院）的国家，尤其重视未成年人司法体系的建立。1825 年，美国政府建立了第一个针对未成年人的庇护所，专门用于收容违法犯罪、无家可归和陷入犯罪危险环境的未成年人，由此拉开了未成年人司法保护的序幕。在发现单独的庇护所并未有效减少未成年人犯罪后，美国政府开始反思司法体系，将目光集中在了司法审判之上。1899 年，美国伊利诺伊州通过了《规范无人抚养、被忽视和犯罪儿童的治疗和控制的法案》，即著名的《少年法庭法》，库克郡据此成立了第一个少年法庭，开创了独立的少年司法时代。少年法庭诞生后迅速发展，到 1925 年已覆盖美国 48 个州，是人权保护史上具有里程碑意义的事件。到 20 世纪 70 年代，美国未成年人犯罪数量激增，美国政府开始思考如何有效预防未成年人犯罪，先后在 1972 年出台了《预防青少年犯罪法案》，在 1974 年出台了《儿童虐待预防和治疗法案》，在 1982 年出台了《少年儿童失踪法》等，从各个方面推动未成年人司法制度发展。2017 年，美国国家司法委员会通过《少年犯罪预防指南》，支持早期政策所发展出的适当青少年缓刑服务，减少未成年人案件中监禁的适用和改善对成年后受审青年的判刑方法，坚持有利于青少年发展原则。作为英美法系的代表国家，美国的司法案例在未成年人权益保护上也发挥着重要作用。2004 年，在罗珀诉西蒙斯一案中，美国联邦最高法院推翻了下级法院的判决，从而禁止了对未

---

① 《联合国打击跨国有组织犯罪公约关于预防、禁止和惩治贩运人口特别是妇女和儿童行为的补充议定书》，联合国大会 2000 年 11 月 15 日第 55/25 号决议通过并开放给各国签字、批准和加入，全文见网址 https://www.un.org/zh/documents/treaty/bytopic/penalmatters.shtml。

成年罪犯适用死刑①。2012 年，在米勒诉阿（亚）拉巴马州和杰克逊诉霍布斯案中，最高法院认定"对未成年罪犯适用终身监禁不得假释"的法律规定违宪而应予废除②，这一判决成为美国未成年人司法新的风向标。从整体来看，美国未成年人司法政策主要集中于三个方面：一是引起国内外媒体广泛关注的重度罪犯和长期罪犯；二是具有明显冲动、好斗、反社会人格等特征的儿童和青少年；三是在少年法庭正式审理的犯罪嫌疑人。

2. 福利与保障型

该类型注重未成年人成长环境，其典型国家有挪威、澳大利亚、荷兰。挪威是世界上较早出台专门法律保护未成年人的国家，也是首个为未成年人设立事务监察官这种特殊机制的国家③。挪威于 1896 年颁布了《儿童福利法》，主要关注问题儿童；于 1991 年成立了儿童与家庭事务部，专门负责儿童事宜、协调政府工作。区别于美国强调司法在未成年人保护中的作用，挪威更加注重对未成年人福利的提升。挪威对未成年人的福利保障是建立在以宪法为核心的一整套法律体系框架之下的，涵盖国内法和国际法。挪威先后给予了《国际人权法》《儿童权利公约》《公民权利和政治权利国际公约》等国内法地位，成为保障未成年人权益的重要依据。在国内法方面，挪威也制定了一系列专门法来保障未成年人权益，如 1975 年的《幼儿教育法》、1981 年的《儿童法》、1992 年的《儿童福利法》等。特别地，1981 年，挪威颁布了《儿童监察官法》，该法规定国家赋予监察官专门权力，监察官保障法律赋予儿童的权利，并监督儿童成长环境，为促进法律保护儿童提供意见和建议④。在司法过程中，挪威也特别强调未成年人福利和权利保障，如《普通民事刑罚典》规定，"15 周岁以下的人免于刑事惩罚；如果警察发现未成年人的轻微犯罪，必须通知相关福利机构；18 周岁以下的未成年人，在法庭审理过程中，或者被判刑监禁乃至最后刑满释放之后，儿童福利机构都有相应的责任参与相关工作，必须注重

① 高英东. 美国少年法院的变革与青少年犯罪控制 [J]. 河北法学, 2014 (12)：149-160.

② 邓卓行. 美国联邦最高法院判决书：米勒诉阿拉巴马州 [J]. 中国应用法学, 2018 (5)：167-202.

③ TRÉPANIER J, ROUSSEAUX X. Youth and Justice in Western States, 1815-1950：From Punishment to Welfare [M]. Basingstoke：Palgrave Macmillan, 2018：366-367.

④ ARMYTAGE L. Reforming Justice：A Journey to Fairness in Asia [M]. Cambridge：Cambridge University Press, 2012：193-204.

对其权益予以保护"①。

3. 教育与多元型

该类型注重未成年人司法特别程序，其典型国家有德国、俄罗斯、纳米比亚。德国经过近百年的家事法律和审判制度改革，基本形成了以刑事法为原型、教育优先预防为主、特别程序保护未成年人基本人权的相关制度。近年来，德国更是推动了一系列诉讼制度改革，注重家事案件中对未成年人的制度保护。早在 20 世纪 20 年代，德国就相继颁布了《少年福利法》《少年法庭法》，初步确立了未成年人司法制度，强调犯罪预防和轻微犯罪不处刑罚的理念。1976 年颁布的《第一号改革法律》正式确立了家事法庭制度，在法院内部设立专门家事法庭，并由独立法官审理家事案件中的亲子关系案件、扶（抚）养案件，且遵循不公开审理和不公开宣判原则。2003 年，德国颁布《青少年保护法》和《青少年保护州际协议》，重点关注在公共场所中将未成年人与社会危险因素隔离，而危险因素涵盖色情、暴力、赌博、酒精、枪支、战争等多个方面，并建立了未成年人犯罪危险信息目录制度和互联网年龄验证系统，涵盖电影、视频、音频等。2008 年修订的《德国家事事件及非诉讼事件程序法》规定，建立保护未成年子女利益的诉讼程序辅佐人制度，辅佐人可以与未成年人的父母、亲属、老师、青少年管理局等交换意见和沟通。在涉及未成年人利益的案件审理中，法官还须听取青少年管理局的意见，该局也可成为诉讼参与人。同时，德国还确立了消除未成年人前科记录、教育处分前置、综合调查、少年禁闭过渡等制度，对罪错未成年人系统地进行教育和矫正。

4. 比例与分类型

该类型注重未成年人资格鉴别，其典型国家为日本。在关于未成年人司法相关法律出台之前，日本的相关实践已做了一定程度的铺垫。经过长期的发展，日本形成了由儿童福利与未成年人司法构成的二元模式②。1900 年，日本颁布《少年感化法》，并设立感化院收容犯罪后的未成年人，使之成为兼具福利慈善、刑事惩治功能的机构。1922 年制定的《少年法》，前后历经 37 次修正，成为日本未成年人司法的重要法律依据。该法划定 20 周岁为未成年人基线，规定法院可做出保护处分的决定，设立家事法院

---

① 贺颖清. 福利与权利：挪威儿童福利的法律保障 [M]. 北京：中国人民公安大学出版社，2005：25-35.

② 肖姗姗. 中国特色未成年人司法体系的构建 [D]. 武汉：中南财经政法大学，2018.

等。二战结束后，作为主要参战国之一的日本，人口大规模减少，急需通过未成年人保护来提升人口规模，为此于 1947 年颁布了《儿童福利法》。特别是进入 20 世纪 60 年代后，由于新生儿出生率断崖式下跌，日本更加注重通过法律形式保障未成年人权益，强调在司法过程中拯救感化未成年人，相继颁布了《儿童抚养津贴法》（1961 年）、《儿童津贴法》（1971 年）、《育儿、照护休假法》（1991 年）、《儿童福利法》（1997 年）、《儿童卖春与儿童色情禁止法》（1999 年）、《儿童虐待防止法》（2019 年）等。在日本，法官审理涉及未成年人犯罪案件需要遵循特别程序，在审查拘留之时可将其拘禁在少年鉴别所，鉴别所对未成年人进行资格鉴别；家事法院可依据具体情况决定不开庭审理、移送福利机构、保护观察、移送未成年人教养机构或少年院等；对服刑的未成年人遵循个别化处理原则，制订相关管教计划和评估措施。

综合来看，世界未成年人保护司法政策多是在"国家亲权"思想影响下，遵循"保护—惩戒—拯救"价值理念来展开，贯彻宽严相济的政策执行模式，见表 1.2。

表 1.2　联合国及各国未成年人保护司法政策概览

类型	代表	司法原则和政策	特色制度	典型国家和组织的主要法律规定	关键主体
综合性	联合国	特殊保护、非歧视原则、儿童利益最大化、儿童最大限度生命权和发展权原则、儿童免受所有形式伤害、未满 18 周岁的人不适用死刑和无期徒刑、弱化刑罚影响、非犯罪化、非监禁化、严厉打击侵害未成年人犯罪、正当程序、儿童参与权原则	档案保密制度、优先处理制度、分开关押制度、提供法律援助制度、多主体协同预防制度	联合国：《日内瓦儿童权利宣言》《儿童权利宣言》《经济、社会及文化权利国际公约》《儿童权利公约》《少年司法最低限度标准规则》《保护被剥夺自由少年规则》《预防少年犯罪规则》《打击跨国有组织犯罪公约》《关于预防、禁止和惩治贩运人口特别是妇女和儿童行为的补充议定书》	各国政府、司法机构、儿童公益组织
处罚与控制：注重正当程序	美国、匈牙利	专门保护，禁止适用死刑和终身监禁少年发展原则	未成年人的庇护所、专门少年法庭	美国：《少年法庭法》《少年司法及犯罪预防法案》《少年司法适用基准》《预防虐待儿童和治疗法》《失踪儿童法》	律师、司法主体

表1.2(续)

类型	代表	司法原则和政策	特色制度	典型国家和组织的主要法律规定	关键主体
福利与保障:注重成长环境	挪威、澳大利亚、荷兰	儿童利益最大化、儿童福利保护	事务监察官、儿童与家庭事务部	挪威:《儿童福利法》《儿童保护法案》《儿童法》《收养法》《教育法》《儿童监察官法》《一般民事刑罚典》	儿童保育专家和福利机构
教育与多元:注重审判特别程序	德国、俄罗斯、纳米比亚	宜教不宜罚综合保护原则,尊重儿童意愿	少年福利局、家事法庭制度、诉讼程序辅佐人制度、未成年人犯罪危险信息目录制度、互联网年龄验证系统	德国:《少年福利法》《少年法庭法》《第一号改革法律》《青少年保护法》《青少年保护州际协议》《德国家事事件及非诉讼事件程序法》	法官、检察官、警察、律师
比例与分类:注重资格鉴别	日本	比例原则、个别化处理	少年鉴别所、未成年人教养机构、少年裁判所、专门调查官	日本:《少年感化法》《少年法》《儿童福利法》《儿童抚养津贴法》《儿童卖春与儿童色情禁止法》《儿童虐待防止法》	教育工作者、法官

  国际组织和世界各国的未成年人保护理念、原则和方法都是我国不断发展未成年人保护的借鉴来源。在借鉴的同时,植根中华优秀传统文化,结合国情民情实际,我国也在不断地形成自己的未成年人保护体系。为更好地研究未成年人司法保护政策,接下来的第二章将阐述我国未成年人司法保护政策的价值理念、关键问题和研究重点。

第二章　中国未成年人保护司法政策研究综述

中华文明源远流长、灿烂辉煌，在传承中创新，在创新中发展。新时代引领新发展，新发展提出新要求。面对新时代的未成年人司法保护该如何以新理论引导新发展，在新时代开创新局面，是司法部门面对的一个重要的研究问题。

一、中国未成年人司法保护的基本原则

纵观全球，不难发现，19 世纪中后期实证主义犯罪学所倡导的"少年无辜"论，仅系未成年人权利保护的星火之光，但其一定程度上触发了部分国家对"未成年人区别化对待"必要性的反思。国际社会真正系统化构建起未成年人权利保护原则，应属 1989 年第 44 届联合国大会决议通过的《儿童权利公约》。该公约是直到现在仍被各国奉为圭臬的开展未成年人司法保护的工作指引，其所确立的普世公认的儿童权利保护原则，如儿童利益最大化原则、儿童最大限度生命权和发展权原则等，已成为各国酝酿其本土司法政策的基础。当代法治语境下的中国未成年人司法保护，其基本原则实质即根源于此。然而，是否如苏力先生在《法治及其本土资源》中所说"本土存在即合理"？进入新时代，在借鉴国际原则思考中国未成年人司法保护政策制定，并据此解决未成年人保护问题时，又是否应当着重考量中国法治资源特性对司法政策适应性提出的新要求呢？我们认为，这是制定中国未成年人保护司法政策时，应当反复考量、反复检视的问题。有关未成年人权利保护的各项国际原则在进入中国未成年人司法保护这一特定视域时，首先应解决合理转化适用问题。我们后续针对未成年人司法

保护热点问题展开的探讨，也始终未曾脱离现行法治环境的特点和现实司法实践的需求，并力图用最宜践行、成本最低的政策建言来解决问题，以免令国际原则的探讨落入清谈制度价值的歧路。当然，司法实践本身具有自我调适功能。因此，在未成年人保护司法政策制定过程中贯彻对国际原则的遵循，一种有效的改革路径便是：一方面依托既有"非主体区别化"基本法律制度框架进行自我调适，另一方面则以一系列针对未成年人特殊群体的司法政策作为基本法律制度框架的黏合剂。后者的黏合作用在当下未成年人司法保护制度尚未实现体系化的现实情境下，将首先以补漏方式实现对既有法律制度的细节修补，直到司法实践的自我调适和分类完善的具体政策足以共同支撑其构建起整体协同的、体系化的未成年人司法保护制度。我们所做的这种补漏式研究尝试，正是从法律制度之网中寻求具体司法政策显效的缝隙。故此，我们着重选取了中国未成年人司法实践中所反映出的、承载着最多社会关切的问题作为研究重点。

当然，即便司法实践与司法政策能一定程度上实现矛盾式发展，但从宏观层面上厘清国际原则的中国化问题仍有必要。在将中国现行未成年人司法保护法律体系规定的原则要求（方框内容）与公约确立的国际原则（椭圆框内容）进行梳理后，我们发现这种借鉴存在一些对应关系（见图2.1）。在图2.1中，"○"标记代表该原则用于指引对未成年罪犯的司法行为，"☆"标记代表该原则同时用于指引未成年人民事司法或未成年被害人司法保护。

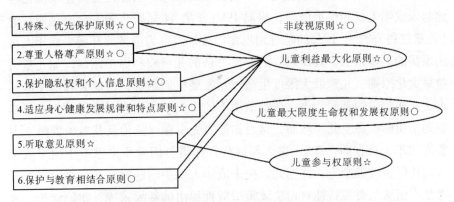

图2.1　中国未成年保护司法原则与未成年人保护国际原则对应关系

具体来看，在中国未成年人司法六项基本原则中，第1项"特殊、优先保护原则"、第5项"听取意见原则"均系未成年人民事司法中，对非当事人身份未成年人进行保护的基本原则；除第 5 项原则外，其余五项原则均在未成年人刑事司法中被作为基本遵循。在前述五项刑事司法原则中，除第 6 项"保护与教育相结合原则"指向未成年人犯罪群体外，其他几项原则均同时指引着刑事案件中对未成年加害人和未成年被害人的双向保护。而从连线所体现的该六项中国司法原则与四项基本国际原则的对应关系来看，"儿童利益最大化原则"是借鉴最为广泛的基本原则，其在六项中国司法原则中均有体现。因此，"儿童利益最大化原则"被全面运用于对犯罪或罪错行为中未成年加害人、未成年被害人的双向保护以及民事司法领域中对未成年人的权益保护。这一原则被国内法借鉴时也得到了全面体现，其普适性可能基于如下理由："尽管儿童最大利益原则主要规定在公约第三条，但它被要求用于指导与儿童权利和福利有关的一切领域的重大决定，因而在公约中得到了全面的体现。"[①]

此外，单就基本原则本身而言，无论是国际法还是国内法，均致力于解决未成年人犯罪问题，涉及未成年人民事司法原则或未成年被害人司法保护的原则较少。这一特点在我们所研究的中国未成年人司法保护政策的侧重上亦有体现。

二、中国式司法政策的价值理念

总体而言，我们所做的一切具体探讨和研究，无一不与以"儿童利益最大化原则"为核心的一系列国际原则的中国化路径休戚相关。为此，首先必须厘清如下几个关键问题。

（一）保护范围的界限厘定

《儿童权利公约》将"儿童"定义为"18 周岁以下的任何人，除非对其适用之法律规定成年年龄低于 18 周岁"。单看前半句，"儿童"与中国法律中的"未成年人"的年龄范围完全一致，但两个概念仍存在一定区别。公约中"除非"部分似乎表明要根据各国国内法来降低保护的年龄范围。这在各国国内法对成年年龄规定不尽一致的前提下，有压缩未成年人

---

① 段小松. 联合国《儿童权利公约》研究 [M]. 北京：人民出版社，2017：56-57.

保护范围的可能。例如，如果某国法律规定"成年年龄为 14 周岁"，那么对该国已满 14 周岁的公民而言恐怕就不再适用针对"儿童"所确立的一系列保护原则。在中国法律中，即便刑法对刑事责任年龄、民法典对民事行为能力均有规定"低于 18 周岁"的相应法律适用情形，但"未成年人"这一概念的年龄界限恒定，意味着针对未成年人而设定的一系列保护司法政策范围不必因刑事、民事法律适用年龄范围的变化而相应缩减。例如，刑法将刑事责任年龄分段规定为"已满 16 周岁"和"已满 14 周岁不满 16 周岁"以及带限制性适用条件的"已满 12 周岁不满 14 周岁"，但这些低龄段人群虽然达到了入罪年龄门槛，却同样必须适用针对未成年人的法定从宽规定，并从诉讼程序、刑罚执行、教育引导、隐私保护等层面分别受到司法政策的特殊保护。这意味着，"保护隐私权和个人信息原则"并不因刑事责任年龄的低龄化规定而在负刑事责任的未成年被告人群体中丧失其适用空间。又如，《中华人民共和国民法典》规定"16 周岁以上未成年人"这一附条件的完全民事行为能力年龄界限，对于这部分人，应尤其重视"特殊、优先保护"和"适应身心健康发展规律和特点"等有关原则的适用，以确保将其与已满 18 周岁的完全民事行为能力人区别对待。《中华人民共和国民法典》规定"8 周岁以上、18 周岁以下"这一限制民事行为能力年龄界限，规定其"可以独立实施纯获利益的民事法律行为或者与其年龄、智力相适应的民事法律行为"，则当这部分人群独立实施某种民事法律行为时，必须结合"尊重人格尊严""适应身心健康发展规律和特点""听取意见"原则来判断其具体实施的民事法律行为的法律效果。这些影响司法政策制定及效用激发的关键点，在"未成年人网络交易民事纠纷裁判规则的构建"这一章中所论因应之策和"未成年人民事监护司法介入的路径完善"这一章涉及司法政策的适用路径当中均被重点论述。

概括言之，相较于公约开放式的"儿童"界定，中国法律在有关未成年人保护立法上采取的是法律适用年龄的"区分化"而保护年龄"恒定性"的方式，其保护范围相对稳定。这种立法特性同样延伸并体现到司法实践中。司法保护年龄范围的恒定性也意味着在运用公认的国际原则指引中国司法实践时，应当考量相应司法政策在弥合国际国内理念认知差异过程中，如何更好激发其"填补"功用，以及是否在不同年龄段的未成年人群体中采取分级分类的司法保护政策。关于这种司法政策上的区分，在"性侵害未成年人司法惩治对策的完善"这一章中性侵低龄未成年人、被害人与加害人均未成年等特殊情境下的司法政策探讨中，其重要性得以凸显。

（二）价值位阶的考量取舍

在未成年人保护司法政策制定中探讨基本原则的价值位阶，本质上是在解决价值冲突中的优先顺位和权衡取舍问题。部分原则如第 1~4 项中国司法原则，本身具备双向保护特性，即同时涉及对未成年加害人和被害人的保护。当需要对同一组法律关系中处于对立或相关关系的未成年人进行司法处断时，因为同一原则或不同原则分别会对其发挥作用，必然带来不同司法原则价值位阶的考量问题。譬如，在常见的未成年人性侵未成年人案件中，司法解释与司法政策的相关规定存在冲突。这种冲突产生之隐因反映了具体司法政策制定中不同基本原则价值位阶未明。对于行为人（加害人，后同）"是否明知被害人是幼女"的判断方式，有关政策性文件做出了两种有利于保护幼女的解释。前一种情形规定，只要"被害人不满 12 周岁"则一律推定行为人明知。后一种情形规定，当"被害人已满 12 周岁不满 14 周岁"时则结合日常观察来认定。该条款将幼女这种低龄未成年人作为重点保护对象，贯彻的正是对未成年被害人"特殊、优先保护原则"和"适应身心健康发展规律和特点原则"。但同时，司法解释又将"已满 14 周岁不满 16 周岁"的未成年加害人对幼女实施的强奸行为附条件地排除在入罪门槛之外。该条款在对未成年加害人进行保护时所贯彻的大致有"特殊、优先保护原则""适应身心健康发展规律和特点原则""保护与教育相结合原则"。这是否说明，在性侵害行为的加害人与被害人均为未成年人的情形下，司法对加害人予以特殊保护，则顺理成章地将被害幼女一方的权益进行了让渡？"奸淫幼女型"强奸罪的立法本意无论是"既遂标准"（接触说）还是从重处罚情形规定，目的都指向于更深入、更严格地贯彻对幼女的特殊优先保护。同时，强奸罪的刑事责任年龄之所以被低龄化地规定为"14 周岁"，也正是考虑到这种严重暴力犯罪的行为特殊性和严重社会危害性。这一特殊年龄规定，其题中之义本就在于从刑事责任年龄层面降低其入罪门槛。那么，如若司法解释或相关司法政策规定，因被害人为幼女，则反而对已满 14 周岁不满 16 周岁的强奸行为人不做犯罪处断，可能存在两方面问题：一方面，出现了司法处断的怪圈：强奸对象为幼女、符合强奸罪的从重处罚要求，反而"不认为是犯罪"。结合刑法有关强奸罪刑事责任年龄的规定，已满 14 周岁不满 16 周岁的未成年人强奸他人（非幼女），本已应当负刑事责任；但当被害人具备了幼女身份（符合强奸罪的从重处罚情形）时，反而令该未成年强奸者免于入罪。另一方面，这种司法政策违背了"奸淫幼女型"强奸罪的立法本意。《中华人民共和国刑法》第二百三十六条第二款的立法目的在于严惩强奸幼女的犯罪。性侵幼女相关法条保护的法益也正是幼女的身心健康，因此，即便如司法政策文件所列"偶尔发生性关系"，也很难将其定义为"未危害幼女的身心健康"，更何况"情节轻微、未造成严重后果"在司法判断中操作性较差。通说认为"幼女无性同意能力"，立足于保护幼女、严惩性侵幼女犯罪这一基点，无论其是否同意以及同意与何人发生性行为，仅因其具备幼女身份，就应对与之发生性行为、达到刑事责任年龄并有刑事责任能力的人做犯罪评价。如适用前述政策所确立的处断原则，将导致在保护未成年加害人的同时放弃对未成年被害人的保护。可见，其政策制定的用意应予明确，价值根基应予夯实。政策制定的改革路径，即是司法原则价值位阶问题的解决。总之，司法原则的价值位阶，将是我们各类具体问题探讨的研究主线。

（三）职能定位的多元制衡

未成年人案件审判机构的"专设"，集中体现于各地所实践的少年案件审判团队、少年法庭、少年法院专门化设置①，或者虽未专设审判机构但在法院内设部门设立专司未成年人案件审判工作的综合部门②。审判机构"专设"必然催生各大审判门类的相对集中和融合。一方面，机构专设给专人专司未成年人审判工作带来了审判质效提升、便于系统总结经验等正面效应；另一方面，在专设审判机构中尝试各门类审判工作的协调运转，也势必给审判实践带来多维度挑战。在这种挑战中，值得重点探讨的问题包括民事、刑事等审判门类的"统分运转"、审判人员"综合能力"基础上的"专业偏好"考量、未成年人司法"刑事本位"和"福利本位"协调等。

---

① 这种专门化设置也不是通常意义上的专司未成年人案件审判工作的审判组织，通常采取在传统审判庭（民庭、刑庭、行政庭）上加挂"未成年人案件审判庭"的方式来推行。其可能基于多种因素，但最主要原因仍在于涉及未成年人案件数量不足以支撑成立单独的专司未成年人案件审判工作的审判组织。

② 如四川省高级人民法院在研究室内设未成年人案件审判工作办公室，牵头负责全省三级法院未成年人案件审判工作。

与境外司法类似，中国未成年人案件审判机构独立与未成年人司法的"福利本位"思维，同样借鉴了 21 世纪初兴起并逐渐在英国、美国、加拿大、德国占据主流的"恢复性司法"理论及其配套程序。联合国相关机构对恢复性司法及其程序的专门界定大致为"采用恢复性程序寻求并实现恢复性结果的任何方案"和包括"调解、调和、会商和共同确定责任"等①。这一系列方案的目标均旨在再造未成年人重返社会的能力，体现的也是"福利本位"的未成年人司法思维。以英格兰和威尔士少年司法制度为例，其在恢复性司法方面适用少年警示和少年更生令以帮助未成年人更好地实现重塑②。考虑到成年人司法践行的是强调刑事责任③的"刑事本位"思维，我们认为，未成年人案件审判所具有的重塑性司法职能，天然地决定了该职能显然不再适宜由惯常的针对普通成年人的审判机构来施行。也正是基于这种"恢复性""福利化"的共识，应当重点考量这种兼有"再造"和"续造"功能的司法如何通过适宜的专设机构、专司审判以及司法职能延伸拓展来得以实现。相关内容将在"未成年人案件审判延伸工作机制的完善"这一章中进行重点论述。或许，对于以审判为主责主业的人民法院而言，利用人民法庭这种末梢组织天然具有的"渗透优势"践诺未成年人司法保护工作的延伸职能，是一种有益的政策性尝试。

首先，延伸工作面临的主要挑战是"机构专设"与"职能延伸"的相促制衡问题。这其中，至关重要的便是由什么机构来专职承担"首问"延伸职能，这将关系到机构专设方式。机构专设必然意味着审判门类、审判人员的集中与融合。如果要保证专设机构专司未成年人案件审判工作，则必须首先解决涉及未成年人案件总量、员额配置、审判人员案类偏好等一系列因素的协调与相互支撑。目前的实证研究显示，人民法庭办理案件数量与人员配置呈现出一些不同于法院内设审判庭的特质，人民法庭空置化现象较为普遍。我们认为，由人民法庭相对集中地承担未成年人案件审判工作的延伸职能是一种有益探索。为此，应当考虑，在常规行政区划框架和现有人民法庭配置现状下，如果将涉及未成年人案件按地域管辖，恐怕会令"人民法庭荷载未成年人司法保护延伸工作"这一前瞻理念最终受制

<hr />

① 参见联合国预防犯罪和刑事司法委员会 2000 年通过的《关于在刑事事项中采用恢复性司法方案的基本原则》。

② 华瑀欣. 英格兰和威尔士少年司法制度的发展 [J]. 中国刑事法杂志, 2014 (5)：124-143.

③ 孙谦. 中国未成年人司法制度研究 [M]. 北京：中国检察出版社, 2021：63.

于地域管辖不均、人员配比失调的现实困境。故而，我们倾向于基于人民法庭补位未成年人司法保护这一定位而差序化展开延伸工作，以探索专设机构、专司审判与职能延伸相促的工作模式。这些内容将在"未成年人案件审判延伸工作机制的完善"这一章进行专门论述。

其次，"审判多元"与机构专设还可能存在如何实现相促以及挑战制衡因素的问题。如前所述，现实困境导致专设机构、专司审判尚不具备可操作性，故目前我国未成年人案件审判大致存在与家事案件审判单一相融或与刑事案件审判单一相融的模式。前者侧重民事诉讼中涉及未成年人因素的保护性司法考量，后者则包括审判未成年人犯罪案件与审判侵犯未成年人权益刑事案件。这种全刑事审判或全民事审判的单一融合模式，可能无法解决刑事案件中涉民事因素处理的弱化问题，或者无法解决民事诉讼直接适用有关未成年人刑事案件审判的一系列延伸性社会政策的问题。例如，有研究者提出，恢复性司法在解决"刑事污点对未成年人的消极影响"的同时，却"难以避免替代性的承担责任现象、惩罚的非刑罚性可能不利于未成年人改过自新"等问题①。鉴于此，我们认为，在践行未成年人刑事案件审判中的罪错分级处遇、犯罪记录封存等一系列立足保护罪错未成年人的刑事司法政策时，应更多地考虑将民事司法政策、行政替代性惩罚措施纳入未成年人保护的整体政策制定及施行范围，以一定程度消解因采取区别于成年人的刑罚性措施所致负效应，促进罪错未成年人改过自新。可以推而广之的是，在由前述所提人民法庭承担延伸职能的前提下试行刑事、民事、行政"三合一"审判模式，或能成为未来尝试通过"系统化"思维审判，"一揽子"处理涉及未成年人案件延伸司法服务的理想路径，也方能真正实现未成年人司法保护"福利本位"，并最终实现民事、刑事、行政相关司法政策互为支撑、辅助适用，形成多元审判合力。前述内容，在"未成年人犯罪记录封存制度的完善"这一章和"罪错未成年人分级处遇制度的构建与完善"这一章所涉司法政策制定方向选择上，均被作为价值选择基准予以充分考量。

（四）司法保护的内外衔接

作为理论范式的"社会支持"概念源自"社会病原学"，其与个体生

---

① 赵桂芬. 论未成年人恢复性司法的合理性与局限性 [J]. 政法学刊，2011 (4)：76-82.

理、心理和社会适应能力紧密联系。由此可见，以"恢复性司法"为价值指向的未成年人司法保护工作，尤其是审判职能的延伸部分，必然与未成年人个体的生理、心理和社会适应能力关联。这即是探讨职能延伸与社会支持相互关系之必要性所在，而不仅仅基于司法行为普遍意义的社会性。无论是在司法程序之中还是在司法程序终了之后，社会支持机制都或明或暗、或强或弱地发挥着支持作用，甚或二者相互依仗、咬合相弥。尤其是，当未成年人司法以"福利本位""恢复性司法"作为其价值根基时，其对获得社会机制支持的依赖度就更深。那么，这种社会支持显然惯常地以制定司法政策并予以施行的形式呈现并显效。社会学家林南教授认为，"社会支持是由社区、社会网络和亲密伙伴所提供的感知和实际的工具性或表达性支持的"①。这意味着，如果认可并考虑将"福利本位""恢复性司法"作为架构中国未成年人司法政策体系的原则时，则不可回避未成年人司法对有关机关团体、基层社会组织、当事人所在家庭等协同构建的网状社会支持的依赖。至于延伸职能和社会支持谁主谁辅，则应依司法程序推进的不同时段而定。在司法程序之中，以审判及其延伸职能为主、社会支持为辅。在司法程序终了之后，则以社会支持为主，司法机关退居辅助地位，主要发挥必要的指导、协作作用。这一关系的明确，有助于在具体司法政策探讨中，视情境需求而厘清司法机关与社会机构的职能定位和社会分工关系，厘定未成年人保护司法政策的概念边界，并进而把握研究主线。

本书后续各章内容还将结合各种热点问题，探讨以审判为中心的司法政策与社会支持政策在共同构建未成年人保护体系过程中的密切关系。如在"未成年人校园欺凌多元共治体系的构建"这一章中，专门就国家介入监护的正当性与权力边界进行探讨，以此明确在以监护人责任为轴心的分级分类分流治理体系中，相应司法政策、社会政策如何相互支撑以对司法、社会协同发挥潜在支配作用。在"未成年人民事监护制度司法介入路径的完善"这一章中，对社会协助监护与司法介入保护的聚焦式探讨，同样体现着"以司法政策为征象的司法职能延伸"与"体现为社会政策的社会支持体系"的协作关系。此问题探讨在家庭教育促进法施行后更显迫切和具象。又如，社区矫正机构通常被认为仅承担对未成年罪犯的监督管

---

① LIN N, DEAN A, ENSEL W M. Social Support, Life Events and Depression [M]. New York: Academic Press, 1986: 28.

理、教育帮扶职能，但在我们倡导对未成年人罪错行为"分级干预"的情境下，针对校园欺凌等大量存在但尚难进入刑事司法规制领域的"不良行为"，应有探索由社区矫正机构协同相关部门建立社会化监督教育机制之必要。这一司法政策制定理念，将在"未成年人校园欺凌多元共治体系的构建"这一章和"罪错未成年人分级处遇制度的构建与完善"这一章的探讨中得到综合验证。这种对社区矫正内涵的丰富，可能涉及与民事侵权责任、不作为犯罪处理等法条规定及配套司法政策的衔接。因此，司法政策的延伸定会引发社会机制支持所涉及范围的扩张。这将成为我们下一步延伸探讨的目标。

（五）政策规则的交互融合

据前文可知，未成年人司法从法律供给、机制运作等方面衡量，距"体系化"标准还有相当的距离。究其原因，一方面，总体而言，我国目前仅限于对某些普世公认的国际原则概括性借鉴。在构建中国本土化未成年人司法体系的过程中，虽然各种碎片化的司法政策应时而生，试图以细节修补方式驰援基本法律制定，但尚未形成体系化的未成年人保护司法制度，呈现出"描其状而未得其神"之窘境。缺乏有效司法政策支撑的相关法律制度犹如"空中楼阁"，而无"四梁八柱"，更缺"精装修"，难以实现全面贯彻和配套支持。例如，家庭教育促进法对家庭教育目的、内容、方式的规定，均带有明显的"倡导性条款"特色，导致民事诉讼中的"家庭教育令"规定继承了这一倡导性效应，从而不具有可操作性，故受其指引的家庭教育难以"肉眼可见"的方式发挥对司法裁判的社会支持作用。另一方面，部门法律之间缺乏整体考量和相互支撑，甚至存在矛盾或冲突，严重制约了司法政策体系整体效能的发挥。未成年人司法政策虽在刑事、民事等基本部门法律各自特性及相应社会支持政策上存在差异，导致其存在运行模式选择、逻辑架构上的差异，但将其纳入"保护性司法政策"宏观视野后，围绕制度堵点进行政策重塑时，不同部门法律所依赖的司法政策与社会机制之间的相互支撑、整体协调问题，必然得到周全观照。法律、司法解释、司法政策之间缺乏体系化考量和位阶设定，导致在对未成年加害人进行"恢复性司法"保护和对被性侵幼女"优先保护"时顾此失彼，即是最好的例证。又如，"校园欺凌"一词，并非法律术语或法律概念，但作为一种饱受关注的社会现象，司法政策能在多大程度上通过"预防性""恢复性"措施实现对现有规制模式的补位，以使尚未达到刑事追诉程度的"不良行为"被一并纳入未成年人保护司法体系之内，值得重点研究。同时，这也是对未成年人保护制度的"犯罪预警"这一功能设定的有益尝试。这既可能涉及与罪错分级处遇制度的结合探讨，也可能涉及当校园欺凌发展为可入罪的未成年人犯罪后的特殊政策设定和对家庭教育路径的反思重构。

三、本书重点内容的逻辑主线

（一）依循逻辑主线呈现研究内容体系化结构

基于前述关键内容的厘定，本书研究主线可归纳为：探索构建"延伸审判职能、协同社会机制"的未成年人司法保护政策体系。本书的研究重点，亦因此浓缩为以人民法院审判工作为轴心的司法政策与社会机制。在未成年人保护体系这个宏大命题之下，司法政策随保护体系作用发挥阶段的不同而居于主要或辅助地位。其中，司法机关对社会机制运行过程的指导方式，以及未成年人案件审判职能的延伸方式，均系研究重点。司法政策与社会机制的协同、联动模式，将在后文具体探讨中述及。同样基于前述认识，本书将以"各自司法政策与相应配套社会支持的协同性"为逻辑主线，指引未成年人司法保护政策的具体化、焦点式探讨，进而实现对诸多看似互不牵扯、相对独立的热点问题的体系化思考。但其背后始终有"各自司法政策与相应配套社会支持的协同性"这一逻辑主线在发挥指引作用。横向上，每个具体问题都将依"司法原则指引→司法政策补强下的审判职能发挥→配套社会机制"这一研究主线进行"类型化"呈现。纵向上，将每个具体问题的探讨结论聚合为整体时，依照"司法原则""司法政策"和"配套社会机制"的分类而分别体系化。这样方可支撑起未成年人司法保护政策体系的完整架构，令这一系列分门别类的司法政策，在现有法律机制情境下实现体系功能最大化，为最终形成未成年人保护司法政策建议稿提供基础。

（二）基于因果推断进行调查数据科学性分析

在大量阅读相关文献资料的基础上，我们结合实地调研结果，针对未成年人、法院系统工作人员等不同群体设计了四套问卷，利用统计分析方法，尝试刻画未成年人成长特征，找准未成年人司法保护工作的难点与重点，为未成年人保护司法政策研究提供实证依据和参考。

1. 实地调研

考虑到未成年人保护工作需要多部门有效联动与衔接，从 2020 年初开始，我们深入成都、内江、绵阳、德阳、自贡、泸州、阿坝、凉山等地市州及其下辖区县进行了较全面的实地考察。我们立足法院，邀请来自公安、检察、法院、司法、教育、妇联、共青团、街道社区的代表面对面座谈，多角度、多层面了解现阶段未成年人发展特点。

2. 问卷设计

我们结合多位专家及一线法官的意见，反复修改，设计了四套问卷。《四川省未成年人法治意识调查问卷》以未成年人的法律意识为主线，涵盖性侵害、网络社交、语言暴力、婚姻家庭等方面，共 48 个问题。《四川省婚姻家庭观调查问卷》包含基本信息、离婚观、家庭观、婚恋观及择偶观 5 个部分，共 39 个问题。面向法院系统的《未成年人保护司法政策研究问卷》以未成年人保护司法政策为主线，同时涵盖性侵害、未成年人案件言辞证据、未成年人网络消费、校园欺凌、犯罪记录封存、罪错未成年人分级处遇、未成年人监护、人民法庭补位未成年人案件审判延伸工作 8 个模块，共 70 个问题。在此基础上，针对普通群众设计的《未成年人保护司法政策研究问卷》，在保持基本结构不变的情况下对问题进行简化调整，缩减为 34 个问题。

3. 统计方法

为了充分挖掘数据信息，我们利用统计学方法对获取的资料进行探索性和推断性分析。具体而言，在分类整理、数据可视化基础之上，创新性使用基于倾向得分匹配的列联表分析方法，探寻数据真实的结构与规律，从时间、空间等不同维度进行比较分析，以考察问卷各要素之间真实的逻辑关系。最后，将数据探究结果嵌入各章节，为重点问题研究提供实证基础。

4. 数据概况

《四川省未成年人法治意识调查问卷》回收有效问卷共计 5 468 份，涉及成都、内江、绵阳、德阳、自贡、泸州、阿坝、凉山 8 地市州，调查样本对象包括小学生（仅限五年级、六年级）、初中生、高中生，其中，男性占比 47.97%、女性占比 52.03%，城市问卷占比 58.49%、乡村问卷占比 41.51%，留守儿童占比 17.67%。《四川省婚姻家庭观调查问卷》回收有效问卷共计 833 份，涉及成都、泸州、阿坝、凉山、内江、绵阳 6 地市州，其中男性占比 29.3%、女性占比 70.7%，未婚人士占比 68.2%。面向法院系统的《未成年人保护司法政策研究问卷》共计回收 208 份，涉及高级人民法院、中级人民法院、区（县级市）人民法院、县人民法院四类法院，主要以区县人民法院为主，县人民法院占比 57%，区（县级市）人民法院占比 19%，中级人民法院占比 23%，高级人民法院占比 1%。被调查对象包括审判人员、审判辅助人员、行政人员，其中，审判人员占比 38%，审判辅助人员占比 46%，行政人员占比 16%。面向普通群众的《未成年人保护司法政策研究问卷》共计回收 205 份，其中，男性占比 40.98%，女性占比 59.02%。

基于"司法保护政策研究"这一命题固有的实证特征，前文已将开题至今围绕重点问题设计的调研问卷和统计分析内容进行了萃要呈现。后续各章将遵循统一的逻辑主线，基于实证统计分析基础资料，聚焦一系列在未成年人司法政策体系化目标达成过程中的堵点问题展开论证和分析。

第三章　罪错未成年人分级处遇制度的构建与完善

近年来，低龄未成年人恶性犯罪问题愈发严重，受到学术界、实务界和社会公众的广泛关注。作为立法机关对这一问题的回应，《中华人民共和国刑法修正案（十一）》将特别严重暴力犯罪的刑事责任年龄进一步降低到 12 周岁，这难免会让人产生只是从以前的"一放了之"变成了"一关了之"的印象。这一举措集中反映了我国目前对罪错未成年人处遇措施处在重与轻的两极，无中间缓冲地带和干预措施的局面。要么过于放任，对不负刑事责任或不受刑事处罚的未成年人完全放任不管，让"教育、感化、挽救"的刑事司法政策落空；要么过于严厉，企图通过严刑峻法让未成年人改过自新，而结果往往是进一步加剧罪错未成年人与社会的对立，居高不下的再犯率充分证明了这一点。因此，如何找到保护与惩治的平衡点，填补放任与严惩之间的空白地带，成为人们普遍关注和亟须解决的问题。

对此，中共中央办公厅、国务院办公厅印发的《关于加强专门学校建设和专门教育工作的意见》中提出，要"建立科学的未成年人罪错行为预防矫治体系"。最高人民法院一直坚持"教育为主、惩治为辅""宽容但不纵容"的司法理念以及"教育、感化、挽救"的刑事司法政策。最高人民检察院在《2018—2022 年检察改革工作规划》中提出"探索建立罪错未成年人临界教育、家庭教育、分级处遇和保护处分"制度。构建和完善罪错未成年人分级处遇制度成为健全未成年人罪错行为矫治体系的关键制度抓手和重要落脚点，有利于整合社会教育矫治资源，提升罪错未成年人教育矫治实效。但当前罪错未成年人分级处遇制度构建面临法律规定不明确、制度体系不健全、监督制约和考核评价机制不完善、部门间沟通衔接不畅、社会支持体系不完善、处遇措施"空转""失灵"等诸多问题，亟须从教育感化入手，秉持双向保护、国家亲权、恢复性司法等正确未成年人司法理念，根据未成年人罪错行为的主观恶性、社会危害性以及未成年人一贯表现等因素，对罪错未成年人予以精准分级，并匹配针对性和个别化的处遇措施，真正达到教育矫治的目的，从源头上预防和减少未成年人犯罪，实现未成年人犯罪的"源头治理"。

一、建立罪错未成年人分级处遇制度的必要性和可行性

罪错未成年人分级处遇制度是在对未成年人罪错行为进行分级后，采取不同的教育矫治措施，既要考虑对未成年人的保护，又不能纵容未成年人的罪错行为，以实现社会防卫和处遇措施的有效性、公正性。在当前实践中犯罪低龄化、矫治手段单一、矫治效果不佳等问题突出的情况下，构建罪错未成年人分级处遇制度有其必要性，相关的政策支持和实践探索为其创设了可行性。

（一）建立罪错未成年人分级处遇制度的法理基础

1. 罪错未成年人处置规律的内在要求

与成年人相比，未成年人心智尚未发育完全，在价值观、决策能力等方面相差甚远，因而容易被外界影响。总的来说，处置未成年人罪错行为的规律可归结为注意保护、强调恢复和积极预防。注重保护是指相较于成年人司法制度，未成年人司法制度应保持一定的独立性，避免给未成年人造成难以弥补的负面影响。强调恢复是指对未成年人应进行合理的思想疏导、行为矫治，而不只是简单地进行惩罚，目的在于帮助未成年人完成社会化改造。积极预防是指根据未成年人的特点，开展分级处遇，预防其未来再次实施犯罪行为。因此，在处置罪错未成年人时，主要应采取针对性措施来矫治行为人的心理行为偏差及诱因，从而促进罪错未成年人回归社会，预防再犯，这也是未成年人司法的本质要求。

2. 国家亲权理论和儿童利益最大化原则的必然要求

正如前文所述，罪错未成年人处置规律的特殊性表现为恢复性，该过程离不开国家的支持与对未成年人利益最大化的追求。因此，必须秉持国家亲权理论和儿童利益最大化原则，积极发挥国家监护功能，实行个性化

干预措施，促进罪错未成年人顺利回归社会。有些罪错未成年人存在家庭监护失灵或缺失的情况。国家是未成年人权益保护的最后一道防线，扮演着最终监护人的角色，对未成年人的生存与发展起到兜底性作用，是对自然亲权的救济和补充。国家亲权本质上也是为了更好地践行儿童利益最大化原则，两者在未成年人的保护和救济中发挥着不可替代的重要作用。

3. 未成年人罪错行为司法处遇个别化的必然要求

司法处遇个别化，不仅有助于优化社会资源配置，也有助于推动恢复性司法理念的落实。即使同样都是罪错未成年人，在不同的年龄、智力发育阶段和各异的生长环境下，未成年人也会呈现出不同的特点和矫治需求。若只是简单地复制惩罚模式，非但起不到注意保护、强调恢复和积极预防的作用，无差别化的处遇还可能会导致恶性循环，造成未成年人过度伤害、产生叛逆心理等消极后果。因此，必须坚持司法处遇个别化，而其实现路径就是构建和完善未成年人罪错行为分级处遇制度。

（二）建立罪错未成年人分级处遇制度的现实需求

从最高人民检察院和最高人民法院公布的未成年人犯罪数据来看，未成年人犯罪情况不容乐观，呈现出犯罪率上升、犯罪类型较为集中、严重暴力犯罪占比大、犯罪低龄化趋势明显等特征和问题，预防未成年人犯罪的任务还很艰巨，亟须通过构建罪错未成年人分级处遇机制，加强未成年人早期罪错行为的教育矫治，通过早干预、早矫治，避免未成年人的小错误发展成为大问题。

1. 未成年人犯罪呈上升趋势

从最高人民检察院发布的《未成年人检察工作白皮书（2022）》[①] 数据来看，2018—2022 年，除 2020 年受疫情影响，全国检察机关受理的未成年人犯罪案件数量下降之外，其他年份基本处于逐年上升趋势。治理未成年人犯罪被公认为世界司法三大难题之一，白皮书数据说明我国未成年人犯罪治理还任重而道远（见图 3.1，图中灰色线条为全国检察机关受理审查起诉的未成年犯罪嫌疑人数，黑色线条为全国检察机关受理逮捕的未成年犯罪嫌疑人数）。

---

① 最高人民检察院. 最高检发布《未成年人检察工作白皮书（2022）》［EB/OL］.https://www.spp.gov.cn/spp/xwfbh/wsfbt/202206/t20220601_558766.shtml#1.

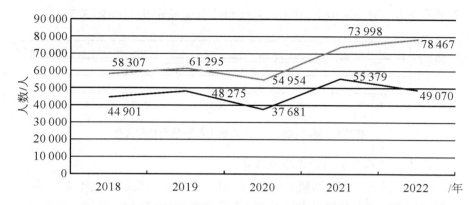

图 3.1　2018—2022 年全国检察机关受理审查起诉和逮捕的未成年犯罪嫌疑人数

2. 未成年人犯罪类型较为集中

从 2022 年未成年人犯罪的罪名来看，主要集中在盗窃罪、聚众斗殴罪、强奸罪、抢劫罪和寻衅滋事罪 5 类犯罪上，5 类主要犯罪人数占到未成年人犯罪总人数的 67.3%①。这表明未成年人犯罪行为主要涉及侵害他人人身安全和财产权益（见图 3.2）。

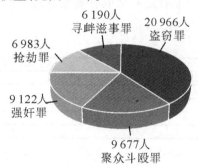

图 3.2　2022 年未成年人犯罪主要罪名人数分布情况

3. 未成年人严重暴力犯罪占比大

2017—2021 年，未成年人犯故意杀人、故意伤害致人重伤或死亡、强奸、抢劫、贩卖毒品等五种严重暴力犯罪的人数占全部未成年犯罪人数的比例分别为 33.48%、30.76%、29.65%、28.63%、28.49%。未成年人严重暴力犯罪的人数一直处于高位，且所占比例一直在 30% 左右，反映出近年来未成年

---

① 最高人民检察院发布《未成年人检察工作白皮书（2022）》[EB/OL].https://www.spp.gov.cn/spp/xwfbh/wsfbt/202306/t20230601_615967.shtml#1.

人严重暴力犯罪问题突出,其主观恶性和社会危害都很大(见图3.3)。

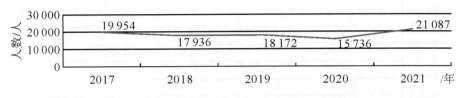

图3.3 2017—2021年未成年人严重暴力犯罪人数

4. 未成年人犯罪低龄化趋势明显

根据中国司法大数据研究院在《从司法大数据看我国未成年人权益司法保护和未成年人犯罪特点及其预防》中披露的数据来看,2016—2017年,在全国法院新收未成年人犯罪案件中,被告人以初中生为主,占比高达68.08%①。根据最高人民检察院发布的数据,2018—2022年,检察机关受理审查起诉14~16周岁未成年犯罪嫌疑人分别占受理审查起诉未成年人犯罪总数的8.05%、8.88%、9.75%、11.04%和11.1%。可以看出,未成年人犯罪低龄化趋势明显,但大部分低龄未成年人未达到刑事责任年龄而不受刑事处罚,如何在刑事制裁之外采取有效教育矫治措施对其进行教育改造是亟须解决的问题(见图3.4)。

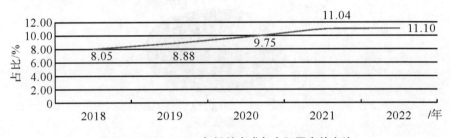

图3.4 2018—2022年低龄未成年人犯罪案件占比

(三)建立罪错未成年人分级处遇制度的实践支撑

1. 政策支持

最高人民检察院《"十四五"时期检察工作发展规划》提出要"推动完善罪错未成年人分级干预制度,依法惩戒、精准帮教。健全与专门学校

---

① 中国司法大数据研究院.从司法大数据看我国未成年人权益司法保护和未成年人犯罪特点及其预防[EB/OL].http://data.court.gov.cn/pages/research.html.

衔接机制"①。《最高人民法院关于加强新时代未成年人审判工作的意见》指出要"坚持未成年人利益最大化原则，确保未成年人依法得到特殊、优先保护"和"加强协作配合，增强未成年人权益保护和犯罪预防的工作合力"② 等。除此之外，最高人民检察院和最高人民法院还多次通过公布典型案例等方式，推进罪错未成年人分级处遇的司法制度改革。从上述官方文件中，可以看到国家层面与社会层面都极力支持罪错未成年人分级处遇制度的建立。不管是司法部门还是其他行政部门，实现未成年人利益最大化这一根本目标是一致的，这也为我国未来的司法实践创新与落实提供了政策支持。

2. 经验支撑

目前全国各地围绕罪错未成年人分级处遇制度，根据本地实际进行了不少探索创新。浙江南浔法院系统依托检校合作理论，创设罪错分级标准；探索针对性矫治措施，构建阶梯式治理基础模型；推动政府主导机制建设，保障分级治理质效③。安徽法院系统推动将社会调查、法官教育、案后回访等六项功能集成于涉罪未成年人案件审判，充分发挥司法保护正向效能。在 2021 年生效判决的 651 个以未成年人为被告的案件中，非监禁刑适用率超过三成，并对该部分未成年被告人开展了回访帮教，另对 450 个案件的 697 名罪错未成年人进行了社会调查，这都为他们回归社会创造了条件④。新疆维吾尔自治区法院系统秉持"特殊、优先保护"的司法理念，注重社会调查、庭中教育和庭后帮教；多途径全面了解未成年被告人情况，与社区一对一进行帮教，并在刑满释放后进行家庭随访⑤。重庆垫江县人民检察院实施分类矫治，突出帮教未达刑事责任年龄未成年人；成

---

① 最高人民检察院. 聚焦"十四五"时期检察工作发展规划［EB/OL］.https://www.spp.gov.cn/spp/xwfbh/wsfbt/202104/t20210416_515886.shtml.

② 最高人民法院. 关于加强新时代未成年人审判工作的意见［EB/OL］. https://www.court.gov.cn/zixun-xiangqing-285011.html.

③ 南浔检察发布.【六一特辑】未成年人罪错分级处遇，管好"熊孩子"［EB/OL］.https://mp.weixin.qq.com/s？src＝11&timestamp＝1699959271&ver＝4896&signature＝6kU9smW185fCnDTWdNL9cvcrpT3dUCwFtQAASVBnxKo4F3zXd0XuETI3FDbvxPU1P0kMX5RJUl3ksNZDGwhXvVJVv5－PWNweG2m5qWA6DsnZk∗kfBKyMrjLp744YZfUv&new＝1.

④ 人民法院报. 安徽：充分发挥职能 强化未成年人司法保护［EB/OL］.https://www.court.gov.cn/zixun-xiangqing-361021.html.

⑤ 北京青年报. 新疆：不断创新未成年人审判工作机制［EB/OL］.https://www.163.com/dy/article/H8RH8HGD0514R9KQ.html.

立专门机构，形成罪错未成年人大数据库；持续接力帮教，形成公（安）检（察）法（院）司（法）协调联动局面①。浙江富阳区人民检察院在该区政法委、未成年人保护委员会支持下，联合公安、法院、民政、教育等12家单位会签《关于建立罪错未成年人分级处遇协作机制的意见（试行）》，共同对有不良行为、严重不良行为、实施犯罪行为的未成年人及其监护人，分级分类适用各项处遇措施。此外，它们还专门建立了"涉案未成年人分级处遇社会工作站""涉案未成年人家庭教育指导站"②。山东临沂法院系统创新推出"社工+基地"模式，将未成年人利益最大化原则进一步落实到实践中，主要通过聘用专业社会工作者对涉罪未成年人开展社会调查，根据情况制定有针对性和灵活的帮教措施，在辖区未成年人观护帮教基地开展"面对面""一对一"帮教等，有的放矢，助力涉罪未成年人回归社会③。这些经验做法为完善罪错未成年人分级处遇机制提供了足够的经验支撑。

二、罪错未成年人分级处遇制度运行现状与问题分析

罪错未成年人分级处遇制度由最高人民检察院于 2018 年在《2018—2022 年检察改革工作规划》中首先提出。实际上，罪错未成年人处遇制度从未成年人司法诞生时起就是被关注和研究的问题。

（一）我国罪错未成年人分级处遇制度解析

我国罪错未成年人分级处遇制度规定主要散见于预防未成年人犯罪法、刑法和治安管理处罚法中，主要包含罪错行为分级、处遇措施分级以及处遇对象分级三个方面的内容。

1. 罪错行为分级

根据 2020 年新修订的《中华人民共和国预防未成年人犯罪法》的规

---

① 央广网. 重庆市首个《关于罪错未成年人分级矫治实施办法（试行）》出炉 [EB/OL]. ht-tp://news.cnr.cn/native/city/20200623/t20200623_525141924. shtml.

② 浙江政务服务网. 全省首家! 富阳区发布罪错未成年人分级处遇协作机制 [EB/OL]. http://www.fuyang.gov.cn/art/2022/4/8/art_1228923167_59258400. html.

③ 《检察日报》正义网. 临沂兰山："社工+基地"帮助涉罪未成年人回归社会 [EB/OL]. ht-tps://mp.weixin.qq.com/s/FYgMDgz3SiqU-xPsv3wF9A.

定，我国目前对罪错行为分为一般不良行为、严重不良行为和犯罪行为，以"列举+概括"方式规定了8类一般不良行为的表现形式，并确定了一般不良行为的本质为不利于未成年人健康成长。该法将一般不良行为标准由"严重违背社会公德"修改为"不利于未成年人健康成长"，彰显了以未成年人为本位的立法逻辑。一般不良行为主要是涉己行为，一般不具有严重的社会危害性，只是基于未成年人特殊的身份要求和社会的合理期待而设定①。对严重不良行为，该法同样采取"列举+概括"方式规定了9类表现形式，且规定了严重不良行为的本质为严重危害社会。严重不良行为主要包括两大类，第一类是未成年人的行为虽然客观上触犯了刑法，但因未达到刑事责任年龄而不构成刑事犯罪的行为；第二类是未成年人实施的具有一定社会危害性且违反治安管理处罚法的行政违法行为。犯罪行为主要指达到刑事责任年龄的未成年人触犯刑法的行为。与严重不良行为相比，犯罪行为的社会危害性更大、未成年人主观恶性更大。罪错行为分级体系如表3.1所示。

表3.1　罪错行为分级体系

罪错行为类型	罪错行为性质	罪错行为具体表现
一般不良行为	主要为涉己行为，违反了社会对未成年人的行为期待和特殊身份要求，一般不具有严重社会危害性，但不进行干预，可能会发展成为严重不良行为或犯罪行为	①吸烟、饮酒；②多次旷课、逃学；③无故夜不归宿、离家出走；④沉迷网络；⑤与社会上具有不良习性的人交往，组织或者参加实现不良行为的团伙；⑥进入法律法规规定未成年人不宜进入的场所；⑦参与赌博、变相赌博，或者参加封建迷信、邪教等活动；⑧阅览、观看或者收听宣扬淫秽、色情、暴力、恐怖、极端等内容的读物、音像制品或者网络信息等；⑨其他不利于未成年人身心健康成长的不良行为

---

① 朱良. 解构与建构：未成年人罪错行为分级制度研究 [J]. 学习与实践，2022 (4)：74-83.

表3.1(续)

罪错行为类型	罪错行为性质	罪错行为具体表现
严重不良行为	第一类严重不良行为是虽然触犯刑法，但因未达到刑事责任年龄而不构成刑事犯罪；第二类严重不良行为是具有一定社会危害性且违反治安管理处罚法的规定	①触犯刑法规定，但因不满法定刑事责任年龄不予刑事处罚的行为；②结伙斗殴，追逐、拦截他人，强拿硬要或者任意损毁、占用公私财物等寻衅滋事行为；③非法携带枪支、弹药或者弓弩、匕首等国家规定的管制器具；④殴打、辱骂、恐吓，或者故意伤害他人身体；⑤盗窃、哄抢、抢夺或者故意损毁公私财物；⑥传播淫秽读物、音像制品或者信息等；⑦卖淫、嫖娼，或者进行淫秽表演；⑧吸食、注射毒品，或者向他人提供毒品；⑨参与赌博，赌资较大；⑩其他严重危害社会的行为
犯罪行为	触犯刑法且达到刑事责任年龄	①已满16周岁的人实施刑法规定的犯罪行为；②已满14周岁不满16周岁的人，犯故意杀人、故意伤害致人重伤或者死亡、强奸、抢劫、贩卖毒品、放火、爆炸、投放危险物质罪；③已满12周岁不满14周岁的人，犯故意杀人、故意伤害罪，致人死亡或者以特别残忍手段致人重伤造成严重残疾，情节恶劣，经最高人民检察院核准追诉

2. 处遇措施分级

处遇措施分级的主要理念是个别化处置干预，主要是指根据未成年人罪错行为的社会危害性、主观恶性及其人格特征，采取针对性和个别化的教育矫治和惩罚性措施。根据我国刑法、未成年人保护法、预防未成年人犯罪法等法律的规定，我国罪错未成年人处遇措施主要分为三类。一是福利类措施，这类措施以家庭和学校教育和预防为主，基本不带惩罚性质，比如监护人管教、社会观护、心理辅导和行为矫治等措施，其主要适用对象是低龄未成年人和一般不良行为未成年人。二是教育矫治类措施，此类措施具有教育和惩罚的双重属性，根据罪错行为的性质及未成年人心智情况，适用训诫、管教、转入专门学校等处遇措施。三是刑罚类措施，包括监禁刑和非监禁刑措施，其主要适用对象是达到刑事责任年龄并实施犯罪行为的未成年人，但在适用时要比照成年人从轻或者减轻处罚。处遇措施分级体系如表3.2所示。

表 3.2　处遇措施分级体系

处遇措施性质	处遇措施分类	具体处遇措施
福利类	家庭教育	①及时制止；②严加管教
	学校教育	①加强管理教育；②予以训导；③要求遵守特定的行为规范；④要求参加特定的专题教育；⑤要求参加校内服务活动；⑥要求接受社会工作者或者其他专业人员的心理辅导和行为干预；⑦其他适当的管理教育措施
教育矫治类	社会化教育矫治	①予以训诫；②责令赔礼道歉、赔偿损失；③责令具结悔过；④责令定期报告活动情况；⑤责令遵守特定的行为规范，不得实施特定行为、接触特定人员或者进入特定场所；⑥责令接受心理辅导、行为矫治；⑦责令参加社会服务活动；⑧责令接受社会观护，由社会组织、有关机构在适当场所对未成年人进行教育、监督和管束；⑨其他适当的矫治教育措施
	半机构化教育矫治	专门教育
	机构化教育矫治	专门矫治教育
刑罚类	公安机关刑罚类	拘留
	检察机关刑罚类	①逮捕；②不批准逮捕；③不起诉；④附条件不起诉；⑤认罪认罚从宽
	审判机关刑罚类	①社会调查；②合适成年人；③法庭教育；④犯罪记录封存等
	执行机关刑罚类	①缓刑，社区矫正；②实刑，监督管教

从问卷调查情况来看，目前各法院对未成年人进行感化教育的非刑罚措施主要有：①训诫、责令具结悔过；②交由监护人进行管教；③法庭教育；④责令赔礼道歉、赔偿损失；⑤送专门学校接受教育。见图 3.5 所示。

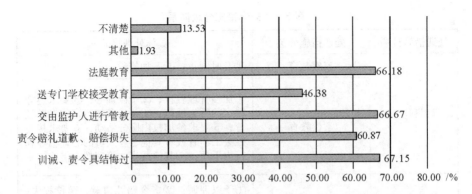

图 3.5　法院刑事审判中采取的对未成年人进行感化教育的非刑罚措施

3. 处遇对象分级

处遇对象分级是指根据未成年人心智发育情况，按照年龄进行分级，对不同年龄段的罪错未成年人采取不同的处遇措施。根据我国刑法和治安管理处罚法的规定，可以将处遇对象年龄分为未满 12 周岁、12 周岁以上不满 14 周岁、14 周岁以上不满 16 周岁、16 周岁以上不满 18 周岁四个阶段。

（1）未满 12 周岁的未成年人尚未进入青春期，对家人的依附关系较强，若强行分离其与家庭的关系，可能会使处遇效果减弱，因而原则上对其实行处遇措施时需要其家庭方面的配合，即主要采取家长严加管教和学校管理教育方式。

（2）12 周岁以上不满 14 周岁的未成年人，其认知能力和自我控制能力已达到一定水平，与家庭的联系没有前者紧密，因此，对严重不良行为罪错未成年人可以采取责令参加社会服务活动、责令接受社会观护、送入专门学校接受专门教育等处遇措施；对严重暴力犯罪行为罪错未成年人，应追究刑事责任。对于此阶段的未成年人是否可以引入"恶意补足年龄"规则追究其刑事责任，我们发放的问卷调查结果显示法院系统工作者和普通群众看法一致，约有 85.02% 的法院系统工作者、86.27% 的普通群众赞成引进"恶意补足年龄"规则。根据问卷开放式选项，赞成的理由是，一些未成年人犯罪性质十分恶劣；不赞成的理由是，"恶意补足年龄"规则与我国"恤幼"的伦理传统背离，预防未成年人犯罪的效果值得怀疑。调查结果也说明《中华人民共和国刑法修正案（十一）》降低未成年人刑事责任年龄具有民意基础。见图 3.6 所示。

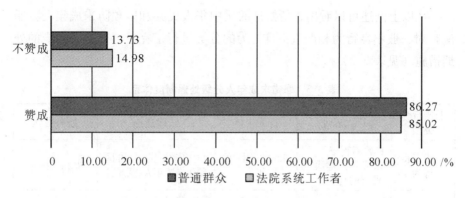

图 3.6 是否赞成引进"恶意补足年龄"规则

（3）14周岁以上不满16周岁的未成年人心智更为成熟，若其实施了一般违法行为，采取最大化预防效果的处遇措施较为妥当。若实施的是《中华人民共和国刑法》第十七条第二款规定的8类法定犯罪行为，应当与已满16周岁实施犯罪行为的人，采取同样的处遇措施。其犯罪行为人身危险性、社会危害性水平较高，按照"宽容不纵容"的精神，进行刑罚适用[①]。16周岁以上不满18周岁的未成年人已经具备完全刑事责任能力，可以采取福利类、教育矫治类和刑罚类的所有处遇措施。

（4）对于刚满18周岁的成年人是否适用未成年人的保护处分措施，我们的问卷调查结果显示，54.81%的法院系统工作者同意增设保护处分，而只有41.67%的普通群众同意增设保护处分。可以发现，法院系统工作者和普通群众的看法不太一致。部分受访者提议应该结合是否处于受教育阶段、社会阅历等综合考量刚满18周岁的罪错未成年人。见图3.7所示。

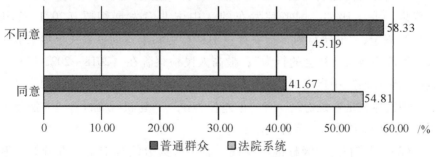

图 3.7 对刚满18周岁的罪错成年人是否区别对待

---

① 熊波. 分层次构建罪错未成年人分级处遇制度 [N]. 检察日报, 2019-02-24 (3).

从以上阐述可以看出，新修订的《中华人民共和国预防未成年人犯罪法》对一般不良行为和严重不良行为的分类进行了完善，丰富了相应的处遇措施（见表3.3）。

表3.3　罪错未成年人分级处遇制度体系

罪错行为类型	行为表现	行为主体	法律适用	处遇措施
一般不良行为	8类不利于未成年人健康成长的行为	未满18周岁的未成年人	《中华人民共和国预防未成年人犯罪法》	福利类措施
严重不良行为	9类等严重危害社会的行为	未满18周岁的未成年人	《中华人民共和国预防未成年人犯罪法》《中华人民共和国治安管理处罚法》	福利类措施或教育矫治类措施
犯罪行为	触犯刑法的行为	12~18周岁的未成年人	《中华人民共和国刑法》《中华人民共和国预防未成年人犯罪法》	刑罚类措施或教育矫治类措施

（二）我国罪错未成年人分级处遇制度存在的问题

1. 规则不严密

（1）罪错行为概念不明确。对法律概念的厘清和明确是精准实施法律的前提。《中华人民共和国预防未成年人犯罪法》和《中华人民共和国刑法》规定了一般不良行为、严重不良行为和犯罪行为的法律概念，但并未明确提出将上述三类行为归入"罪错行为"这一上位概念，相关法律也未对"罪错行为"进行明确界定，导致实务界和理论界对"罪错行为"的界定莫衷一是。比如，国务院发布的《中国儿童发展纲要（2021—2030年）》规定，"罪错行为"指"严重不良行为和未达刑事责任年龄未成年人严重危害他人及社会的行为"；最高人民检察院在《2018—2022年检察改革工作规划》中提出了"罪错未成年人"的概念，但未明确其内涵和外延；理论界更是众说纷纭，有"偏差行为说""越轨行为说""非法行为说""罪错行为说"等多种理论[①]。

（2）罪错行为分级标准不明确。罪错行为分级标准是精准分级的基础，更是精准匹配处遇措施的前提。对一般不良行为和严重不良行为的界

---

① 朱良. 解构与建构：未成年人罪错行为分级制度研究 [J]. 学习与实践，2022（4）：74-83.

定，《中华人民共和国预防未成年人犯罪法》采取的是"概括表述+具体列举"的立法技术。一般不良行为的整体标准是不利于未成年人健康成长，严重不良行为的整体标准是严重危害社会。可以看出，不管是不利于未成年人健康成长，还是严重危害社会，其表述都比较抽象，其内涵和外延都不容易确定，实际判断中往往取决于相关人员的主观判断，缺乏明确客观的分级标准。

（3）罪错行为分类体系不科学。首先，一般不良行为和严重不良行为的界限不明。两者除了严重程度不一样，在分类标准上并没有实质性的区别①。虽然新修订的《中华人民共和国预防未成年人犯罪法》相较于旧法在分类上取得了长足进步，但在列举一般不良行为和严重不良行为时，均把赌博行为列入，其区别仅为赌资的多少，没有体现出其实质区别在于是否构成行政违法。其次，严重不良行为内部层次不清。根据《中华人民共和国预防未成年人犯罪法》的规定，严重不良行为包含未成年人实施了犯罪行为但因未达到刑事责任年龄而不予刑事处罚的行为以及其他严重危害社会的违法行为两大类。犯罪行为与违法行为的性质、危害、主观恶性等方面都具有质的区别，显然不能等量齐观。合二为一不仅会导致严重不良行为的范围过于宽泛，难以精准匹配处遇措施，而且会导致严重不良行为的内涵和外延过于模糊，引发罪错行为体系的整体混乱。

（4）专门矫治教育程序不合理。根据新修订的《中华人民共和国刑法》第十七条和《中华人民共和国预防未成年人犯罪法》第四十五条的规定，未成年人实施刑法规定的犯罪行为、因不满法定刑事责任年龄不予刑事处罚的，经专门教育指导委员会评估同意，教育行政部门会同公安机关可以决定对其进行专门矫治教育。首先，据了解，还有很多地区未成立专门教育指导委员会，无法启动专门矫治教育。同时，专门教育指导委员会人员构成复杂，尚无议事程序、决策规则等配套制度，其决策效率和效果难以保障。其次，由公安机关会同教育行政部门决定进行专门矫治教育不符合现代法治精神。第一，公安机关既是调查者又是裁判者，不符合公（安）检（察）法（院）分工负责、相互监督、相互制约的刑事诉讼原则；第二，专门矫治教育会长期限制未成年人的人身自由，在法理上公安机关无权决定采取长期限制公民人身自由的措施。

---

① 李冬梅，雷雳，邹泓. 青少年社会适应行为的特征及其影响因素［J］. 首都师范大学学报（社会科学版），2007（2）：150-156.

2. 措施在空转

新修订的《中华人民共和国预防未成年人犯罪法》规定了体系化的保护处分措施，包括予以训诫，责令赔礼道歉、赔偿损失，责令具结悔过，责令定期报告活动情况，责令遵守特定的行为规范，责令接受心理辅导、行为矫治，责令参加社会服务活动，责令接受社会观护，其他适当的矫治教育措施等九类社会化的矫治措施；以及接受专门教育这一半机构化矫治措施；接受专门矫治教育这一机构化矫治措施。除了保护处分措施外，《中华人民共和国治安管理处罚法》和《中华人民共和国刑法》还系统规定了治安处罚和刑事处罚措施。从这些处遇措施的实际运行情况来看，总体上呈现出教育矫治措施滞后、惩罚性措施失灵的问题。

（1）教育矫治措施滞后。近年来，低龄未成年人犯罪问题屡见于报端，由于其未达到刑事责任年龄，公安机关普遍将未成年人交由其监护人严加管教而未采取任何处分措施，形成社会上普遍反映的"一放了之"问题。首先，监护人管教措施的效果难以掌控。监护人管教的教育矫治效果主要取决于家庭的重视程度和教育矫治能力，而这两个因素是政府、公安、检察、法院等机关无法直接掌控的。中国司法大数据研究院 2018 年 6 月 1 日统计[①]，2016 年 1 月 1 日到 2017 年 12 月 30 日，在全国法院审结的未成年人犯罪案件中，来自流动家庭、离异家庭、留守家庭、单亲家庭、再婚家庭的未成年人数排名前五，充分说明了家庭因素对未成年人健康成长影响巨大，原生家庭教育关爱的缺失是未成年人走上违法犯罪道路的重要原因。这里面的一个悖论是，因家庭问题走上违法犯罪道路的未成年人，其家庭本就没有能力承担教育矫治责任，如果此时仍然只是要求其监护人严加管教，其效果可想而知。而调查访谈发现，公安机关对不承担刑事责任或者行政处罚责任的罪错未成年人，一般都在没有对未成年人的家庭情况进行调查的情况下直接责令其监护人严加管教。在此种情况下，对于问题家庭来说，"严加管教"很多时候就直接变成了"放任不管"，完全达不到教育矫治的效果。其次，工读学校（专门学校）功能异化。2021 年 6 月 1 日起实施的新修订的《中华人民共和国预防未成年人犯罪法》将"工读学校"改名为"专门学校"，改名的背后是工读学校功能的异化。工读学校的主要功能是司法矫治，但实践中工读学校逐渐成为"问题孩子"

---

① 中国司法大数据研究院. 从司法大数据看我国未成年人权益司法保护和未成年人犯罪特点及其预防 [EB/OL]. http://data.court.gov.cn/pages/research.html.

的学校①。据统计（可多选），进入工读学校的学生，超过70%是由于学习成绩不理想，超过44%是因为师生矛盾，超过42%是因为具有不良行为，因犯罪行为进入工读学校的只占11%②。这一方面反映出工读学校在社会上"犯罪少年学校"的标签化问题严重，很多家长不愿意将小孩送进去；另一方面反映出由于进入工读学校没有强制性，大多数罪错未成年人并没有进入工读学校，其教育矫治功能无法得到充分发挥。新修订的《中华人民共和国预防未成年人犯罪法》将"工读学校"改名为"专门学校"，并规定通过一定的程序可以强制罪错未成年人接受专门教育或者专门矫治教育。但据我们调查了解，由于新法落地落实情况不一，部分地区还未成立专门教育评估委员会，相关程序无法启动。此外，专门学校也是由工读学校转变而来的，目前虽然名字变了，但办学模式和教育矫治方式没有大的变化。最后，新修订的《中华人民共和国预防未成年人犯罪法》新增的保护处分措施，如责令定期报告活动情况，责令遵守特定的行为规范，责令接受心理辅导、行为矫治，责令参加社会服务活动，责令接受社会观护等，由于新法的配套制度和支撑体系还未建立起来，各地发展不平衡，很多措施还未落到实处，普遍性的功能发挥更是无从谈起。

（2）惩罚性措施失灵。首先是行政拘留的负面作用大于正面作用。行政拘留期限较短，并没有像被判处有期徒刑的未成年人那样具有独立的执行场所，而是与行政违法成年人关押在一起。由此，短暂的行政拘留不但难以有效矫治罪错未成年人的错误行为，反而会使他们在拘留所内发生"交叉感染"，学到更多的违法犯罪知识和技巧。其次是刑事处遇措施效果并不理想。目前刑事处遇措施主要包括刑罚措施和非刑罚措施。从最高人民检察院公布的数据来看，犯罪未成年人处遇措施呈现出以下特点：一是未成年人犯罪不捕率逐年上升。2018—2022年，不捕率分别为33.59%、34.13%、34.43%、39.1%、50.4%。可以看出，在"教育为主、惩罚为辅"和"教育、感化、挽救"的未成年人刑事司法政策指引下，对犯罪未成年人采取限制人身自由的刑事强制措施的比例在逐年下降，不捕率逐年上升，特别是2021年同比大幅上升。二是未成年人犯罪不诉率持续上升。

---

① 王多，李嘉妍. 论未成年人罪错行为分级制度的建立和完善［J］. 青少年学刊，2020（6）：51-57.

② 张良驯. 工读学校"去工读化"现象及其原因分析［J］. 预防青少年犯罪研究，2016（5）：88-93.

2018—2022 年，不诉率分别为 18.84%、22.99%、24.13%、32.59%、39.1%。可以看出，近年来，司法机关贯彻未成年人特殊优先保护的司法政策，对罪错未成年人不诉率持续上升。三是未成年人犯罪附条件不诉率大幅上升。2018—2022 年，附条件不诉率分别为 10.06%、12.15%、12.51%、20.87%、29.7%。可以看出，适用附条件不起诉制度的未成年人逐年增加，附条件不诉率大幅上升。同时，被撤销附条件不起诉而提起公诉的未成年人数占附条件不起诉总数的 3% 左右，说明附条件不起诉制度总体运行良好，但还是有小部分罪错未成年人在考验期内违反相关规定或者重新犯罪。四是未成年人犯罪案件认罪认罚从宽适用率高。2021 年，未成年人犯罪案件认罪认罚从宽制度适用率为 94.1%，同比增加 1.47 个百分点，高于同期刑事犯罪总体适用率 4.7 个百分点（见图 3.8）。数据反映出未成年犯罪嫌疑人总体上认罪认罚的悔罪态度好，对未成年犯罪嫌疑人的刑罚总体上较轻。同时，人民法院在未成年被告人审判中落实社会调查报告、合适成年人到场、法庭教育、犯罪记录封存等特殊保护司法程序，对未成年被告人依法减轻或者从轻处罚，未成年被告人适用缓刑率逐年上升。

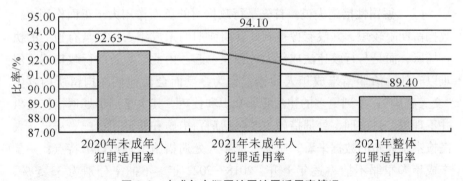

图 3.8 未成年人犯罪认罪认罚适用率情况

从总体上看，近年来，犯罪未成年人的刑罚性处遇措施朝轻刑化、非监禁刑、非限制人身自由刑事强制措施发展，"教育、感化、挽救"的方针政策得到司法实践的积极响应。但上述刑事处遇措施的改造效果并不理想。2017—2021 年，全国检察机关受理审查起诉未成年人中曾受过刑事处罚的分别为 1 938 人、2 054 人、2 349 人、2 092 人、2 197 人，分别占同期受理审查起诉未成年人总数的 3.25%、3.52%、3.83%、3.83%、2.97%。虽然 2021 年的重新犯罪率有所下降，但重新犯罪人数和比重仍然偏高，说明刑事处遇措施效果并不理想。我们问卷调查的情况也印证了上述问题的客观存在，问卷调查结果显示分级处遇制度存在的问题主要有：人身危险性评估难度大、法律界定不明确、分级干预措施单一、相关部门衔接不到位、处遇场所设施少（见图3.9）。因此，从总体来说，目前分级处遇制度主要的问题在于社会化的教育矫治措施对早期未成年人罪错行为介入不足，只寄希望于家庭教育或者学校教育。在家庭教育或者学校教育无效的情况下，缺乏强制有效的公权力措施介入，尽早阻断早期低龄罪错未成年人走向违法犯罪的道路，以及法条上的教育矫治措施没有落地成为实际发挥作用的教育矫治措施。

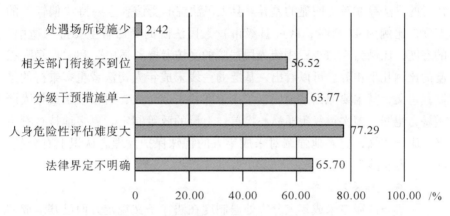

图3.9　当前罪错未成年人分级处遇存在的问题

（三）现行罪错未成年人分级处遇制度存在问题的原因

哈贝马斯指出，法律的实施过程有其具体语境①，法律制度的实施是在一定的社会环境中运行的，其实施效果也就要依赖于现实的社会条件，比如法律规范的正当性及其与民众的利益、价值观和社会公共道德以及社会生活、经济发展的适应程度；国家机关和社会成员的法律意识，特别是对现行法律制度的认同程度等②。从实证调研的情况来看，罪错未成年人分级处遇制度出现以上问题，主要有理念认识不统一、制度体系不完备和配套支撑不完善三个方面的原因。

① 丁国强. 要透彻理解法律更要透彻理解生活［J］. 人民法院报, 2011-08-23 (2).
② 范愉. 多元化的法律实施与定量化研究方法［J］. 江苏大学学报（社会科学版）, 2013 (2)：68-80.

1. 理念认识不统一

从未成年人司法发展历程来看，一直存在三种相互竞争、此起彼伏的理论和实践。第一种是康复主义，强调未成年人是无辜的，是可以被挽救的，相应的处遇措施应以矫治罪错行为为目的，避免适用监禁措施。第二种是制裁主义，犯罪的未成年人要像成年人一样受到刑法制裁。第三种是宽宥主义，大抵是第一种和第二种的折中，主张罪错未成年人既不是完全无辜，也不是完全有责，要比照成年人减轻处罚①。从我们问卷调查的情况来看，44.93%的法院系统工作者认为目前我国对犯罪未成年人的刑罚偏轻。而且县人民法院、区（县级市）人民法院和中级人民法院三类法院受访者的看法存在较为明显的差异。县人民法院的受访者主要持"偏轻"的态度，比例为47.90%；区（县级市）人民法院的受访者主要持"适中"的态度，比例为47.5%；中级人民法院的受访者持"适中"和"偏轻"态度的比例几乎相等。可以看出，基层的一线未成年人司法者更多秉持的是制裁主义，其主要原因是他们直接接触罪错未成年人，对很多未成年人严重暴力犯罪、多次重复犯罪痛心疾首。上层的政策制定者更多地持宽宥主义或康复主义，更多地强调对未成年人的特殊保护。理念认识上有分歧，必然导致实践上变形。

2. 制度体系不完备

尽管我国罪错未成年人分级处遇制度在法律条文规定方面已基本成型并初具规模，但各种处遇措施仍然散见于刑法、刑事诉讼法、治安管理处罚法、社区矫正法、预防未成年人犯罪法等相关的法律法规之中，罪错未成年人分级处遇制度的条文独立性、体系性、系统性不强，各部法律之间的衔接有梗阻，导致法律规定落地落实不平衡，理解适用不统一。

3. 配套支撑不完善

一是相关部门的衔接配合不畅。罪错未成年人的教育矫治是一项综合性和系统性特别突出的工程，仅仅依靠法院单方面的力量难以实现罪错未成年人良好的处遇效果。我国在临界预防方面目前采取的是行政模式，法院只管辖触犯刑法、达到刑事责任年龄的未成年人，不追究刑事责任和严重不良行为的未成年人交由其监护人管教、专门学校教育、社会机构帮教。从理论上说，对于未成年人的罪错行为都能找到相应的罪错处置措施

① 范宁宁. 论未成年人犯罪三级预防模式的法律建构：以《预防未成年人犯罪法》的修订为视角 [J]. 预防青少年犯罪研究，2021（2）：42-50.

和相应的处置机构，但在实践中，罪错行为处遇机构之间经常出现职责不清、推诿扯皮、沟通联络不畅等问题。二是社会支持体系还不完备。罪错未成年人的教育矫治是一门专业性和社会性都很强的工作，罪错未成年人分级处遇机制的构建离不开相应社会支持体系的支撑。而目前我国社会支持体系还面临不少问题，首先是社会参与缺乏明确的法律依据，相关理论研究滞后；其次是社会支持体系的运行效率不高，服务有效性有待提升，这体现在服务供求信息共享平台缺位，跨机构、跨领域协作及资源链接机制不健全，以及缺少专业人才等方面；最后是社会支持体系的经费保障不到位，难以长效可持续发展①。

三、构建罪错未成年人分级处遇制度的境外镜鉴

从国际上看，未成年人司法已有上百年的实践历程，且在世界范围内广泛开展，法治发达国家和地区已率先构建起全面的法律体系、完善的福利体系、独立的审判机制和多样的特色制度。本小节系统梳理总结了目前罪错未成年人分级处遇制度较前沿的各个国家和地区的司法经验，以期为我国的罪错未成年人分级处遇制度构建提供借鉴。

（一）注重个性化矫治

从未成年人司法体系起源地的美国来看，美国对罪错未成年人处遇的态度一直徘徊于惩罚与矫治之间，不过在强调未成年人与成年人相比具有特殊性这一理念方面却未曾动摇过。目前美国采取的是少年法庭混合模式，聚焦儿童的大脑发育构造以及运行机理的差异性，主张减轻罪错未成年人的罪责，避免成人化的惩罚方式，以促进其尽早回归社会，升华（扩展）了罪错未成年人司法处遇个别化的内涵②。这种注重恢复性司法、制定个性化矫治措施、设立符合实际的罪错行为处置法律的做法，对我国未成年人的罪错行为分级处遇制度构建提供了参考。

---

① 宋志军. 论未成年人刑事司法的社会支持体系 [J]. 法律科学，2016 (5)：99-109.
② 宋英辉，苑宁宁. 未成年人罪错行为处置规律研究 [J]. 中国应用法学，2019 (2)：36-52.

（二）处遇措施强度分级

在法国，无论是在学术界还是在司法实践当中，都将罪错未成年人作为一个整体纳入未成年人司法制度当中。从罪错未成年人责任年龄来看，可以划分为四个级别。第一，7周岁以上不满10周岁，此年龄段的罪错未成年人只能采用教育措施。第二，10周岁以上不满14周岁，此年龄段的罪错未成年人由法官依据未成年人的个体差异来决定是否对其适用刑事处罚，具有一定的自由裁量空间。若法官认为涉案未成年人仍不具备足以明辨是非的能力，可以对其适用教育措施，反之则可以适用一定的刑事处遇措施。第三，14周岁以上不满16周岁，此年龄段的罪错未成年人推定承担减轻的刑事责任，在实体和程序上均轻于成年人犯罪。第四，16周岁以上不满18周岁，由于此年龄段的罪错未成年人已经基本具备完全行为能力，基于人道主义以及改造空间更大等原因，可以比照成年人犯罪适当从宽处理①。根据罪错未成年人的人身危险性，法官选择适用不同强度的强制措施。从罪错未成年人的实体处遇措施来看，有教育措施、教育性惩罚措施和刑罚三种。教育措施形式上主要包括训诫、监视自由等；教育性惩罚措施是为了填补当时刑罚不适用于14周岁以下未成年人的立法空白，有禁止接触被害人、没收犯罪物品等措施，由法院指定的青少年教育机构监督实施，不能与其他实体处遇措施并用；刑罚是其中最为严厉的强制措施。

（三）保护教育手段优先

二战结束后，德国制定了专门的《少年法庭法》，规定少年专指其行为发生时已满14周岁不满18周岁的人。德国还规定了未成年青年，专指行为发生时已满18周岁不满21周岁的人。通过专门立法，德国确立了专门的未成年人违法犯罪矫正制度，以教育为出发点，尽量先采用保护和教育手段，以惩罚作为最后的手段，其适用对象为心智尚未发育成熟或行为属于少年违法犯罪范围内的未成年青年。根据《少年法庭法》的规定，矫正措施主要有教育处分、惩戒处分和少年刑罚三种，且存在适用优先级，如教育处分失效时，才可选择惩戒处分或少年刑罚。教育处分是所有处遇

---

① 俞亮，吕点点.法国罪错未成年人分级处遇制度及其借鉴 [J].国家检察官学院学报，2020（2）：155–176.

中最轻的，分为给予指导和教育帮助，处于最优先适用的地位。教育帮助必须由未成年人的监护人或法定代理人先行申请，法庭无权强制做出裁决①。惩戒处分有警告、规定义务和少年禁闭三类，是介于教育处分和少年刑罚之间的措施。少年禁闭有三种，业余时间或短期禁闭最短为 2 天，长期监禁最长为 4 个星期。此外，德国未成年人案件审判法官会依据未成年罪犯的品行和判处的刑罚来决定是否对该未成年罪犯适用缓刑。

（四）对象分类预防虞犯

日本于 1922 年制定了第一部《少年法》，该法所称少年是指年龄不满 20 周岁的人，其规制的对象包括犯罪少年、触法少年和虞犯少年。14 周岁以下的为触法少年，14~20 周岁的为犯罪少年。20 周岁以下且符合不服从监护人保护性安排、无正当理由疏远家人、行为给自己或他人道德造成不利影响等构成要件的为虞犯少年。如果未成年人违反了这些构成要件中的任何一项，并结合其性格和生活情况预测有犯罪可能性的，将受到法律的规制。虞犯少年条款从立法价值目标出发，通过矫正少年的性格、环境等方式来预防和减少未成年人犯罪的可能性②。

（五）规范社会支持服务

英国的罪错未成年人司法制度非常重视未成年人利益，聚焦于纠正功能，规定法院审理案件时，无论未成年人是否被视为罪犯，都要坚持未成年人利益最大化原则，灵活运用教育和培训手段，采取合理方式帮助其摆脱不利环境③。英国创建了事前防御制度并建立了青少年犯罪预防小组等社会支持机构，司法社会救助持续发挥正向效能④。英国还制定了国家标准来规范社会支持机构的服务。该标准规定，青少年犯罪预防小组必须对未成年人个案进行分析，每隔三个月重新评估一次。这种动态风险评估机制可以及时提供精准的帮助和教育，实现纠正的目的。同时，英国在调查主体和父母责任方面，也是特立独行的。调查的负责人是警察，而不是社

---

① 郑将军. 德国未成年人违法犯罪矫正体系及借鉴 [D]. 重庆：西南政法大学，2018.

② 吴海航，黄凤兰. 日本虞犯少年矫正教育制度对我国少年司法制度的启示 [J]. 青少年犯罪问题，2008（2）：67-70.

③ 王顺，王春丽. 域内外罪错未成年人分级处遇比较与借鉴 [J]. 山西省政法管理干部学院学报，2021，34（3）：5-8.

④ 张鸿巍. 英国少年司法政策变化之研究 [J]. 河北法学，2005（2）：2-7.

区矫正机构。当未成年人实施罪错行为是由于其父母的教育问题时，其父母有可能承担司法责任。此外，英国还建立了社区服务机制，促使未成年人积极参与社区工作，工作的内容涵盖环保、木工、为弱势群体提供志愿服务等①。

（六）境外经验梳理与总结

从以上未成年人司法体系比较完善的国家和地区的经验来看，对于未成年人司法存在特殊性已达成共识。具体表现为：在理念上都着力降低罪错未成年人的有责程度，在程序中都依据未成年人身心特点制订针对性处遇方案，并更加注重临界预防与早期干预，强调再犯预防、后期帮教等。目前对未成年人的临界预防主要有两种模式。一种是司法模式，即以专门的法院或机构为责任主体。目前该模式以美国、日本、英国等国家和地区为代表。在这种模式下，未成年人司法管辖的范围不仅包括未成年人已经触犯刑法的犯罪行为，还包括未成年人虽未触犯刑法但若不及时干预将会有犯罪可能的行为，比如逃学、离家出走、违反宵禁令、不服从管束等临界行为。另一种是行政模式，即由相关政府机关按照福利事件处理。采取这种模式的国家和地区有德国、法国、瑞典、挪威等。在此模式下，司法机构仅负责处理触犯刑法、达到刑事责任年龄的未成年人。比如，德国认为虞犯案件是教育或监护缺失所致，所以交由青少年福利局，通过福利措施辅之以教育的方式进行处理。尽管这两种模式的管辖范围略有不同，但仍具有共同之处，都强调对未成年人早期问题行为进行及时干预，进行临界预防。

从以上情况梳理中，我们可以得出以下几个认识：一是将教育保护理念贯彻分级处遇始终。未成年人心理敏感且不稳定，在制定处遇方案时应坚持教育、感化、挽救三管齐下。二是要坚持早发现、早干预。大部分未成年被告人在作案前都曾有不良行为或违法行为，并逐渐演变为严重性质的犯罪行为。及时发现并介入干预能起到防微杜渐的效果。三是要注重干预方式的专业性。对于特殊性质案件来说，简单的惩罚很容易导致未成年被告人重蹈覆辙，需要专业干预手段让他们重新融入社会。四是强化综合指导。罪错未成年人处遇不是司法机关一家的事，要落实家庭教育监护责

---

① 刘强. 英国青少年社区刑罚执行制度及借鉴 [J]. 青少年犯罪问题，2012（3）：104-110.

任，保障学校教育正确引导，引入专业性第三方机构参与，共同创造有利于罪错未成年人改造的社区和社会环境。五是慎用刑事强制措施，不到万不得已，不宜采取限制人身自由的刑事强制措施。

四、完善罪错未成年人分级处遇制度的建议

我们认为，针对目前我国罪错未成年人分级处遇制度存在的问题，借鉴其他国家和地区实践中符合我国当前实际的经验，明确罪错未成年人分级处遇制度的价值理念，完善罪错未成年人分级处遇制度的制度体系、程序设置、配套支撑是可行的完善路径。

（一）明确罪错未成年人分级处遇制度的价值理念

理念是行动的先导，罪错未成年人分级处遇制度的构建与运行效果的好坏，首先在于实践工作者是否秉持了正确的司法理念。构建罪错未成年人分级处遇制度的初衷和归宿在于正确处理未成年人、被害人、社会三者之间的关系，核心在于未成年人罪错行为的预防矫治，从而预防他人被侵害，保障和维护社会安全。因此，在罪错未成年人分级处遇制度的构建和运行中要树立和秉持双向保护、国家亲权、恢复性司法等未成年人司法理念。

1. 坚持双向保护理念

在实践中，一方面要摒弃单纯的责任理念，即强调对未成年人罪错行为的责任追究和惩罚，企图通过让未成年人承担罪错行为法律责任并接受严厉惩罚来维护社会安全以及弥补被害人。从全球未成年人司法历史来看，在责任理念的指引下，非但没有达到预防未成年人犯罪以及降低未成年人犯罪率和再犯率的效果，反而导致罪错未成年人与社会的对立，阻碍罪错未成年人重新融入社会[①]。另一方面要避免陷入单向保护理念，即只强调对罪错未成年人的特殊优先保护，而忽略了对社会和被害人的保护。从境外经验来看，在单向保护理念的指引下，形成福利型未成年人司法模式，推动了未成年人司法的长足进步，但也出现了干预面过宽、缺乏正当

---

① 刘双阳. 从收容教养到专门矫治教育：触法未成年人处遇机制的检视与形塑 [J]. 云南社会科学，2021（1）：92-99.

程序、专业化程度偏低、预防和矫治未成年人犯罪效果不理想等问题。综上所述，单一强调保护或者责任，都难以达到理想的效果，实践中要么对罪错未成年人"一放了之"，要么"一判了之"。因此，要以保护理念为先导、以责任理念为补充来构建未成年人刑事司法制度①，遵循《联合国少年司法最低限度标准规则》（《北京规则》）确立的双向保护原则和理念，既要注重对罪错未成年人的特殊保护，又要兼顾社会安全和被害人权益。

2. 坚持国家亲权理念

国家亲权理念起源于《罗马法》，具有悠久的历史渊源，是未成年人司法的核心理念之一。根据该理念，首先，国家是未成年人的最高的和最后的监护人，承担着保护未成年人的国家监护责任。罪错未成年人的心智不成熟，其罪错行为很多是受到家庭、学校、社会等外部环境的不当影响造成的，其本身也是被害人，且未成年人是国家的未来，国家有责任对罪错未成年人进行教育保护和矫正帮教。其次，国家的监护权力和责任在地位上高于家长的监护权，具有补救功能，是最后兜底的责任。因此，只有当家庭不能或者不适宜履行监护职责时，国家才运用公权力通过法定程序干预失职的监护人，并代为履行监护职责。就罪错未成年人而言，只有当家庭不能承担教育矫治责任时，国家才通过法定程序运用专门教育等方式代替家庭履行监护职责。最后，国家亲权的行使必须以未成年人利益最大化为根本宗旨。《儿童权利公约》第三条第一款就规定，关于儿童的一切行动，不论是由公私社会福利机构、法院、行政当局或立法机构执行，均应以儿童的最大利益为首要考虑。因此，国家公权力的介入必须具有正当性、必要性，遵守正当程序、比例原则的要求，防止公权力过度干预和介入亲权行使。

3. 坚持恢复性司法理念

恢复性司法理念融合了福利主义和责任主义，以促成罪错未成年人重新融入社会为目的，兼顾社会安全防卫、社会秩序恢复、补偿被害人、增进罪错未成年人责任能力等考量，强调对家庭功能受损的罪错未成年人由国家来承担其父母的职责，以达到罪错未成年人特殊保护和社会防卫的目标。因此，遵循该理念，首先要从罪错未成年人的最大利益出发，根据未成年人的具体情况和罪错行为的具体情节，适用个别化的非刑罚处遇措

---

① 姚建龙. 长大成人：少年司法制度的建构 [M]. 北京：中国人民公安大学出版社，2003：49.

施，例如心理辅导、社会观护、专门教育等。其次也要避免保护就是免除处罚的错误看法和做法，要采取予以训诫、责令具结悔过、责令参加社会活动、进行专门矫治教育等处遇措施，让罪错未成年人承担与其罪错行为社会危害性相当的观护责任。此种责任虽然不是刑事责任，但是对罪错未成年人来说具有强制性，属于适度的惩戒，能够培养其责任意识和责任能力。最后，恢复性司法的目的不在于处罚罪错未成年人，而在于修复该行为对被害人、未成年人和社会造成的创伤①。因此，应积极采取专门教育、责令赔偿损失、责令赔礼道歉等处遇措施，促进被害人与罪错未成年人的积极沟通协商，谅解其罪错行为，在促使罪错未成年人为自己的行为负责的同时，补偿被害人的损失，修复破损的社会关系。

（二）完善罪错未成年人分级处遇制度的制度体系

法律制度的有效实施依赖于制度本身的科学性、合理性、协同性和体系性，因此，完善罪错未成年人分级处遇制度，关键在于罪错行为分级标准的科学化、罪错行为分级体系的精准化、罪错行为分级干预的体系化。

1. 科学设定罪错行为分级标准

新修订的《中华人民共和国预防未成年人犯罪法》划分未成年人犯罪的标准主要是罪错行为的严重程度，但忽视了罪错未成年人责任年龄和罪错行为所需承担法律责任的性质这两个关键因素。根据《中华人民共和国刑法》的规定，未满 12 周岁的未成年人属于完全无刑事责任能力的人；年满 12 周岁未满 14 周岁的未成年人属于最低刑事责任能力的人；年满 14 周岁未满 16 周岁的未成年人属于相对刑事责任能力的人；年满 16 周岁未满 18 周岁的未成年人属于减轻刑事责任能力的人。根据《中华人民共和国治安管理处罚法》的规定，未满 14 周岁的未成年人属于无行政责任能力的人，即使其有行政违法行为，也不能给予行政处罚；年满 14 周岁未满 18 周岁的未成年人属于减轻行政责任能力的人。《中华人民共和国刑法》和《中华人民共和国治安管理处罚法》关于法律责任年龄的明确规定，对未成年人罪错行为的定性及处遇措施的选择具有重大影响。因此，《中华人民共和国预防未成年人犯罪法》应该将法律责任年龄这一法定因素作为划分未成年人罪错行为分级的重要标准，以维护法律体系的稳定一致。同

---

① 刘双阳. 损害修复视野下创新社区矫正教育矫治模式研究［J］. 山东警察学院学报，2019，31（5）：115-122.

时，我国采取行政违法和刑事犯罪二元分立的立法模式和执法司法模式，将行政违法行为和未达刑事责任年龄的未成年人实施的刑事犯罪行为都划入严重不良行为，不具有合理性。因此我们认为，应将罪错行为所承担法律责任的性质也纳入罪错行为分级的标准。

2. 精细设置罪错行为分级体系

根据罪错未成年人罪错行为的严重程度、所承担法律责任的性质以及责任年龄，我们建议将罪错未成年人的罪错行为划分为不良行为、触法行为、违法行为、触刑行为和犯罪行为五个级别。不良行为具有"身份罪错"的意蕴，是一种有损自己但不具有行政违法性和刑事违法性的行为，并不会对社会和他人造成危害①，主要包含《中华人民共和国预防未成年人犯罪法》所列举的 8 类不利于未成年人健康成长的不良行为。实践证明，未成年人的罪错行为往往是从不良行为开始的，因此，有必要抓早抓小，实行早干预、早矫治，防止"小毛病"演变为"大问题"。触法行为和违法行为的划分主要考量的是罪错未成年人的行政责任年龄，触法行为是未满 14 周岁的未成年人实施的行政违法行为，但不予以行政处罚；违法行为是已满 14 周岁的未成年人实施的行政违法行为，应视情节采取警告、罚款和行政拘留等治安处罚措施。同理，触刑行为和犯罪行为划分的主要考量是未成年人的刑事责任年龄，触刑行为是指未成年人的行为虽然违反了刑法，但由于其未达到刑事责任年龄，不予以刑事处罚；犯罪行为是指达到刑事责任年龄的未成年人实施的违反刑法的行为。

3. 精准匹配罪错行为处遇措施

对未成年人罪错行为的处遇要根据其人格、主观恶性、人身危险性、反社会性等因素，遵循双向保护、国家亲权、恢复性司法等原则和理念，精准匹配针对性、个别化处遇措施。第一，对于有不良行为的未成年人，主要应由其家庭和学校严加管教，家庭应承担起不良行为未成年人矫治的第一责任；家长怠于或者不能行使监护权的，应责令家长接受家庭教育；学校可以采取训导、要求遵守特定的行为规范、参加特定的专题教育、参加校内服务活动、接受心理辅导和行为干预等管教措施。第二，针对实施触法行为的未成年人，公安机关应依法予以训诫、责令赔礼道歉、责令赔偿损失、责令具结悔过等矫治措施；由于其年龄相对较小，不宜脱离家

---

① 朱良. 解构与建构：未成年人罪错行为分级制度研究 [J]. 学习与实践，2022 (4)：74-83.

庭，应加强家庭管教；如果罪错未成年人的家庭无法履行管理和矫治职责，应采取社会观护、接受心理指导、接受行为矫治等社会化矫治措施。第三，针对实施违法行为的未成年人，公安机关在给予行政处罚的同时，要根据未成年人的实际情况采取《中华人民共和国预防未成年人犯罪法》规定的9种社会化矫治措施或者专门教育这一半机构化矫治措施。第四，针对实施触刑行为的未成年人，应责令监护人严加管教；家庭无法承担管教矫治责任的，应依法进行专门矫治教育。第五，针对实施犯罪行为的未成年人，应根据其社会危害性、人身危险性、改造可能性，采取不起诉、附条件不起诉、认罪认罚从宽、判处刑罚等刑事处遇措施，同时采取圆桌审判、合适成年人到场、社会调查、法庭教育、犯罪记录封存等一系列帮教措施或特殊保护程序。见表3.4所示。

表3.4　罪错未成年人分级处遇体系重构

罪错行为	行为主体	行为表现	法律适用	处遇措施
不良行为	未满18周岁的未成年人	8类不利于未成年人健康成长的行为	《中华人民共和国预防未成年人犯罪法》	家庭和学校管理教育
触法行为	未满14周岁的未成年人	触犯《中华人民共和国治安管理处罚法》的违法行为	《中华人民共和国预防未成年人犯罪法》《中华人民共和国治安管理处罚法》	社会化矫治教育措施、专门教育
违法行为	14周岁以上不满18周岁的未成年人	触犯《中华人民共和国治安管理处罚法》的违法行为	《中华人民共和国预防未成年人犯罪法》《中华人民共和国治安管理处罚法》	行政处罚、社会化矫治教育措施、专门教育
触刑行为	未满12周岁、12周岁以上不满16周岁的未成年人	触犯《中华人民共和国刑法》，但因未到刑事责任年龄，不负刑事责任的犯罪行为	《中华人民共和国预防未成年人犯罪法》《中华人民共和国刑法》	专门矫治教育、监护人严加管教
犯罪行为	12周岁以上不满18周岁的未成年人	触犯《中华人民共和国刑法》的犯罪行为	《中华人民共和国预防未成年人犯罪法》《中华人民共和国刑法》《中华人民共和国刑事诉讼法》	不起诉、附条件不起诉、刑罚等措施

（三）完善罪错未成年人分级处遇制度的程序设置

程序是法律制度运行的支撑，完美的法律制度要落到实处必须还要有合理的法律程序作为保障。完善罪错未成年人分级处遇制度，还必须要完善罪错未成年人的人格调查程序、处遇评估程序和处遇执行程序。

1. 完善罪错未成年人人格调查程序

根据罪错未成年人分级处遇制度的理念原则，选择处遇措施要根据罪错未成年人的人格特征、成长环境、社会危险性、改造难易度等选择个性化的处遇措施，以此提升教育矫治的效果。人格调查程序所形成的调查报告正是为罪错未成年人"量身定制"处遇措施的基础。人格调查程序与刑事诉讼中的社会调查制度在价值导向、主要目的方面具有同一性，都是为了教育、感化、挽救罪错未成年人。因此，可以将罪错未成年人人格调查程序并入社会调查程序。首先，应适当扩大社会调查程序的适用范围。目前，我国刑事诉讼法规定的社会调查程序仅对需要追究刑事责任的未成年人适用，显然适用范围不能满足罪错未成年人分级处遇的需要。为提前介入罪错未成年人的教育矫治，及早发现未成年人的人格缺陷和成长环境问题，制定有针对性的处遇措施，应适当扩大社会调查程序的适用范围。我们建议，将因未达到刑事责任年龄而不负刑事责任的未成年人、实施触法行为和违法行为的未成年人纳入适用社会调查程序范围，为提前介入教育矫治提供依据。其次，应明确罪错未成年人社会调查的主体。根据目前我国的刑事诉讼法及相关的司法解释和政策性文件，未成年人社会调查程序的主体包括公安机关、检察机关、审判机关、司法行政机关。从调查的中立性角度来看，法院担当社会调查的主体容易先入为主，公安机关主要承担调查和侦查职责，往往注重违法犯罪事实的调查而忽视未成年人人格情况的调查。且法院和公安机关目前都处于"案多人少"矛盾突出的状态，没有人力和精力投入，社会调查的质量和效果无法得到保证。检察机关属于追诉机关，虽有未成年人保护政策支持但仍存在诉讼利益冲突，难以保持中立。同时，公安机关、检察机关、审判机关还是罪错未成年人处遇措施的决定机关，不能既当裁判员又当运动员，因此，公（安）检（察）法（院）都不宜担任社会调查的主体。我们建议由司法行政机关的社区矫正工作部门担任社会调查主体，其既具有国家机关的严肃性，还具有第三方的中立性、独立性，机构人员的专业性以及程序的有效衔接性[①]。最后，应将罪错未成年人社会调查程序的启动时间提前。目前，按照我国刑事诉

① 蔡艺生，唐云阳. 罪错未成年人分级处遇制度的解释与塑造 [J]. 警学研究，2020 (4)：63-74.

讼法的相关规定，未成年人社会调查程序的启动开始于检察院审查起诉之后、法院开庭审理之前。此种启动节点不利于罪错未成年人的全程教育矫治，同时也遗漏了很多不追究刑事责任的罪错未成年人。因此，我们认为应当将启动调查的时间节点提前到公安机关的治安案件或者刑事案件立案之日。公安机关应当在治安案件或者刑事案件立案之日起十日内，通知司法行政机关启动对罪错未成年人的社会调查程序，司法行政机关应当在半个月内完成社会调查报告。公安机关、检察机关、人民法院应当根据社会调查报告决定相应的处遇措施。做决定时要特别注意避免家庭无力管教的未成年人，在未适用任何教育矫治措施的情况下回归社会，再次对社会造成危害，改变社会上"不负法律责任，就一放了之"的认识和做法。

2. 完善罪错未成年人处遇评估决定程序

从目前的实施情况来看，对罪错未成年人采取行政处罚或刑事处罚的处遇措施，相关的评估决定程序已有刑事诉讼法和治安管理处罚法等明确规定，其精细化、正规化、法治化的程度已非常高。目前需要完善的是对罪错未成年人采取教育矫治措施的评估决定程序。根据预防未成年人犯罪法的规定，专门教育和专门矫治教育的评估权在专门教育评估委员会，而决定权在教育行政机关和公安机关。但当前很多地区还没有成立专门教育评估委员会，遑论制定相关的评估决定程序。我们给出如下建议：首先，根据预防未成年人犯罪法的规定，成立专门的教育评估委员会，教育评估委员会由教育、民政、财政、人力资源社会保障、公安、司法行政、检察院、法院、共青团、妇联、关工委、专门学校等单位以及律师、社会工作者等人员组成，其组成部门和人员多，协调沟通的难度较大，不利于开展日常工作。由于司法行政机关承担了罪错未成年人的社会调查工作，建议在司法行政机关设立固定的日常办事机构，负责调查评估的具体工作，所形成的评估报告提交专门委员会审议。其次，完善决定程序，对于《中华人民共和国预防未成年人犯罪法》确定的9类社会化教育矫治措施，可以由具体负责处理未成年人罪错行为的机关根据社会调查报告做出决定，但必须在相关文书中说明采取相应措施的理由。对于专门教育和专门矫治教育的决定权，建议由法院行使。从理论上看，专门矫治教育的法律性质属于针对未成年人的司法性强制矫治措施，与强制医疗的性质相同①，应该

---

① 苑宁宁. 论未成年人犯罪三级预防模式的法律建构：以《预防未成年人犯罪法》的修订为视角 [J]. 预防青少年犯罪研究，2021（2）：42-50.

采取司法化的程序，由法院决定。

3. 完善罪错未成年人处遇执行程序

分级处遇制度实施效果的好坏，关键在执行，因此应构建科学合理、层次明确的执行程序。结合未成年人的心理特点和成长规律，可以将处遇措施分为执行初始阶段、执行中间阶段和执行末尾阶段[①]，在每个阶段采取不同的措施和策略。首先，在执行初始阶段，应通过思想教育、严厉批评等方式，让罪错未成年人认识到其行为的严重错误性，让其幡然悔悟。其次，在执行中间阶段，应建立激励机制，促使罪错未成年人改过自新，让其积极向善。最后，在执行末尾阶段，应通过心理指导、行为矫治、社会回归教育、职业技能教育等方式，着重培养其社会适应能力，让其回归社会，改过自新。

（四）完善罪错未成年人分级处遇制度的配套支撑

"徒法不足以自行"，罪错未成年人分级处遇制度要落地落实，必须要有足够的配套支撑。

1. 加强部门衔接配合

罪错未成年人分级处遇制度是一个庞大的系统工程，其运行涉及党委、政府多个职能部门，团委、妇联等人民团体，法院、检察院等司法机关，社会工作组织、志愿者团队等社会组织，律师等法律工作者，其运行效果很大程度上取决于各部门是否能够协调一致，形成合力。首先，应由党委、政府对罪错未成年人分级处遇工作进行领导，形成统筹协调"一盘棋"。在党委统一领导下，将罪错未成年人矫治和预防未成年人犯罪工作纳入重要工作日程，纳入每年的工作规划。政府要大力支持，统筹制定预防未成年人犯罪工作规划，将分级处遇制度作为重要举措纳入其中；为罪错未成年人分级处遇制度的运行提供政策支持和经费保障；统筹公安、教育、民政、文化和旅游、司法行政等部门，积极参与罪错未成年人教育矫治工作以及预防未成年人犯罪宣传工作；将未成年人教育矫治工作纳入相关职能部门绩效考核，加强对相关工作的监督检查和考核评估。着力形成党委领导、政府支持、各部门齐抓共管的罪错未成年人教育矫治"一盘棋"和"大格局"。其次，要建立健全专门教育指导评估指导委员会运行

---

① 蔡艺生，唐云阳. 罪错未成年人分级处遇制度的解释与塑造 [J]. 警学研究，2020 (4)：63-74.

制度机制，抓牢教育矫治"一条龙"。新修订的《中华人民共和国预防未成年人犯罪法》要求成立专门教育指导委员会，赋予其确定专门学校教学、管理、罪错未成年人评估等相关职能。从罪错未成年人处遇制度的运行来看，专门教育指导委员会在专门教育和专门矫治教育这两项矫治措施的决定、适用、执行、评估等方面具有决定性作用。因此，未来制定专门教育具体办法时，应对专门教育指导委员会的运行制度和机制进行明确规定：第一，委员会应具备串联公（安）检（察）法（院）司（法）的能力，使公（安）检（察）法（院）司（法）在罪错未成年人社会调查评估、教育矫治措施决定等方面形成各司其职、分工配合的工作格局。第二，应加强委员会对教育矫治措施执行效果的监督检查和考核评估，确保教育矫治措施落地落实。最后，要探索建立罪错未成年人信息数据共享库，织密信息共享"一张网"。数据信息的协同共享是加强部门衔接配合的基础，因此，应在保障未成年人隐私的情况下，建立罪错未成年人信息跨部门共享平台，实时搜集和分析罪错未成年人的性别、年龄、家庭背景、受教育程度、性格喜好、家庭环境、心理状态、行为习惯、分类类别、处遇措施、教育矫治表现、效果等信息，为罪错未成年人教育矫治工作决策提供数据支撑，为科学评估教育矫治效果提供支持，为总结分析罪错未成年人罪错成因和治理策略提供研究素材。

2. 完善社会支持体系

对罪错未成年人进行教育矫治的本质是对其进行再社会化，因此，罪错未成年人分级处遇制度的构建和完善离不开相应社会支持体系的建设。首先，应注重培养专业的社会支持力量，夯实社会支持体系的基础。通过定期开展交流培训、总结评比表彰等方式，培育社会工作者、专业志愿者、心理咨询师等社会化专业教育矫治力量。其次，要建立和完善社会支持转介机制。建立统一的社会支持力量转介机制，把分散的社会支持力量和需求方统合起来，高效对接社会支持需方和供方，避免公（安）检（察）法（院）司（法）等社会支持力量需求方费时费力地多方寻找和联系。最后，要加强社会支持力量的经费保障，确保长远可持续发展。经费保障不到位，必然不利于工作发展和队伍培养。要积极争取政府支持，将购买社会服务、培育社会力量等工作经费纳入财政预算。

3. 健全考核监督体系

目前公（安）检（察）法（院）司（法）等司法机关内部都建立了

办案工作考核评价指标体系，对办案数量、质量、效率、效果进行量化为主的考核评价，有效保证了办案质量。对于公（安）检（察）法（院）司（法）等以及建立信息化办案平台和考核评价指标体系等单位，下一步重点构建独立的未成年人分级处遇工作考核指标体系，定期考核评价相关工作开展情况。对于社会支持力量，要建立社会支持质量评估体系，对社会支持力量的效果进行科学评估，确保社会支持工作质量和效果。

未成年人是国家的未来、民族的希望。罪错未成年人分级处遇制度的构建和完善是一项固根本、利长远的预防和矫治未成年人犯罪的重大制度，具有重大的现实必要性和紧迫性。当前，应针对预防未成年人犯罪和教育矫治罪错未成年人的重点难点问题，秉持正确的未成年人司法理念，从完善制度体系、程序设置、配套支撑等方面着力系统构建和完善罪错未成年人分级处遇制度，形成教育矫治合力，为解决预防未成年人犯罪这一世界性难题贡献中国方案和中国智慧。

第四章　未成年人刑事案件言辞证据审查判断规则的构建

"宽严相济，以宽为先"是我国现阶段未成年人犯罪刑事司法政策的基本导向。目前，由于未成年人刑事案件具有特殊的证据构造，而我国尚未专门针对未成年人案件制定有别于成年人刑事案件的证据审查判断规则，不能满足该类案件查明事实的特殊需要，该类案件定罪量刑成为难题，也不利于前述刑事司法政策的贯彻落实。分析以被害人陈述为核心的言辞证据在该类案件中的独特证据价值，并以此为中心构建证据审查判断规则，对破解未成年人刑事案件中定罪量刑的难题，合理把握"宽"与"严"的界限，贯彻落实刑事司法政策具有重要意义。

一、未成年人刑事案件的特殊证据构造

（一）从审判人员主观视角看证据审查

为全面了解未成年人案件证据独特性、证据审查判断情况，我们对法院系统工作人员进行了问卷调查，共计回收问卷 208 份，涉及高级人民法院、中级人民法院、区县（县级市）人民法院，被调查对象包括审判人员、审判辅助人员。问卷调查具体结果如下。

1. 未成年人案件证据特点

未成年人案件的证据特点为：未成年人尤其是低龄儿童，表达能力不足，证据证明力不足；儿童证言容易出现前后不一致；目击证人少甚至没有目击证人；"一对一"证据情况较多，其他证据印证不足。问卷调查结果显示，在审判实践中，表达能力不足、证据证明力不足占比高达 92%

（详见图 4.1）。可见，未成年人刑事案件证据薄弱、证据单一的情况突出。

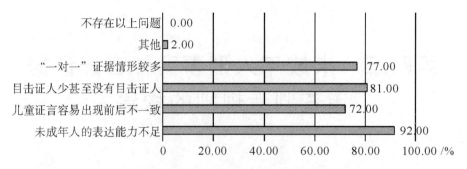

图 4.1 未成年人案件取证难问题的主要表现

2. 未成年人案件言辞证据使用特点

在审理涉及未成年被害人的案件时，使用最多的言辞证据是未成年被害人的证言，其次是被告人的供述、未成年被害人的监护人或法定代理人的证言，其中被害人证人证言及被告人供述均占 80% 以上（详见图 4.2）。可见，在未成年人刑事案件中，被害人陈述通常成为主要的直接证据，对定罪量刑影响重大。

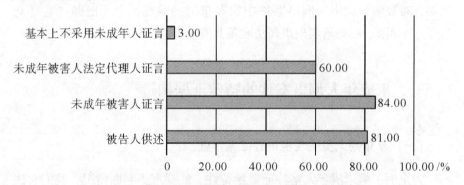

图 4.2 未成年被害人案件中言辞证据的主要类型

3. 未成年被害人证言形成特点

未成年被害人证言特点主要是不愿说、不敢说、不会说，并且存在准确度低、逻辑性差、易变性强的问题，其中不愿说、不敢说、不会说占比均高达 80% 以上（详见图 4.3）。基于其身心特点，未成年被害人陈述形成困难，或即便形成亦可能存在瑕疵。

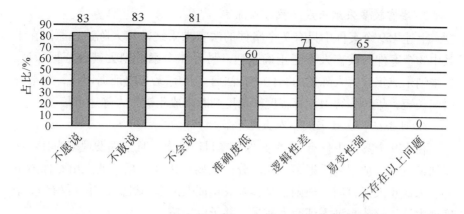

图 4.3　在审理案件中，未成年被害人证言存在哪些问题

　　未成年人刑事案件的发现机制尚未建立，客观物证难提取，证据种类有限且数量单薄，并以言辞证据为主。由于未成年被害人年龄较小、心智不成熟、易受到威胁与恐吓，未成年被害人不敢说与不愿说，导致报案时间迟滞，案发现场可能被破坏，从而造成案件客观证据少，同时，犯罪嫌疑人供述和辩解、被害人陈述、证人证言等言辞证据存在瑕疵。

（二）从裁判文书客观视角看证据审查

　　我们选取中国裁判文书网中近三年（2020 年 2 月 29 日至 2023 年 2 月 28 日）关于未成年人强奸罪案件、猥亵儿童罪案件的判决书分别为 619 份、1 155 份，并抽样强奸罪判决书 206 份、猥亵儿童罪判决书 385 份，共计抽样 591 份，其中详细记录了案件证据内容的判决书有 159 份。经过分析得到总体特征为：138 份被害人陈述询问存在瑕疵，占比为 87%；在 103 份判决书中，辩方质疑了未成年被害人陈述的可信度，占比约为 65%；法官采纳未成年被害人陈述的有 152 份，占比为 96%。

　　1. 被害人陈述询问存在瑕疵

　　在 159 份判决份中，138 份判决书的被害人陈述询问存在瑕疵，占比为 87%，103 份判决书反映出辩方对未成年被害人陈述可信度提出质疑，占比约为 65%。例如，在无成年亲属到场的情况下，对未成年被害人启动第一次询问程序；因询问时遗留重要问题，被害人陈述的二次询问比例大，成为辩护方重点质疑对象。

2. 法官较多采纳未成年被害人陈述

上述 159 个案件中只有 7 个案件的法官未采纳被害人陈述，原因在于其中 3 个案件的被害人不能正确表达，另外 4 个案件则无其他证据印证。在采纳未成年被害人陈述的案件中，法官多从有无其他证据印证，与案发时间长短、年龄、智力发育程度等角度判断未成年被害人陈述可信度。

3. 目击证人少且未成年人出庭率低

在 159 个案件中仅有 33 个案件存在目击证人，且案件发现多为其亲属得知未成年人被侵害后报案，大部分证据属于传来证据，证人出庭保障不够、未成年人证言质证规则不足，未成年证人出庭率极低，并且仅有 11 个案件中认为该传来证据证明力较强，并予以采信。

4. 被告人翻供比例高

在 159 个案件中有 103 个案件，占比 65%，存在被告人翻供情形。被告人在审查起诉阶段或庭审阶段完全或者部分否认犯罪事实，否认其在侦查过程中的供述，其在侦查阶段的供述与在庭审过程中的供述存在很大的差异，包括否认对部分被害人实施犯罪行为，也包括否认犯罪次数等情况。

综上所述，在未成年人刑事案件中，言辞证据占比大且稳定性差。犯罪嫌疑人言辞证据经常避重就轻、反复翻供、陈述虚假，为证据的审查增加了难度与风险。未成年被害人陈述成为办案的关键证据，但受未成年人心智发育水平及认知能力限制，其对案件事实的准确、完整陈述能力较弱，陈述细节甚至存在矛盾。并且多次询问未成年被害人或是使用复杂言语反复询问细节，对被害人陈述可信度判断存在问题。

二、未成年人刑事案件的特定证明困境

（一）充分印证难以实现

有人认为，"中国刑事诉讼的证明模式是印证证明模式。所谓印证证明，就是要求认定案件事实至少有两个证据，其证明内容相互支持（具有同一指向），排除了自身矛盾以及彼此间矛盾，由此而形成一个稳定可靠

的证明结构"①。可见，在印证模式下，证明的基本要求是：第一，在证据的数量方面，仅有单个证据不能实现证明的目的，证据至少要有两个，并且证据之间能相互印证；第二，在证据的质量方面，至少有两个证据对同一待证事实具有足够的证明力，排除相互矛盾的情形，证据真实可靠，并达到充分的程度，以形成稳定的证明结构。

未成年人刑事案件证据数量少，印证难以实现。第一，从证据数量角度来看，证据数量有限，难以形成充分印证。由于未成年人刑事案件来源大多是未成年人将自己被侵害的情况披露给亲属，由其亲属报案，案件发现机制不足，证据搜集难，证据多以未成年被害人陈述为主，并不符合严格印证的要求，难以形成充分印证。例如，在猥亵儿童罪案件中，案发地点一般比较隐蔽，目击证人少，仅被害人一方报案称被性侵，而犯罪嫌疑人不认罪，拒不承认犯罪事实，辩解称系被害人自愿行为，被害人与犯罪嫌疑人陈述相互矛盾，被害人陈述无其他证据可以佐证。此时，在案件"一对一"的证据情形下，两个直接证据相互矛盾，无法实现充分印证，证据认定、事实认定陷入证明困境。第二，从证据质量角度来看，未成年人刑事案件证据品质差，难以形成充分印证。在未成年人刑事案件特别是强奸案件中，大多数未成年人不愿说、不敢说、不会说，证据多为言辞证据，且多数证据系传闻证据，且转述的证言通常无其他证据佐证，丧失了印证的意义。另外，未成年人刑事案件证据的清晰度不足，印证力弱化。基于未成年被害人身心的特殊性，其陈述反复，由于记忆模糊而对时间、地点等陈述存在相互矛盾，其表达存在准确度低、逻辑性差、易变性强等问题，被害人陈述的可信度容易遭受质疑。

（二）案件事实难以推定

案件裁判的重要前提是"事实重构"，即搭建"要件事实"，也就是从"案件事实"到"裁判事实"的过程。裁判事实作为事实的一种，是裁判者认定的事实，它不同于"历史真实事件"，案件真相作为已经发生过的真实事件，其发生在过去，并且永远消失。因此，对于法官而言，作为司法裁判前提的"法律事实"，是其并不参与且已"过去"的"他者"。法官通过对法庭调查过程中控辩双方"输入"的案件事实进行证据认证的方

---

① 龙宗智. 中国法语境中的排除合理怀疑 [J]. 中外法学，2012（6）：1124-1144.

式，对多余的事实进行符合规定的"裁剪"和"整合"，以还原"过去他者"的真实面貌，并通过"输入"的方式来将其"还原"的真实面貌清晰地呈现，以通过事实和法律的相互作用形成裁判结论的小前提。案件事实重构包括案件事实"司法还原""司法剪裁"及"司法判断"三个方面。在未成年人刑事案件中，"司法还原""司法剪裁"及"司法判断"均存在一定困难。

针对未成年人刑事案件，在"司法还原"方面，法官能且只能以各种证据作为获得案件事实认知的全部且唯一的来源，而通常情况下，特别是在性侵未成年人犯罪案件中，这"唯一来源"大多却是单一的证据；在"司法剪裁"及"司法判断"方面，法官在对证据材料进行识别的基础之上形成"前见"，然后通过理性认识形成内心确信。由于缺乏直接证据，未成年人刑事案件往往需借助证据补强进行事实推论。正因为如此，在司法实践中，"对性侵未成年人犯罪案件证据的审查，要根据未成年人的身心特点，按照有别于成年人的标准予以判断"①。然而，我国目前尚未建立起有别于成年人案件的未成年人言辞证据认定特殊规则。

（三）确切结论难以形成

裁判结论的得出，离不开诉讼证明活动。诉讼证明，即案件事实能否被认知、如何被认知以及如何证明认知的正确性。持客观真实论者认为，人凭借其理性可以获得与案件完全一致的认识，案件事实的正确性来自其与案件的一致性，但没能回答如何确证案件事实与案件本身完全一致②。鉴于客观真实这一难以突破的瓶颈，持法律真实论者认为，"案件的真实性在于对证据的运用符合实体法和程序法的规定，达到从法律的角度认为是真实的程度"③。二者之争的核心问题是如何判定案件事实的真实性，可以确定的是二者对裁判结论的得出需要"确证"即证明案件事实并无争议，但两者都没有回答的问题是，如何判断陈述人对证据的描述是否客观、中立，该描述与证据反映的信息、内容是否完全一致。

未成年被害人的陈述是否真实？无法得到印证的未成年被害人陈述，应如何认定？这是未成年人刑事案件证明活动中经常面临的质疑。如前所

---

① 最高人民检察院第十一批指导性案例：齐某强奸、猥亵儿童案（检例第42号）。

② 陈光中，李玉华，陈学权. 诉讼真实与证明标准改革 [J]. 政法论坛，2009, 27 (2)：3-21.

③ 樊崇义. 客观真实管见：兼论刑事诉讼证明标准 [J]. 中国法学，2000 (1)：114-120.

述，在被告人对犯罪行为予以否认的情形，被告人的供述与被害人的陈述并不吻合，办案人员以被害人陈述为主要证据来搭建的案件事实，在从"再现事实"到"证据事实"再到"裁判事实"的过程中，因未成年被害人的陈述过于简单，内容不详细，甚至前后矛盾，且人们对其是否具有准确的分辨力、记忆力心存怀疑，从而受到辩方的质疑。由此，在尚未建立起完善的被害人陈述可信度证据审查标准的情况下，办案人员即便对被害人陈述的真实性形成了内心确信，也难免会产生是否因认定事实错误而形成错误裁判结论的担忧。

三、被害人陈述可信度审查规则的特别视角

（一）被害人陈述的独特价值审视

关于被害人陈述的法律地位，在理论上存在争议。持肯定说者认为，决定诉讼中当事人地位的是实体法律关系，诉讼活动是肯定和认可实体法律关系中的当事人资格，被害人享有当事人的诉讼权利，并承担相应的诉讼义务，其不能仅仅处于一种消极的证人或独立的诉讼参与人的地位[①]。持否定说者认为，被害人作为当事人，虽在保护被害人权益方面有一定的积极意义，但在法理上难以自圆其说，实践中弊大于利[②]。尽管如此，刑事诉讼法已将被害人确立为当事人的诉讼地位，而非证人或诉讼参与人。与之相对应，我国刑事诉讼法将被害人陈述规定为与证人证言、犯罪嫌疑人、被告人供述和辩解相并列的一种法定的证据种类。

然而，我国刑事诉讼法虽将被害人陈述规定为一种独立的证据种类，但未实际地将其作为独立的证据，而是视为辅佐型的证据，也并未特别规定相应的证据审查标准，而是针对被害人询问、被害人陈述的审查认定规则适用证人的相关规定。尽管如此，被害人陈述仍应具有独特的价值，理由有三。其一，从社会契约论角度来看，被害人受到他人侵害后，基于实现建立社会秩序的目的，将自我报复的权利让渡给国家，由国家代表其行使惩罚权，以实现被害人报复的心理。赋予被害人陈述独立价值，其作为

---

① 裴苍龄. 论刑事案件的当事人 [J]. 中国法学, 2008 (1): 93-102.
② 龙宗智. 刑事庭审制度研究 [M]. 北京: 中国政法大学出版社, 2001: 211-222.

被害人参与实现司法救济的方式，是社会契约实现价值平衡的有益补充。其二，从自由主义诉讼观来看，赋予被害人当事人诉讼地位，而不同于证人身份出庭消极参与诉讼，将被害人陈述作为法定的证据种类，是对被害人自我意识、意志自由的尊重。其三，从诉讼公正价值角度来看，可利用被害人陈述这一关键证据，更好地进行事实认定，帮助法官准确定罪量刑，实现实体公正。基于被害人陈述的独立证据价值，规范被害人陈述的采集，使其符合程序要求，有利于实现程序公正。

（二）多元综合证明模式的建构

如前所述，我国刑事诉讼领域的主要证明模式即印证证明模式。在印证证明模式下，对于同一待证事实，法官特别注重证据之间的支持、印证关系，即某一证据是否有其他证据支持以提升证明程度，注重该证据能否同其他证据相互印证。在实物证据匮乏时，印证证明模式偏重犯罪嫌疑人、被告人的供述，一旦犯罪嫌疑人拒绝供述，其他证据便无法被印证。鉴于印证模式的这一困境，加之印证证明的含义不清、印证证明的属性不明、有关印证证明混淆不同范畴等而备受争议。因此，有学者提出了构建刑事综合型证明模式，分别从证明对象、证据种类、推论依据、证明方法四个方面论述[①]。

在"孤证不能定案"的原则下，犯罪嫌疑人、被告人拒绝供述时，被害人陈述单一证据的证明力有限，未成年人刑事案件中印证模式的弊端显得尤为明显。但是，被害人陈述又具有独立的价值功能，因此，在未成年人刑事案件中建立有别于成年人刑事案件的证据规则显然非常有必要。目前，关键在于建立以被害人陈述可信度审查判断规则为核心的多元综合证明模式。多元综合证明模式的主要内容包括以下几个方面：第一，在印证不能的情况下，采用特别经验法则等作为证明的逻辑路径；第二，在直接证据不足的情况下，重视补助证据，建立被害人陈述证据补强规则；第三，运用排除合理怀疑的证明标准，建立专门的被害人陈述证据审查认定规则，舍弃绝对确定性结论的追求。

（三）特别经验法则的运用

在司法证明中，经验法则具有验证和佐证的双重功能。用经验法则的

---

① 向燕. 论刑事综合型证明模式及其对印证模式的超越 [J]. 法学研究, 2021 (1): 103–121.

证明与印证证明分别采用演绎与归纳的逻辑路径，两种证明方式可以相互支持、相互验证，加强经验法则运用，可以改善过度依赖印证、不当适用印证的弊端①。经验法则分为两类，即一般经验法则和特别经验法则。前者指人们从日常社会生活中所体验、感知、经长期的反复验证，可根据一般经验常识而无须证明且依其直觉运用的一类事实。后者指经验规则的形成是基于特别知识或经验所取得的事实，其本身在诉讼上仍可作为证明对象，由其他证据加以证明②。基于经验法则具有普遍性、相对确定性、效能差异性等特点，我国立法上对经验法则的运用做了明确规定。例如，《最高人民法院关于适用〈中华人民共和国刑事诉讼法〉的解释》第八十八条第二款③将经验法则作为证人意见和证言不得作为证据使用的例外情形，第一百四十条第五项④将经验法则作为以间接证据认定被告人有罪的条件之一。

如前所述，在未成年人刑事案件中，呈现出"一对一"证据情形较多，其他证据印证不足、直接证据缺乏等特征，常常需证据补强规则进行事实推论。未成年人尤其是低龄儿童，表达能力不足、认知能力有限，其具有不同于成年人的生理、心理特点，因此，对未成年人言语、行为所呈现的事实进行认定时所依据的经验法则往往是区别于常情、常理的特别经验法则。

四、被害人陈述可信度审查规则具体建构

（一）被害人陈述可信度审查的核心标准

被害人陈述本质上是被害人对犯罪行为发生及其过程形成认知后所做出的表述，因此，有必要从认知论的角度，对被害人陈述的要素进行解

---

① 龙宗智. 刑事证明中经验法则运用的若干问题 [J]. 中国刑事法杂志，2021 (5)：55-70.

② 毕玉谦. 试论民事诉讼中的经验法则 [J]. 中国法学，2000 (6)：111-118.

③ 《最高人民法院关于适用〈中华人民共和国刑事诉讼法〉的解释》第八十八条第二款：证人猜测性、评论性、推断性的证言，不得作为证据使用，但根据一般生活经验判断符合事实的除外。

④ 《最高人民法院关于适用〈中华人民共和国刑事诉讼法〉的解释》第一百四十条第五项规定，没有直接证据，但间接证据同时符合下列条件的，可以认定被告人有罪：……运用证据进行的推理符合逻辑和经验。

构，并对各要素进行分析，以科学建构被害人陈述的审查判断规则。知识论（epistemology，认知论），是指有关知识的理论，是人类在实践过程中积累起来的真理或事实的总体①。"刑事诉讼认知论在本质上是借助认知科学知识对刑事诉讼中的现象、行为进行解释，以辅助的姿态提供不同于以往的诠释进路。"② 从对"客观真实论"到"法律真实论"的评价，再到对走出"印证证明模式"的困境，都有认知论的身影。针对被害人陈述而言，认知论亦有其独特的视角。

未成年被害人陈述属于言辞证据，其具有主体亲身感知（亲身经历）性，易受自身知识背景（先天知识、后天知识）、客观环境的影响，需借助记忆的认知手段展现"过去事件"等特点。从知识论角度来看，判断被害人陈述与事实的符合性大小，可结合被害人陈述的形成过程来判断。基于被害人陈述由"知觉"到"记忆"再到"陈述"的形成过程，司法认知活动则是被害人陈述可信度的证成系"陈述＝记忆＝知觉＝事实"③ 的论证过程。结合前述未成年人刑事案件实物证据较少而言辞证据占比高、定罪量刑倚重被害人陈述的特殊证据构造，建立被害人陈述可信度审查规则显得尤为重要，从知识论角度来看，被害人陈述可信度审查标准应从三个方面给出（详见表4.1）。表4.1中所列举的（1）～（10）项应作为审查判断的具体要素，逐一核对审查。

1. 影响被害人知觉的审查标准

知觉即我们身体的感觉器官可以察觉声音、气味、光线等，并对所察觉的信息进行加工从而做出选择以识别我们身体自身以外的世界。被害人的实际年龄、智力发育程度、知识背景等主观因素及犯罪时间、犯罪地点等客观因素均可能影响被害人知觉的形成。表4.1中（1）～（4）项为主客观因素的外化表现，影响被害人陈述的形成，因此可作为审查判断被害人陈述真实性应当考虑的因素。例如，被害人不出庭时，应观看侦查环节询问被害人的全程录音录像，从其神色、举止、表情综合判断其陈述的真实性。

---

① 李德顺. 知识论、认识论与全面反映论 [J]. 教学与研究, 1986 (3)：6-10；陈嘉明. 知识与确证：当代知识论引论 [M]. 上海：上海人民出版社, 2003：1.

② 谢澍. 从"认识论"到"认知论"：刑事诉讼法学研究之科学化走向 [J]. 法制与社会发展（双月刊）, 2021 (1)：146-168.

③ 腾丽. 被害人陈述可信性的知识论考察 [D]. 北京：中国政法大学, 2009：14.

2. 影响被害人记忆的审查标准

影响记忆的因素包括年龄、时间及暗示性信息。在一般情况下，被害人年龄越大记忆能力越强；陈述时间距离犯罪发生的时间越远，被害人记忆越不清晰；当被害人接触到与犯罪现场相似的场景时，更能够唤起其回忆；当被害人接受了误导性的信息后，则会干扰其原始记忆。在迟延报案的情形下，注意审查未及时报案的原因及其解释是否符合特别经验法则。表4.1中（5）～（8）项关于时间及记忆暗示等对被害人记忆均存在影响，应作为审查判断被害人陈述真实性考虑的因素。

3. 影响被害人陈述的审查标准

陈述即主体表达自己意思，不限于语言和文字表达方式。如前所述，陈述主体的"陈述意愿"（包括是否愿说、是否敢说）及"陈述能力"（是否会说）均影响陈述的客观性。例如，在性侵犯案件中，未成年被害人出于害怕、恐惧及不愿意再一次经受折磨而心存顾虑等原因而不愿意陈述。在实践中，应当注重审查陈述形成的具体情境，通常被害人自然、无意的披露相较于迟延披露的犯罪事实，证明力更高。另外，表4.1中（9）～（10）项在一定程度上对陈述的关联性及真实性也存在影响，应将其作为审查判断被害人陈述真实性考虑的因素。

表4.1　被害人陈述审查核心标准细化展示

知识论要素 （举例）	类别	具体表现 （列举）	审查结论
知觉：主观个人因素及客观环境因素均影响知觉的形成	可能影响被害人陈述内容真实性判断	（1）被害人陈述的详细程度：犯罪发生的环境、被告人作案方式、作案过程具体细节	若被害人陈述内容详细具体、完整描述案发过程，语言描述符合未成年人的用语特征，与其智力发育、认知程度相适应，可判断其真实程度较高
		（2）被害人对侵害行为的语言描述是否符合未成年人认知、表达能力	
		（3）被害人陈述时的行为举止、语言表达与神色情态	
		（4）被害人产生创伤后出现应激障碍（如噩梦、抑郁、拒绝社交等）	

表4.1(续)

知识论要素 （举例）	类别	具体表现 （列举）	审查结论
记忆：年龄、时间、记忆的暗示性都影响记忆的形成	可能影响被害人陈述是否被"污染"的审查判断	（5）发案、破案经过是否正常	若报案时间与案发时间间隔不长，案发后与被告人或其同学、亲属接触时间不长，与其提及案发内容较少，可判断被害人陈述被"污染"的可能性不高
		（6）被害人迟延告发性侵害犯罪的原因	
		（7）案发后被害人与被告人接触情况	
		（8）案发后被害人与其他人接触情况	
陈述：陈述主体的陈述意愿和陈述能力影响	可能影响被害人陈述关联性判断	（9）被害人与被告人之间的身份关系及日常关系	一般不具有关联性，但可结合（1）～（8）项进行综合判断
		（10）关于被害人行为举止的社会评价	

（二）被害人陈述可信度审查的辅助标准

在未成年人刑事案件中，由于物证缺失、犯罪嫌疑人或被告人拒绝陈述等问题，被害人陈述通常被作为定罪量刑的核心证据，而传统的印证证明模式在该类案件中难以适用，因此在前述被害人陈述可信度核心审查判断标准的基础上，建立以被害人陈述补强规则及排除规则为主要内容的辅助审查机制以破解未成年人刑事案件定罪量刑中的证明难题是非常有必要的。

1. 完善被害人陈述的补强规则

在我国，受到绝对真实诉讼证明观的影响、错案司法责任的压力及"宽严相济，以宽为先"刑事司法政策的影响，在被害人陈述作为孤证的情况下，若无其他证据补强，就很难做出对被告人不利的推断，定罪量刑存在困难。然而，在未成年人刑事案件中，在被害人陈述证据补强规则的前提不明确、适用条件不清楚、补强标准含混、补强程序缺陷的情况下，难以实现被害人陈述的可信度审查。因此，补强规则应当从补强前提、补强条件、补强标准、补强程序方面予以具体规定（详见图4.4）。

（1）补强前提。在刑事诉讼中，并非所有的被害人陈述都需要补强，例如，在对被害人陈述进行审查判断时，在与被害人的年龄、智力发育状况相符合的情况下，其陈述虚假的可能性较小，则无须进行补强。被害人陈述补强规则的适用前提为被害人陈述为证明犯罪事实成立的"唯一的证据"或"仅有的证据",或者定罪量刑有赖于被害人陈述但其存在重大瑕疵。

（2）补强范围。被害人陈述补强范围,包括传闻证据和品格证据可纳入补强。因传闻证据可能影响被害人陈述的真实性,故应审慎适用,但也不能将其一律排除在补强范围之外。若被害人出庭并接受法庭询问,那么传闻证据可对该被害人陈述进行补强,若被害人陈述本身系传闻证据,则可以排除其他传闻证据作为该被害人陈述的补强证据。品格证据补强,可将被害人生活环境（家庭、学校、社区经济、管理情况）、日常行为表现（学校、社区的集体性评价记录情况）、社会改造评价（自控能力、是非辨别能力、认知水平）作为审查品格证据的参照内容。在司法实践中,应注意在一般情况下,品格证据与犯罪事实不具有关联性,但若不良品格证据关乎犯罪成立时,应当将其纳入补强的范围。

（3）补强标准。被害人陈述的补强标准,存在严格标准和宽松标准的区别,严格标准变相缩小了补强证据的范围,难以解决未成年人刑事案件的追诉困境。基于被害人陈述独立证明案件事实的价值,建议确立宽松标准,即只要补强证据对被害人陈述的真实性予以担保,则可以作为补强证据使用。例如,在性侵犯罪案件中,"被告人过去的违法行为、相似事实、询（讯）问警员受到了特殊训练、儿童被害人对性侵的描述符合儿童语言的特征均可作为补强证据"[1]。

（4）补强程序。目前,我国关于被害人陈述的启动程序、决定程序、异议程序等均无明确的规定,被害人陈述适用补强证据规则缺少必要的程序规范的指引,可操作性不强,可能影响程序正义的实现。我们建议,被害人陈述可有由被害人主动申请并由法院决定和法院依职权启动两种模式,辩方可以依法提出异议并由法院审查异议是否成立。同时,对被害人年龄、智力发育状况的判断通常由法官依据一般常识进行判断,可以引入专家辅助机制对被害人陈述可信度进行专业判断,以确保被害人陈述证明力得到顺利补强。

---

[1] 向燕. 性侵未成年人案件证明疑难问题研究:兼论我国刑事证明模式从印证到多元"求真"的制度转型 [J]. 法学家, 2019 (4): 160-174, 196.

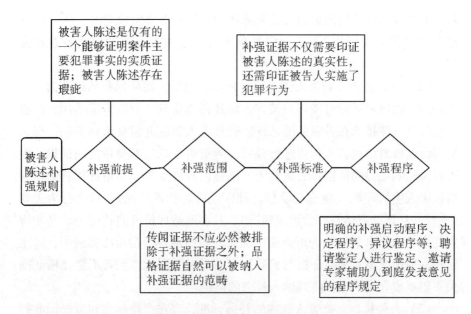

图 4.4　被害人陈述补强规则示意

2. 完善被害人陈述的证据排除规则

从补强前提、补强条件、补强标准、补强程序方面具体规定被害人陈述的补强规则系从正向辅助被害人陈述的审查判断，而完善被害人陈述的证据排除规则则是从反向角度辅助被害人陈述的审查判断。我们认为，被害人陈述排除规则应主要包括以下内容：

（1）运用比较法排除虚假的被害人陈述。比较，即对比，是通过对被害人陈述进行比较或对照，以发现和寻找前后陈述的矛盾点或符合点，并据此判断其陈述是否真实可靠的方法。比较法又分为横向对比法和纵向对比法两种，前者是通过对不同陈述（例如证人证言）做并列比较或将被害人陈述与其年龄、认知能力、智力发育程度或其他证据相对比，发现其用语或逻辑表达是否符合未成年人的年龄、认知、智力发育程度等方面的特点或是否与其他证据有矛盾之处。后者是对未成年被害人自己就同一待证事实所做的前后多次陈述进行比较，发现其陈述内容是否前后一致，有无矛盾或者差别之处。经对比，若相符、一致、无矛盾，则被害人陈述的真实程度较高；反之，若被害人自己多次陈述相互矛盾，在无其他证据印证的情况下，一般可认定为陈述虚假而予以排除。

（2）运用综合证明模式识别错误的被害人陈述。综合型证明模式是指以自然生活历程事实为证明对象，综合运用核心证据与补助证据，容许依据或然性法则进行最佳解释推理的司法证明模式①。可以据此对与待证事实有关的核心证据、辅助证据在内的全部证据进行综合性分析，判断各证据之间是否协调一致或者相互矛盾，以确定被害人陈述的真伪。基于未成年人认知能力、记忆能力、表达能力有限，故结合案件的性质和其他证据对被害人陈述进行综合判断。在没有其他证据印证的情况下，综合证明模式的运用关键在于利用特殊经验法则判断事实建构对象是否为自然生活历程事实，以此为寻找其被害人错误陈述的原因提供根据，从而有助于形成内心确信，准确地排除错误的被害人陈述。

（三）建立审查被害人陈述可信度的配套机制

建立被害人陈述可信度审查判断规则为中心的未成年人刑事案件证据审查规则，突破了我国刑事证明制度中传统的印证模式。目前，其在制度、机制、程序方面均不够成熟，需建立与之配套的程序机制，以确保被害人陈述可信度审查规则功能最大限度地发挥作用，主要包括三个方面：完善未成年证人和被害人出庭保护措施、改革未成年人庭前询（讯）问程序、构建未成年人刑事案件专家评估鉴定体系。

1. 完善出庭保护措施

未成年证人、被害人出庭，经法庭询问证人、被害人，以加强其陈述内容的可信程度。但为防止庭审对未成年被害人、未成年证人造成心理伤害，应当采取必要的保护措施。禁止被告人直接询问和使用证人矫饰技术（例如，允许证人在屏风后回答提问或通过视频出庭）是有益的做法，其主要目的是避免未成年证人、未成年被害人因与被告人面对面而遭受心理及情感上的二次伤害。另外，可通过以下方法对未成年证人、被害人进行特殊保护：邀请心理咨询师进行心理疏导；庭前让未成年证人、被害人及其法定代理人参观法庭以熟悉环境；严格落实询（讯）问未成年人时有合适成年亲属到场制度。

2. 改革庭前询问程序

探索建立专门针对未成年被害人、证人的庭前询问程序，落实"特殊优先保护"刑事司法政策。一是建立"一站式"询问机制。如前所述，由

---

① 向燕. 论刑事综合型证明模式及其对印证模式的超越［J］. 法学研究，2021（1）：103-121；向燕. 综合型证明模式：性侵未成年人案件的证明逻辑［J］. 中国刑事法杂志，2021（5）：71-91.

于对未成年被害人、未成年证人进行二次询问，可能导致未成年人陈述受到不当的诱导与改变，增加辩方对被害人陈述、证人证言的质疑，而且可能造成未成年人在询问中受到二次伤害，因此，应确立以一次询问为原则，尽可能一次性全面及时地完成询问，建立"一站式"询问机制。二是严格落实询问全程录像制度。基于固定保全证据及便于法官观察未成年证人、被害人陈述的神色举止，以审查判断陈述内容的可信度，应确保全程录像制度的严格落实，违反全程录像要求的陈述不能作为定案的根据。

3. 建立专家评估鉴定体系

人们的知觉、记忆一般由对视觉、听觉、嗅觉所获得的事实细节以及情感信息进行加工、提取而来，因此个人感官及身心状态均会影响知觉和记忆的形成。由于未成年被害人、未成年证人具有易受外界干扰、表达不清、准确性不高等特点，健全的出庭保护机制及询问模式不能完全解决陈述的可信度问题，还需未成年人心理、医学等专业知识来辅助判断陈述的质量，因此应建立专家评估鉴定体系予以解决。特别是在性侵未成年人案件、校园欺凌案件等对未成年人身心造成较大伤害的刑事案件中，应由专家对未成年被害人进行心理等鉴定与分析，精确判断其认知、表达受到的影响，对其陈述进行有效性评估，将有效性评估结论作为未成年被害人陈述、证人证言证明力的参考标准之一。

涉及未成年人刑事案件经常面临核心证据匮乏、充分印证难以实现、案件事实难以推定、确切结论难以形成的困境。为此，在该类案件中，应突破传统印证模式，转而审视被害人陈述的独立价值、探索多元证明模式、运用特殊经验法则，建立以被害人陈述可信度审查为中心的证据审查判断规则。通过确立被害人陈述审查标准、完善补强证据规则及相关配套措施，解决该类案件的定罪量刑困境，最终促进"特殊优先保护"和"宽严相济，以宽为先"等未成年人刑事司法政策的落实。

第五章 未成年人犯罪记录
封存制度的完善

一、未成年人犯罪记录封存制度政策梳理

（一）未成年人犯罪记录封存制度的历史沿革

清末法学家沈家本先生在我国最早提出了对未成年人采取感化教育制度，推动未成年人司法改革的设想，并提出"夫刑为最后之制裁，丁年以内乃教育之主体，非刑罚之主体"的观点①。新中国成立后，我国加入了多个未成年人司法保护国际公约，进一步推动了未成年人司法保护工作。这些国际条约均明确了对未成年人犯罪记录的保密要求，除有权机关外不得查询、掌握未成年人相关犯罪记录，并且禁止在其他案件的裁判文书中引用。此后，我国颁布未成年人保护法，进一步确立了"教育、感化、挽救"和"教育为主、惩罚为辅"的基本原则，并明确规定，"人民检察院免予起诉、人民法院免除刑事处罚或者宣告缓刑以及被解除收容教养或者服刑期满释放的未成年人，复学、升学、就业不受歧视"。2011年，《中华人民共和国刑法修正案（八）》规定，"犯罪的时候不满十八周岁被判处五年有期徒刑以下刑罚的人，免除前款规定的报告义务"。此后，立法机关在刑事诉讼法中增设了未成年人诉讼程序专章，正式确立了未成年人犯罪记录封存制度，明确规定了如罪犯同时满足犯罪时不满18周岁且为五年以下轻罪判决，在这种情况下其犯罪记录应予以封存。

---

① 谢振民. 中华民国立法史 [M]. 北京：中国政法大学出版社，2000：56.

（二）对未成年人犯罪记录封存规定的梳理

法学家贝卡利亚认为："对人类心灵发生较大影响的，不是刑罚的强烈性，而是刑罚的延续性。因为最容易和最持久地触动我们感觉的，与其说是一种强烈而暂时的运动，不如说是一些细小而反复的印象。"① 最大限度地降低犯罪记录对未成年人产生的负面效果，让犯轻罪的未成年人更加顺畅地重新融入社会，是封存制度设立的目的和未成年人刑事保护的重要议题。刑事诉讼法关于未成年人犯罪记录封存制度的确立，旨在封存未成年人的犯罪记录后，弱化未成年人的犯罪标签，让犯轻罪未成年人顺利复学、升学、就业和择业等，有效促进犯罪未成年人家庭关系和谐和顺利回归社会，进一步降低未成年罪犯的重新犯罪率。

对于未成年人犯罪记录封存，《中华人民共和国刑事诉讼法》第二百八十六条规定，"犯罪的时候不满十八周岁，被判处五年有期徒刑以下刑罚的，应当对相关犯罪记录予以封存。犯罪记录被封存的，不得向任何单位和个人提供，但司法机关为办案需要或者有关单位根据国家规定进行查询的除外。依法进行查询的单位，应当对被封存的犯罪记录的情况予以保密"。该条款有两个关键点：第一，对于被告人在犯罪时未满 18 周岁（"犯罪时"是指犯罪行为实施时点），而法院判决时被告人已满 18 周岁的情况，仍属于犯罪记录封存的对象。第二，未成年人被判处五年以下刑罚。所谓"五年有期徒刑以下刑罚"，具体覆盖了五年以下的全部刑罚，包括有期徒刑、拘役、社区矫正等。

综上所述，未成年人犯罪记录封存的范围为犯轻罪的未成年人，办案机关依法对符合上述条件的未成年人犯罪记录进行封存处理。如需对已封存的犯罪记录进行查询，法律规定只要实施犯罪时是不满 18 周岁的未成年人，相关司法机关就应将犯罪记录依职权进行主动封存，非法定事由禁止予以解封，仅司法机关等特定主体在有国家明确规定的情况下才有权查询封存的未成年人犯罪记录。具体包括如下两个方面：

1. 关于"不得随意解封，依法定条件除外"

刑事诉讼法没有明确规定应由哪一个主体决定对未成年人犯罪记录进行封存。在司法实践中，一般由审理未成年人刑事案件的法院主动对未成

---

① 贝卡利亚. 论犯罪与刑罚 [M]. 黄风，译. 北京：中国法制出版社，2005：89.

年人犯罪记录予以封存，其他单位亦根据法院判决情况决定采取相应封存措施。《最高人民法院关于适用〈中华人民共和国刑事诉讼法〉的解释》第五百八十一条规定，申请查询已封存的未成年人犯罪记录的单位，需向人民法院提供查询理由和依据，由封存法院审查决定是否同意查询。

2. 关于"司法机关为办案需要"

司法机关需要将未成年人的犯罪记录作为刑事立案、侦查、逮捕、起诉和定罪量刑的依据等。此外，为确保未成年人犯罪记录得到持续有效保护，犯罪记录即使被启封查询，仍处于封存状态，其他单位无法定事由仍不得查询。

（三）未成年人犯罪记录封存制度的具体适用与不足

长期以来，刑事诉讼法虽然规定了未成年人犯罪记录封存制度，但未涉及相关操作层面问题，各地根据刑事诉讼法结合地方实际情况陆续出台未成年人犯罪记录封存管理细则。2022 年 5 月，最高人民法院、最高人民检察院、司法部、公安部联合印发《关于未成年人犯罪记录封存的实施办法》，对未成年人犯罪记录封存制度进行统一规范。全文共 26 条，涵盖未成年人犯罪记录的定义及范围、封存情形、封存主体及程序、查询主体及申请条件、提供查询服务的主体及程序、解除封存的条件及后果、保密义务及相关责任等内容。在封存范围上，该实施办法要求对案件办理过程中的案件信息进行提前封存，同一刑事案件中既有成年罪犯又有未成年罪犯时，应进行分案处理，对未成年人部分的案件信息做特殊标记并予以严格保密。在封存措施上，按照个人信息保护法对未成年人案件材料实施严格保密，强调对未成年人案件电子信息进行加密管理，严控未成年人案件信息查询范围，并要求司法机关工作人员主动阐明涉及未成年人案件信息保护有关要求及相关法律责任。在查询程序上，对查询主体加以限制，在没有国家明确规定、无法定事由或未履行法定程序的情况下不得对外提供未成年人案件信息。在责任追究上，明确了泄露未成年人犯罪记录的法律责任，并将未成年人犯罪记录封存纳入检察院法律监督范围。在该实施办法出台前，北京、河北、江苏、四川等多地已出台了未成年人犯罪记录封存实施细则（见表 5.1）。虽然未成年人犯罪记录在法律适用过程中不断完善，但在封存范围、封存程序及防范未成年人犯罪信息泄露等方面仍存在实际操作困难、流程规定模糊、对未成年人权益保障不彻底、未全面落实宽严相济刑事司法政策等诸多问题。

表5.1 四省（市）未成年人犯罪记录封存实施细则

实施办法	北京市	四川省	河北省	江苏省
发布机关	最高人民法院、最高人民检察院、公安部、司法部	市高院	省高院、检察院、公安厅、司法厅	省高院	省综治委、省高院、省检察院、省公安厅、省司法厅、省民政厅、省教育厅、省人社厅、团省委、省妇联、省关心下一代工作委员
启动主体	法院、检察院	法院	法院	法院	法院
是否通知其他部门	通知	不通知	通知	不通知	通知
封存责任主体	法院、检察院、公安机关、社区矫正机构	法院	法院、检察院、公安机关、司法行政机关	法院	公安机关、检察院、法院、司法行政机关
解封	符合条件的，封存机关应当对其犯罪记录解除封存	未涉及	未涉及	未涉及	未涉及
监督主体	检察院	未涉及	未涉及	未涉及	未涉及
与其他法律衔接	未涉及	未涉及	未涉及	未涉及	未涉及

二、未成年人犯罪记录封存制度的实践检视

为进一步了解在目前社会环境和司法环境下未成年人犯罪记录封存制度的适用情况，深入调查并了解其在适用过程中产生的相关问题，我们以问卷调查方式对未成年人犯罪记录封存制度适用过程中可能出现的封存对象是否为初犯、何种记录不宜封存、是否应设置封存考验期等问题向法院系统工作人员进行调研，发现如下问题。

（一）查询主体和程序不明确

问卷调查结果显示（见图5.1），查询主体不明确是当前封存制度适用的一个突出表现。关于已封存未成年人犯罪记录的查询，《中华人民共和国刑事诉讼法》第二百八十六条规定：司法机关为办案需要或者有关单位

根据国家规定可以查询已被封存的犯罪记录。因此，即便未成年人犯罪记录已被封存，"有关单位"根据"国家规定"仍可对犯罪记录进行查询，由于范围标准界定比较模糊，容易造成封存不规范、不彻底。按照现行《中华人民共和国刑事诉讼法》的规定，查询未成年人犯罪记录的事由应为司法机关为办案需要查询或有关单位根据国家规定查询。目前，《中华人民共和国刑事诉讼法》及《关于未成年人犯罪记录封存的实施办法》中对"办案需要"和"国家规定"均未做出具体阐释，法条内容相对模糊。除此之外，"有关单位"的范围也不够具体明确，如果包括企业、事业、机关等，查询主体范围则明显扩大，难以实现封存的目的。因此，由于"办案需要""国家规定"和"有关单位"的概念较为模糊，造成查询条件缺乏统一性，既难以保障相关单位依法查询相关记录，又不利于实现犯罪记录封存的目的。

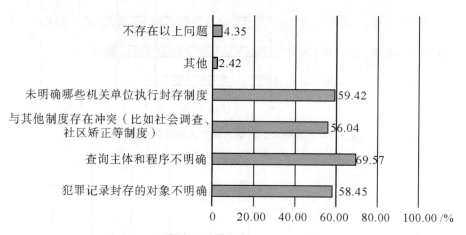

图 5.1　目前犯罪记录封存制度存在的问题

（二）封存范围有待细化

问卷调查结果（见图 5.2 及图 5.3）显示，关于犯罪记录封存是否要求是初犯的问题，32.37% 的法院系统工作者认为犯罪记录封存的未成年人对象必须是初犯，8.21% 的法院系统工作者认为不必要求是初犯，其余法院系统工作者则认为应当考虑罪名的类型、主观恶性或社会危害性。关于何种犯罪类型不应封存问题，47.83% 的法院系统工作者认为有组织犯罪不应封存，90.34% 的法院系统工作者认为八大刑事犯罪不应封存。现行刑事诉讼法规定不满 18 周岁的未成年人被判处五年以下有期徒刑适用未成年人犯罪记录封存，将封存范围限定为未成年人轻罪判决，但是对于八大刑事犯罪、毒品犯罪、有组织犯罪、再犯、累犯等特殊情况并未予以统筹考虑。对未成年人予以特殊保护、优先保护，并不是一味地予以保护，教育和管束同样不可或缺。对于一般的盗窃、抢夺、欺凌、伤害等犯罪，确属初犯、偶犯的，确应以教育、挽救、感化为主，可对相关犯罪记录予以封存。但对于恶性犯罪、屡教不改及涉案未成年人主观恶性大、犯罪手段残忍、社会危害性大的犯罪，则应予以依法惩治，不能纵容。因此，仅将刑期长短作为适用未成年人犯罪记录封存的条件，角度较为单一，对未成年人的特殊犯罪、再犯或者累犯等情况应予以特殊考虑。

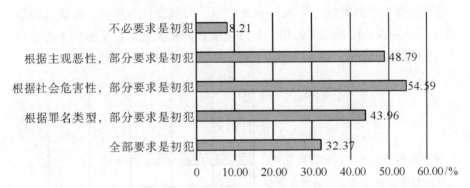

图 5.2　犯罪记录封存的未成年人是否要求是初犯

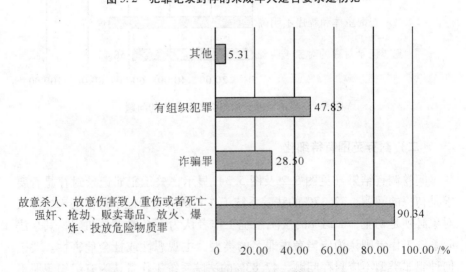

图 5.3　不应该封存的犯罪类型

（三）封存制度与其他制度存在冲突

问卷调查结果（见图 5.1）显示，在司法实践中，与其他职业准入制度等存在冲突是封存制度适用的另一大突出问题。按照刑事诉讼法的有关规定，未成年人犯罪记录被封存的，在求学和就业中应受到平等对待，但实际上未成年人犯罪记录封存与特定职业准入仍存在冲突。《中华人民共和国教师法》《中华人民共和国公务员法》《中华人民共和国法官法》《中华人民共和国检察官法》《中华人民共和国警察法》均规定从事教师、公务员、法官等职业的，应不曾受刑事处罚。此外，律师、会计、金融等行业或岗位也有类似限制规定。虽然封存制度规定，未成年人犯罪记录被封存的，就业时可不报告犯罪信息，但有关单位根据国家规定仍可查询未成年人犯罪记录，那么相关单位便可据此查询未成年人犯罪信息，导致即使未成年人犯罪记录被封存，也不能从事特定职业，使涉罪未成年人在后续就业时受到限制和歧视，未成年人犯罪记录封存的目的难以实现。

（四）对涉罪未成年人缺少持续考察

关于是否应对犯罪记录被封存的未成年人进行持续考察问题，89%的法院系统工作者同意应对未成年罪犯进行持续考察，并视具体情况设置相应的考验期，依据其在考验期的表现决定是否对其犯罪记录进行封存。德国、美国在实施未成年人犯罪记录封存时，在启动封存前，设立了考验期限来考察未成年罪犯的品行，包括道德标准、悔过情况、再犯风险等。考验期满后，法院审查认为考验期内未成年罪犯的行为表现符合考核要求的，才对其犯罪记录予以封存。例如美国某州规定，如未成年人所犯之罪为轻罪，在刑罚执行完毕后五年内没有再次实施犯罪行为，才能对其犯罪记录进行封存。我国刑事诉讼法则规定，未成年罪犯符合被判处五年以下有期徒刑的要求即可直接对其犯罪记录进行封存，不会考察未成年罪犯是否真心悔过和改正行为，导致未成年人犯罪成本过低，不利于对未成年罪犯进行教育、感化与挽救。因此，可以通过设置封存考验期限，最大限度地矫正未成年罪犯偏差行为，促进未成年罪犯健康成长。在考验期限内，如未成年罪犯能够深刻认识到自身违法犯罪行为的危害性并及时改正，达到社会上一般未成年人的普遍道德标准，经法院审查认定，不具有再犯可能性、人身危险性和社会危害性的，对其犯罪记录予以封存。经过封存考验期考察，确保未成年罪犯行为偏差得到完全纠正，才能帮助未成年罪犯更好地融入社会，降低犯罪对未成年人造成的负面影响，实现封存的目的。

（五）封存流程信息保护不到位

问卷调查结果显示，封存信息全流程保护薄弱的问题较为突出。在未成年人犯罪案件办理过程中，有多部门经手未成年人犯罪记录资料，其中不仅包括公安、法院、检察院，还包括学校、社区等机构。司法机关因办案需要对未成年人进行社会调查，在调查过程中通过走访未成年人生活的社区及学校对其日常表现进行调查，相关工作人员难免会了解到未成年人犯罪情况，如果管理不当，很可能造成未成年人犯罪信息外泄，使封存效果大大减弱。此外，该实施办法规定由公安机关、人民检察院、人民法院和司法行政机关分别负责受理、审核和处理各自职权范围内有关犯罪记录的封存、查询工作。按照该实施办法，不同单位仍需按照各自具体管理规程负责本单位未成年人犯罪记录封存保管，导致案卷材料内容繁杂且不同单位之间的材料可能存在重复情况，难以实现卷宗与犯罪记录的一体化、流程化管理。当有权机关在查询未成年人犯罪记录时，需要分别向公（安）、检（察）、法（院）、司（法）行政机关等提出未成年人犯罪记录查询申请，各查询申请受理机关需要分别向申请人反馈信息，这种多头管理方式将直接导致不同单位沟通不顺畅、经办人员增加、信息流转节点增加等问题，扩大了未成年人犯罪记录信息的流通面，增加了犯罪记录信息外泄的风险。我们应借鉴其他国家的先进做法。例如在英国，通过建立一套完善的未成年人犯罪信息管理系统，将未成年人犯罪相关信息在专门系统中予以单独管理，不同司法机关和其他相关单位按照自身职权范围接入系统对未成年人犯罪信息进行管理，设置犯罪信息查询统一出口，并配置相应权限，满足有权机关对未成年人犯罪信息的查询需求，有效避免相关信息的不当泄露。

（六）未成年人案件舆论管控不力

近年来，随着互联网技术的进一步普及和网络自媒体的大爆发，部分新闻媒体和网络自媒体对未成年人犯罪案件进行不当报道和信息披露，无视未成年罪犯隐私权保护和犯罪记录信息封存的有关要求，给未成年罪犯身心造成了严重伤害。一是不当泄露未成年罪犯隐私。个别新闻媒体和网络自媒体在新闻报道和自媒体平台上发布未成年罪犯的身份信息、未经模糊处理的照片甚至直接披露其姓名、学校甚至家庭住址。二是随意披露案件细节。一些无良媒体以探寻事实、行使公众对法律监督权的名义，通过违法手段了解案件及未成年罪犯相关信息，超限度在互联网上公布与案件无关的未成年罪犯信息和其他细节，对未成年人犯罪案件事无巨细地披露细节甚至夸大实际情况。三是引导舆论涉嫌干预司法。个别媒体报道出现舆论裁判情况，在对案件事实缺乏全面审查和充分法律论证的情况下妄下结论，不光泄露了未成年人犯罪案件信息，还对舆论进行了错误引导，给人民法院的司法裁判工作带来了极大的负面影响。如李××案，在人民法院判决前，就出现了大量关于李××刑期的报道。上述问题让涉案未成年人的案件信息和其他隐私信息完全暴露于公众视野中，严重违反了个人信息保护法，导致无法达到未成年人犯罪记录封存的立法目的。

三、完善未成年人犯罪记录封存制度的建议

（一）明确申请查询的主体和条件

一是明确申请查询的主体。关于"司法机关为办案需要"，应明确除公安机关、检察机关、法院外，其他机关如纪检监察部门、安全部门、司法行政部门等不得查询未成年人犯罪记录，不得将除行使侦查权、检察权、审判权以外的其他行政管理权纳入办案范围，且要求所查询的犯罪记录必须与办理的案件有必要关联并对办案结果产生实质性影响。关于"有关单位根据国家规定"，应明确仅限于全国人民代表大会及其常委会制定的法律、国务院制定的行政法规，其他下位法的规定不得作为查询未成年人犯罪记录的法律依据，减少犯罪记录查询出口，限制犯罪记录被过度查询。二是规范查询程序。建立统一的查询申请方式，由申请人填写制式查询申请表，依法登记申请人个人基本信息、申请查询原因及依据、查询结果答复方式等，并承诺对查询到的未成年人犯罪记录信息予以严格保密，申请受理单位根据申请表依法审批、查询和答复。申请受理单位同样采用规定格式书面答复申请人，对犯罪记录已封存或客观上无犯罪的查询结果，统一规范查询结果为"未发现有犯罪记录"，避免答复结果出现暗示性内容。

（二）细化优化封存范围

《中华人民共和国刑法修正案（八）》规定未成年人犯罪不构成累犯，刑法和刑事诉讼法也分别规定了未成年人免除犯罪前科报告义务和犯罪记录封存制度，在目前的司法实践中，多认为未成年人不构成累犯和毒品犯罪再犯。由于未成年人心智不健全、对自身行为认知能力较弱，立法者从保护未成年人和对"教育、挽救、感化"方针的考量，规定未成年人犯罪不构成累犯。但《中华人民共和国刑法》第十七条规定，已满十四周岁未满十六周岁的人犯贩卖毒品罪，应当负刑事责任。《中华人民共和国刑法》第三百五十六条规定，对毒品犯罪再犯从重处罚，体现了依法从严惩治毒品犯罪的刑事司法政策。再犯的社会危害性远大于初犯和偶犯，尤其是前罪和后罪都是故意犯罪的，这类罪犯的社会危害性更为严重，其无视刑罚的体验，再次以身试法，没有得到成功的教育改造①。由于毒品犯罪的再犯行为人相较于初犯的社会危害性更大、主观恶性更大，因此对于毒品再犯应从重处罚。毒品再犯是对于实施毒品犯罪的行为人进行的评价，而非针对毒品犯罪行为本身。虽然行为人前罪犯罪时还是不满 18 周岁的未成年人，但行为人再次实施毒品犯罪，就表明其更大的主观恶性和人身危险性，认定为毒品再犯并从重处罚并无不当。而《中华人民共和国刑法修正案（八）》也仅规定未成年人不构成累犯，而未在毒品犯罪中明确排除未成年人构成毒品再犯。因此，即便刑法及刑事诉讼法明确规定了未成年人犯罪不构成累犯、未成年人免除犯罪前科报告义务、未成年人犯罪记录封存等，但对于毒品再犯，从目前依法从严从重打击毒品犯罪的刑事司法政策出发，不应将未成年人犯前罪的情形排除在外，建议明确规定对未成年人实施毒品犯罪的记录不予封存，再次实施毒品犯罪的，以毒品再犯从严从重处罚。

（三）完善特殊职业准入制度

未成年人犯罪记录封存制度的目的在于减少和消除在未成年人犯轻罪的情况下犯罪记录对其产生的负面影响，帮助犯轻罪的未成年人在升学、就业等方面受到平等对待。然而，我国公务员法、教师法、会计法等法律

---

① 张明楷. 刑法学［M］. 北京：法律出版社，2016：886.

均规定了对未成年罪犯从事公务员、教师、会计师等职业的限制性条款。《中华人民共和国兵役法》规定被剥夺政治权利的人不得服兵役。在大学和研究生入学时，虽然没有法律法规明确规定，但涉罪未成年人也难以通过政审环节，以上均造成了涉轻罪未成年人未能得到与普通人一样的平等的入学和就业待遇。因此可以对相关法律法规中限制有犯罪记录人员准入的相关条款进行修改，明确规定不得限制未成年人犯罪记录被封存的人从事相关工作。

（四）增设封存考验期

增设未成年人犯罪记录封存考验期，对在考验期内未犯罪、品行良好的未成年人的犯罪记录予以封存，为教育挽救成功的未成年人创设平等的入学、就业环境，帮助其重新融入社会。具体而言，对被判处三年以上、五年以下有期徒刑的未成年人，在刑法执行完毕后，可设置三年至五年的考验期限，如该未成年人在考验期内未故意犯罪，则可对其犯罪记录加以封存。对判处不满三年有期徒刑的，由相关部门对犯罪记录进行封存，设置三年以下的考验期，如该未成年人在考验期内未故意犯罪，则可对其犯罪记录加以封存。

（五）建立未成年人犯罪信息管理系统

通过建立跨部门办案信息网络平台，实现未成年人犯罪案件办理各环节全流程的案件信息数据库及信息传输通道，将未成年人犯罪记录进行一体化整合，统一配置未成年人犯罪记录查询、管理、传输等权限。当需要查询未成年人犯罪记录时，申请人通过办案信息平台自主发起申请，填写申请人身份信息、申请人联系方式、申请查询的理由和依据、申请查询对象并签署相关保密条款，由专人集中审批，审批同意后可直接将查询内容通过网络推送至申请人。建立跨部门办案信息网络平台，能够大幅提升信息传递效率，有效缩减流程节点，大大减少对有限司法资源的占用。

（六）强化舆论引导

一是引导新闻媒体依法依规报道未成年人犯罪案件。当前网络媒体快速发展，信息传播速度大大加快，个别新闻媒体和自媒体在报道未成年人刑事案件时，为吸引眼球而不当披露未成年人犯罪案件信息，甚至恶意杜撰、篡改案件事实，这些不当报道极易造成未成年人犯罪信息泄露，侵害未成年人合法权益，影响封存效果。人民法院应进一步加强与宣传主管部门、新闻媒体沟通，引导新闻媒体与司法机关一道构建正面舆论传播合力。二是强化庭审管理，严防未成年人信息泄露。人民法院以公开审判为原则，对于未成年人可能被判处五年以下有期徒刑的案件，严格按照法律规定不组织人员旁听庭审，向参与庭审的法警、律师及其他在场人员明确告知关于涉及未成年人案件信息的封存要求，要求其签署保密承诺书，严防未成年人犯罪案件信息外泄。同时，严格落实"三同步"工作要求，积极通过法院自媒体账号或引导官方主流媒体以适当方式准确报道未成年人犯罪案件，避免媒体受众通过新闻报道线索追溯到具体未成年人，侵害未成年人隐私权。

第六章　性侵害未成年人犯罪
司法惩治对策的完善

　　未成年人权益是社会利益中最柔弱的部分。未成年人处于身体和心理成长发育未成熟的阶段，其遭受性侵害不仅会对身体造成伤害，更会对心理形成长远危害和影响。近年来，性侵害未成年人案件频发，不仅给未成年被害人带来严重的身心伤害，还严重扰乱了社会秩序，冲击了整个社会的道德底线①。防止和打击性侵害未成年人犯罪是人民法院刑事司法的热点课题，治理解决好这一社会问题，是人民法院的重要职责和神圣使命。

一、性侵害未成年人犯罪司法惩治政策概述

　　立法和司法应对性侵害未成年人犯罪问题，是一个随时间变化而逐渐得到关注和重视的过程。1979 年颁布的我国首部刑法规定奸淫 14 周岁以下幼女行为以强奸罪从重处罚。而后，1997 年颁布的刑法对部分性侵害未成年人犯罪行为予以单独规定或作为所属罪名的从重情节，对严重性侵害犯罪的刑罚执行方式进行规定和限制，增加了禁止缓刑规定，将协助组织未成年人卖淫行为直接规定为犯罪，进一步加大了打击力度。随着 2013 年最高人民法院、最高人民检察院、公安部、司法部《关于依法惩治性侵害未成年人犯罪的意见》出台，性侵害未成年人案件司法政策导向更加鲜明，主要体现为依法从严惩治、特殊优先保护和双向保护三个方面②。

---

①　兰跃军.性侵害未成年被害人的立法与司法保护［J］.贵州民族大学学报（哲学社会科学版），2019（4）：119-183.
②　最高人民法院、最高人民检察院、公安部、司法部《关于依法惩治性侵害未成年人犯罪的意见》第2、3、4条明确提出依法从严惩治、特殊优先保护、双向保护三项原则。

（一）依法从严惩治原则

从最高人民法院、最高人民检察院、公安部、司法部发布的《关于依法惩治性侵害未成年人犯罪的意见》以及近年来最高人民法院公开的司法立场和导向来看，依法从严惩治性侵害未成年人犯罪，主要体现在两个方面。一是着力解决突出法律适用问题，促进打击性侵害未成年人犯罪刑事法网更加严密。《关于依法惩治性侵害未成年人犯罪的意见》对性侵害未成年人犯罪的认定，包括对奸淫幼女等性侵害犯罪主观明知的认定、形似钱色交易而实为奸淫幼女行为的性质认定、负有特殊职责人员性侵害未成年人行为性质的认定、强奸和猥亵犯罪从重处罚情节的认定等，对法律规定不明确及滞后于司法实践需要的规定，进行了细化和空白填补。例如，对强奸和猥亵犯罪从重处罚情节的列举，源于司法审判实践中，对大量严重侵害未成年人案件恶劣情形的归纳和总结；对负有特殊职责人员性侵害行为性质的认定，则源于司法统计发现熟人性侵案件频发高发形势而做出的规制。因此，最高人民法院、最高人民检察院、公安部、司法部针对司法实践情况，及时制定出台《关于依法惩治性侵害未成年人犯罪的意见》司法解释，及时全面打击性侵害未成年人犯罪行为，并最终促进相关条款被《中华人民共和国刑法修正案（九）》和《中华人民共和国刑法修正案（十一）》吸收。二是从严惩治性侵害未成年人犯罪的司法政策通过量刑的重刑化趋势予以体现。近年来，通过召开会议、发布典型案例，最高人民法院反复重申对性侵害未成年人犯罪"零容忍"的立场，明确"对性侵未成年人犯罪依法从严把握缓刑、减刑、假释，对性质恶劣、危害重大，该判处重刑乃至死刑的坚决依法严惩"[1]。在当前严格控制死刑和慎重适用死刑的刑事司法政策背景下，最高审判机关旗帜鲜明地表态，体现了从严从重打击性侵害未成年人犯罪的鲜明立场和态度。据公开报道，2021年，在江苏法院系统一审审结的侵害未成年人刑事案件中，判处五年有期徒刑以上重刑率达21.68%，远高于其他普通刑事案件[2]。2020年，广西法院系统对侵害未成年人犯罪案件判处重刑率为27.68%，而其中性侵害未成

---

① 中国新闻网. 最高法谈性侵未成年人犯罪：该判处重刑乃至死刑的坚决依法严惩[EB/OL]. http://yn.people.com.cn/n2/2020/1228/c361322-34497865. html.

② 央广网. 零容忍！严重侵害未成年人权益的案件重刑率远高于普通刑事案件[EB/OL]. http://js.cnr.cn/ztgz/20220531/t20220531_525844407. shtml.

年人案件判处重刑率达到了 46.11%，性侵害未成年人罪犯监禁刑适用率为 98%，高于同期全部刑事案件监禁适用率 11.57 个百分点①。通过判处重刑方式，在全国逐渐形成了依法打击性侵害未成年人犯罪的高压和震慑态势。

（二）特殊优先保护原则

特殊优先保护原则在性侵害未成年人犯罪案件中，体现在未成年被害人和未成年被告人两个方面。对未成年被告人，坚持"教育、感化、挽救"方针，以"教育为主、惩罚为辅"原则，除适用法定从轻、减轻量刑情节外，还有法律援助、讯（询）问时合适成年人到场、犯罪记录封存等一系列较为完善的保护措施。然而，对于未成年被害人的保护，刑法规定中体现不足。因而，《关于依法惩治性侵害未成年人犯罪的意见》着重对未成年被害人权益保护进行了较为全面的规定，包括未成年被害人诉讼参与权利、保护隐私权利，以及获取民事赔偿和司法救助，保障未成年被害人得到必要的经济赔偿和救助，帮助修复犯罪伤害等。

（三）双向保护原则

双向保护是特殊优先保护原则在案件被告人和被害人均为未成年人时的具体处理原则，强调的是平等、均衡。刑事诉讼的目的是惩罚犯罪和保障人权，虽然保障人权既包括保障犯罪嫌疑人、被告人的人权，也包括保障被害人等其他诉讼主体的人权，但在绝大多数场合下，对惩罚犯罪与保障人权之间关系的研究和讨论，都集中于犯罪嫌疑人、被告人一侧。对未成年被告人的保护，经由刑事诉讼法及司法解释的规定，已成为刑事诉讼程序的组成部分。然而，程序正义的强化，导致实质正义在诸多案件中缺位，尤其是在被害人以及公共权利的维护上②。因此，《关于依法惩治性侵害未成年人犯罪的意见》在未成年人刑事司法中首次确立了"双向保护"原则，说明司法机关已经达成共识，对未成年被害人的权益保障，以及未成年人违法犯罪社会效果的消除等，与对未成年人罪错行为的惩罚同等重要，纠正了实践中重未成年被告人保护、轻未成年被害人保护的倾向。

---

① 中国新闻网. 广西法院重点打击性侵未成年人犯罪 2020 年重刑率 46% 最高判死刑［EB/OL］.https://china.huanqiu.com/article/41WhbdmryB3.

② 邓泉洋，汪鸿波. 我国未成年人"双向保护原则"的实践困境及破解之策［J］. 中国青年研究，2020，27（2）：100-106.

二、性侵害未成年人犯罪裁判难点及成因

（一）特殊证据构造与刑事案件证明标准不匹配

罪与非罪问题是刑事审判实践面临的首要核心问题。虽然刑事立法对性侵害未成年人犯罪的规制在不断完善，但在司法实践中，性侵害未成年人案件入罪定罪问题始终是困扰司法人员的一大难题。我们针对法官的问卷调查结果显示，在法院审理14周岁以上未成年人性侵害案件过程中，主要存在的困难有：被害人性心理不成熟，难以明确表达其是否自愿；加害人和被害人之间存在信任关系，难以判定其是否遭受胁迫；举证难。通过问卷开放选项，部分受访者还提出，在存在利诱的情况下自愿认定标准存在困难（见图6.1）。归结起来，入罪定罪问题的难点主要在于事实认定难。

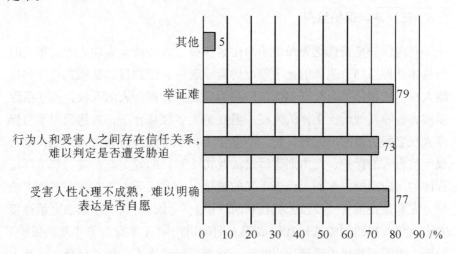

图 6.1　审理 14 周岁以上未成年人性侵害案件过程中存在的困难

性侵害未成年人案件事实认定难，主要原因是特殊证据构造与刑事案件证明标准存在紧张关系。首先，性侵害未成年人犯罪具有性侵犯罪的普遍特点，即犯罪行为发生的场合较为隐蔽，一般只有被告人与被害人在场，缺少目击证人的证言。其次，性侵害未成年人案件因被害人年龄较小、法律意识不足等原因，在实物证据保存上相较于成年人更容易被忽视，比如对于证明

力最强的生物证据，在性侵未成年人案件中出现的比例比成年人案件要低很多。再次，由于被告人一般使用诱骗、威胁等非暴力方式实施性侵，案件也缺乏被害人伤情、现场痕迹等证据，导致事实的认定主要依靠大量的言辞证据，即被告人供述与辩解、被害人陈述。很多被告人正是看到了案件证据薄弱的问题而拒不认罪，使得一些案件的证据只有被害人陈述或者传闻证据。最后，性侵害未成年人犯罪往往在犯罪行为发生后很长一段时间才被发现，加之未成年被害人心智不成熟，使得被害人陈述在创伤心理或者有限记忆的影响下，出现前后不一致甚至矛盾、缺乏细节描述、关键信息遗漏等问题，影响了被害人陈述的证明力。基于上述证据特点，在刑事案件严格的证明标准下，若不充分考虑其特殊性，机械适用严格的刑事印证规则，要求在案各个证据之间相互印证，即使在被害人陈述与传闻证据能够印证，具有较强心证的情况下，一些裁判者也不敢轻易定罪。

（二）从严惩治背景下从宽情节把握易失当

近年来，在立法及司法政策业已传递鲜明导向的背景下，在一些性侵害未成年人恶性案件中，公众要求严惩的预期与个别案件的处理结果存在情绪落差，引发舆情，出现"情重法轻"冲突，其原因在于在从严惩治性侵害未成年人犯罪背景下，对从宽情节具体把握不当。从宽情节把握认定难，实践中主要体现在三个方面。一是对自首、立功等法定从宽情节的考量。依法从严惩治与宽严相济均为当前刑事司法政策，在一些犯罪性质恶劣、社会危害性较大的案件中，司法人员对于酌定从宽情节的认定较易操作，但面对立功、自首等法定从宽情节，却存在法条主义与后果考量主义的背离，缺乏解决法定从宽与政策从严冲突的司法技巧，在从严政策下不能合理解释法律。二是对当事人特殊关系的从宽情节考量。对于一些被告人和被害人身份关系特殊的案件，特别是亲生父母、继父母对子女的性侵案件，被害人的另一监护人往往出于各种原因对被告人出具谅解书。如何妥善处理私情与国法、未成年人利益与家庭利益之间的关系，应酌情从严还是从宽，难以权衡。三是对未成年被告人特殊主体身份的考量。在被告人与被害人均为未成年人的案件中，根据刑法总则的规定，对未成年被告人应当从轻或者减轻处罚。由于性侵害案件对未成年被害人的身心伤害巨大，如何协调好从严惩治与特殊优先保护原则的冲突，确定从轻或减轻惩罚幅度是实践难题之一。

（三）司法资源有限背景下被告人和被害人保护难兼顾

双向保护原则是我国涉及未成年人刑事案件工作的基本原则，即涉罪未成年人的合法权益和被性侵害未成年人的合法权益都要保护[①]。然而在实践中，未成年被害人与被告人权益保障并未得到同等的关注。未成年被告人与被害人双向保护失衡，主要体现在两个方面。

一是保护范围不对等。以知情权为例，被害人在庭审程序中享有对起诉书内容、开庭时间、地点、诉讼权利和裁判文书内容的知悉权，但是，被害人在刑事诉讼中拥有的知情权是狭义的和有限的，对诉讼进程、刑罚执行情况等诉讼信息，没有明确规定知情权。此外，在隐私保护方面，《中华人民共和国刑事诉讼法》第二百八十六条明确规定了对犯罪的未成年人实行犯罪记录封存制度，使得未成年人罪错信息不向社会公开。然而，对于遭受性侵害的未成年被害人，却没有相应的完善的制度规则。当前最突出的表现是，如何在披露罪恶、宣传警示与被害人隐私保护之间取得平衡，对诉讼参与人擅自向公众披露案件细节以及新闻媒体挖掘渲染，甚至不实描述、编造、夸大行为给被害人造成二次、三次伤害的行为如何规制，缺乏相关规定。

二是保护力度不均等。这具体体现在未成年被害人保护规定的强制性、操作性和实效性方面。虽然《关于依法惩治性侵害未成年人犯罪的意见》在双向保护理念的指引下，首次对刑事案件中未成年被害人保护进行了较多规定，实现了体系性保护，是司法实践的一大进步，但是，在效力上，司法解释不如刑法中对未成年被告人的保护措施效力位阶高。同时，目前对违反规定的后果没有予以明确规定，致使其强制效力不足。在操作性方面，如参与诉讼权利的告知，《关于依法惩治性侵害未成年人犯罪的意见》没有就告知人员、告知期限、被害人获取信息的途径、司法机关不履行告知义务的法律后果以及权利救济途径等加以规范。并且，一些措施从形式规定到实质发挥作用还有距离，如公安、检察、法院针对未成年人身心特点成立了相应的机构，人员配备上也要求尽量使用女性工作人员，但普遍缺乏对工作人员的未成年人心理知识培训等措施。又如在询问未成年被害人的时候，也只是邀请了法定监护人等成年人到场，缺乏有针对性

---

① 武桐. 性侵未成年人案件司法保护及完善 [J]. 犯罪与改造研究，2020（7）：41-46.

的保护未成年人心理健康的询问方法。

在司法实践中，出现重未成年被告人保护、轻未成年被害人保护问题，究其缘由，有两方面原因。从主观上来讲，对未成年被害人保护的规则体系已形成，实践中执行落实不好，主要是思想认识和理念还未完全转变，没有将未成年被害人保护放在与惩治犯罪同等重要的层面。从客观上来讲，由于司法资源有限，具有稀缺性，因此对专业性很强且需要耗费大量人力、物力的涉及受侵害未成年人的案件，客观上难以做到面面俱到。

（四）融入性侵治理职能延伸作用发挥不足

近年来，在严惩性侵害未成年人犯罪的大背景下，性侵害未成年人案件仍然快速增长，性侵害未成年人犯罪处于高发态势，低龄未成年人受侵害占比较大，社会危害性大。同时，在从严惩治性侵害未成年人犯罪社会共识基础广泛，司法机关立场鲜明一致的背景下，此类犯罪仍然高位增长，说明其已成为一个社会公共治理难题。

在我们针对公众和法院司法人员进行的关于性侵害未成年人案件频发原因的问卷调查中，他们列举的原因有"对该类犯罪打击力度有待加强""缺少专门的预警和监督机制，对有犯罪前科的人监督不够""未成年人的自我保护意识不够"及"对未成年人的性教育力度不够"，分别可以对应"从严惩处""预防再犯"和"预防未犯"三个方面。问卷调查结果显示，社会公众对三个原因的认同度均超过70%，说明公众认为惩处与预防在性侵害未成年人犯罪治理中同等重要。而针对司法人员的问卷调查结果显示，认为"预防再犯"和"预防未犯"不足的比例远超过"从严惩处"，说明大部分司法人员认为"严厉惩治"性侵犯罪在审判实践中落实较好，但在"预防再犯"和"预防未犯"方面，预防治理功能的发挥还需进一步加强。详见图 6.2 所示。

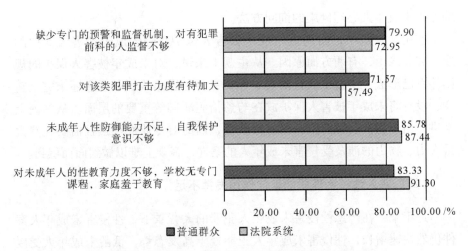

图 6.2　目前性侵害未成年人案件频发的原因

当下，性侵害未成年人违法犯罪已经成为一个社会治理问题，人民法院参与融入性侵害未成年人综合治理是使命职责和必然要求。目前，法院预防治理性侵害未成年人犯罪较为乏力，效果不突出的主要原因有：一是预防和治理性侵害未成年人犯罪的方式较少。当前司法办案环节缺乏系统思维，一定程度上存在就案办案的思想，没有充分地将性侵害未成年人司法审判的职能延伸到社会综合治理方面，缺乏主动调研，给出优秀的司法建议较少，缺乏与相关机构的有效互动衔接，进行法治宣传不够深入，在营造保护未成年人法治氛围上缺乏创新和成效。二是部分制度举措执行落实不佳。如性侵害未成年人犯罪人员信息公开制度，虽然全国法院系统第七次少年法庭工作会议要求完善该项制度，但是包括学界在内的社会各界对该项制度的认识并不一致，主要顾虑对犯罪分子的隐私以及人格尊严保护的问题，以致地方法院制定的细化完善措施不尽相同，开展这项工作的进度不一，发挥的预防犯罪作用不突出。又如，从业禁止令的运用，对哪些案件应适用从业禁止，缺乏较为统一明晰的判断标准。

三、性侵害未成年人犯罪司法惩治对策建议

（一）确立综合证明模式，做到有罪必罚

针对性侵害未成年人案件证据的特殊性，其证据裁判原则也应有别于

一般刑事案件。我国传统的刑事案件证明过程主要依据严格的证据印证规则，并要求达到排除合理怀疑的证明标准。然而如前所述，性侵害未成年人案件证据因其特点，如果机械套用传统的证明方法和标准可能会陷入机械司法，难以达到惩罚犯罪的刑法目的，所以需要依据性侵害未成年人案件的特点构建专门的证明模式。

1. 基于未成年人身心特点审查被害人陈述

在性侵害未成年人案件中，被告人往往以被害人陈述不具有证明力或者证明力不足进行抗辩，理由是被害人是未成年人，不具有成年人的认知和记忆能力，不能对案件事实予以正确认知或者不能完整记忆等。对此，法官可以通过对未成年人的年龄、学龄、生活环境、行为表现等外部因素对被害人陈述进行科学分析，特别是在被害人因犯罪行为受到心理创伤的情况下，被害人陈述可能出现矛盾、错漏等情况，可以通过允许未成年人心理专家等证人出庭，对未成年被害人陈述的证明力予以补强。

2. 重视案件外围证据补强作用

当前刑事司法认定案件事实时，主要通过证据之间的相互印证，将已证事实嵌入犯罪构成之中审查其构成要件符合性，以此判断是否构成犯罪以及构成何种犯罪。司法人员的目光局限在符合犯罪构成要件的要件事实之中，而每个犯罪行为的发生都有其前因和后果，在时间线上是连续且具有逻辑性的生活事实过程，这些外围生活事实以犯罪行为为核心并受其影响，其中的细节能够在一定程度上反映犯罪事实。所以，在性侵害未成年人犯罪案件中应以被告人及被害人的连贯心理状态和行为表现为主要线索，关注犯罪过程及其前后的外围证据，比如被害人在被侵害前后的心理状态和行为举止的变化、被告人为犯罪所做的前期准备和事后保密措施等。通过这些外围证据，能够不断丰富案件在时间线上的生活事实，从而对被害人陈述予以补强、对被告人的抗辩予以证伪。

3. 重视经验法则确立"心证"

在司法实践中，法官往往会对性侵害未成年人犯罪案件的事实认定有较强的内心确信，却囿于证据印证规则的限制，对证据有所欠缺的案件不敢轻易决断。事实上，排除合理怀疑的证明标准就是法官内心确认的另一种解读。对于性侵害未成年人犯罪案件的证据审查，很多情况下很难以事实推理结论的唯一性为标准，而应该鉴于此类案件证据搜集难的特点，允许其结论的高度概然性。

（二）审慎把握从宽情节，确保罪刑相当

1. 以危害后果为核心考量

以危害后果为核心考量，也是一种以被害人为中心的裁判方法。在性侵害未成年人犯罪案件中，应当围绕侵害地点、侵害方式、侵害人数及次数等，以造成被害人身心伤害的后果来判断其恶劣程度。虽然性侵害未成年人犯罪案件量刑应综合衡量犯罪情节、主观恶性、人身危险性、危害后果、悔罪态度等各种因素，但是，犯罪性质和犯罪行为给未成年被害人带来的伤害后果，以及对社会造成的危害程度是决定被告人刑罚的最基本因素，不能片面夸大积极赔偿、谅解等情节在量刑中的作用①。

2. 严格认定从宽情节

对刑法规定的法定或酌定从宽处罚情节，一些情节如特殊主体身份较好认定，而对坦白、自首、谅解等情节，在具体认定时则应当从严把握。例如被害人谅解，一方面性自主权属于被害人自身的人身权利，法定代理人并非受侵害幼女本人，其获得赔偿后代替被害人对侵害行为做出谅解，被害人本人是否具有谅解的真实意愿需要进行审查；另一方面是在被害人与被告人有特殊关系的案件中，被害人谅解是否基于充分认知、完全自愿，需要裁判者予以特别关注。同时，由于被害人年幼，心智尚未成熟，其行为能力、认识能力并不健全，即使其本人同意谅解，其谅解也应与一般刑事意义上的谅解有所区别②。

3. 慎重把握从宽幅度

最高人民法院、最高人民检察院联合印发的《关于常见犯罪的量刑指导意见（试行）》明确强调，对性侵害未成年人等危害严重的犯罪，在确定从宽的幅度时，应当从严掌握。如何实现从严把握，在确定具体从宽幅度时，应按照"应当"优于"可以"，"可以"优于"酌定"，"可以从轻"不等于"应该从轻"更不等于"必须从轻"原则来掌握。在"应当从轻、减轻"（未成年人犯罪）或者"应当减轻或免除处罚"（从犯）情节中，应当结合是否有从重情节、是否具有其他法定和酌定从宽情节，综合确定为从轻、减轻还是免除处罚。最后，当从严和从宽情节同时存在时，不能采取简单的折抵办法，而应当"先严后宽"，以从严情节为基础，在严格

---

① 付涵. 性侵幼女案中被害人谅解情节的量刑考量 [J]. 人民司法，2020 (17)：13-15.
② 付涵. 性侵幼女案中被害人谅解情节的量刑考量 [J]. 人民司法，2020 (17)：13-15.

认定从宽情节后，按照上述原则，不断修正宣告刑。只有以审慎的态度，正确行使自由裁量权，才能契合从严惩治的大背景，避免案件处理与公众对法治和正义的期待相背离，影响"宽严相济"刑事司法政策乃至司法机关的公信力与权威性。

（三）强化被害人保护，促进双向平衡

性侵害犯罪经由司法机关追诉、审判，其对案件真相最为了解，对案件成因最为清楚，对保护措施最有发言权，因此责无旁贷地应当承担更多的责任。对于未成年被害人的优先保护措施，应贯穿于整个审判过程之中，切实践行于法庭内外①。

1. 倾斜司法资源

在传统刑事办案理念的作用下，推动刑事诉讼进程，保障法律的有效实施，是司法机关的重要责任。通常以追究犯罪嫌疑人、被告人刑事责任为主要目标，而对保护未成年被害人的重要性缺乏准确认识，因此在资源有限的司法实践中，应当转变司法理念，重视对未成年被害人的体系性保护，将未成年被害人保护放在与惩治犯罪同等重要的地位上，确保未成年被害人获得司法资源的优先性。将司法资源向被性侵害未成年人倾斜，首先要有专门的机构、适合的人员进行审理。对于专门机构，实践中应当优先由少年法庭进行审理②。而对于适合的人员，应当按照《关于依法惩治性侵害未成年人犯罪的意见》，配备女性工作人员，负责处理涉及未成年女性被害人案件，同时加强未成年人审判工作人员儿童心理学、社会工作学等方面培训，促进其了解未成年人身心特点及沟通技巧，提高为未成年被害人提供科学保护的能力。同时，鉴于实践中审理法官案件压力较大，难以兼顾案件审理和被害人帮扶救助工作，可以在少年法庭设立被害人救助专门工作小组，对接需要帮扶的未成年人被侵害案件，协助配合法官开展被害人保护工作。此外，还可以充分发挥考核考评在调动资源力量方面的作用，将被害人保护工作情况纳入未成年人审判工作考核指标。

2. 细化扩充规则

保障被害人知情权是实现法律援助权、委托代理权、不服裁判救济权

---

① 黄祥青. 性侵未成年人犯罪的审判要点 [J]. 人民司法，2014（3）：111-114.

② 《最高人民法院关于加强新时代未成年人审判工作的意见》第七条：强奸、猥亵等性侵未成年人犯罪案件可以由少年法庭审理。

等其他权利的前提。鉴于受性侵害未成年人保护的特殊性，可从两个方面完善其知情权保障。一是扩大被害人诉讼知情范围。被害人不仅在是否立案、是否起诉、是否判决等方面应享有知情权，而且在对犯罪嫌疑人和被告人采取的强制措施、退回补充侦查、撤回起诉、法律适用、刑罚执行情况（包括假释、刑满释放、脱逃）等方面也应享有知情权。二是完善司法机关的告知程序，包括告知方式、手段，并创造方便被害人主动获取诉讼信息的途径。在被害人隐私保护方面，虽然《关于依法惩治性侵害未成年人犯罪的意见》规定了在办理性侵害未成年人犯罪案件中，不得采取可能暴露被害人身份、影响被害人名誉、隐私的方式调查取证，对被害人身份信息及可能推断出其身份信息的资料和涉及性侵害细节等的内容应当保密，但是，对性侵害未成年人犯罪案件宣传警示与被害人隐私保护的潜在冲突，以及如何防止诉讼参与人擅自向公众披露案件细节以及新闻媒体挖掘渲染仍是现实问题。故我们建议：在性侵害未成年人犯罪案件办理过程中，应要求诉讼参与人签订书面保密承诺，不得擅自向他人或社会公众披露案情，不得公开和传播查阅、摘抄、复制的案卷材料，并明确对违规披露造成被害人隐私泄露的，可予以司法惩戒，造成严重后果的，依法追究相关法律责任。同时，对舆论较为关注的案件，应及时主动通报案情，除对被害人身份做好隐名处理外，还应当注重以适当方式叙述案情，不渲染细节，以"速报基本事实、慎报敏感细节"为原则，正本清源，有效防止舆论渲染、谣言滋生和侮辱诽谤。

3. 构建规范化工作机制

在《关于依法惩治性侵害未成年人犯罪的意见》对未成年被害人保护已规定相关措施规则的背景下，如何在审判实践中执行落实好，提升涉诉未成年被害人保护的实效性应是当前重点考虑的问题之一。我们建议，在前述细化规则的基础上，应着重构建制度化、规范化、流程化保护工作机制。一方面，可以将保护措施固化于诉讼流程中，意味着保护未成年被害人的规定不是可以选择执行、视情况执行的；另一方面，还应增强保护规则的可操作性，给审判人员或者审判辅助人员更明确的指引，降低执行落实成本。在具体工作机制方面，可以进行评估、实施、反馈、评查四个环节的流程化建构。首先，在评估阶段，在立案后根据案情以及询问了解的被害人情况，对被害人保护的需求类型、紧迫程度等进行评估，既能充分考虑个案特殊情况，为被害人提供科学保护，又充分体现司法机关的主动性、及时性。其次，在实施阶段，根据评估情况按照相应规定开展保护工作。再次，在被害人反馈环节，应促使审判人员在保护过程中注重被害人感受，以及对救助保护措施及时进行修正改进。最后，在评查环节，将被害人保护工作纳入案件评查内容，促使未成年被害人保护工作实质开展，提升保护实效。

（四）延伸审判职能，实现惩治并重

1. 积极适用从业禁止

从我们的调研情况来看，不同法官对适用从业禁止的范围和条件的理解不尽相同，法律、司法解释亦无明确规定，实践中需进一步细化，从而充分发挥从业禁止制度的作用。首先，在适用范围上，根据《中华人民共和国刑法》第三十七条和《关于依法惩治性侵害未成年人犯罪的意见》第二十八条，因利用职业便利实施犯罪，或者实施违背职业要求的特定义务的犯罪，以及判处刑罚同时宣告缓刑的两类案件可以宣告禁止令。在利用职业便利性侵害未成年人犯罪中，与未成年人接触职业的从业者作案占比高，且犯罪多呈现隐蔽性、容易性、反复性、长期性等特点，故唯有在利用职业便利性侵害未成年人犯罪中普遍适用职业禁止[①]，才能有效预防利用职业便利性侵害未成年人犯罪。因此，我们认为积极适用从业禁止制度非常有必要，对利用职业职务便利性侵害未成年人的，应当以宣告从业禁止为原则，不适用为例外[②]。其次，对禁止从事的"相关职业"范围，能否超越被告人原先从事的职业范围，法律没有明确规定。我们认为，可适当扩展"相关职业"解释为"对未成年人负有监护、教育、训练、救助、看护、医疗等特殊职责的职业，以及具有密切接触未成年人条件的职业"[③]，通过阻断性侵行为人利用职业便利实施犯罪的客观条件与环境，实现惩治犯罪与预防犯罪的双重目的。

2. 提升未成年人防性侵害意识和能力

随着家庭教育促进法的出台，针对性侵害未成年人犯罪案件，人民法院可以对监管教育缺失的未成年被害人的监护人发送《家庭教育责任告知

---

① 曹波. 刑事职业禁止司法适用疑难问题解析 [J]. 刑法论丛，2017（1）：193-222.

② 朱钰婷. 论《刑法》中的从业禁止制度 [D]. 上海：华东政法大学，2018.

③ 苏明月，岑培凯. 性侵未成年人犯罪从业禁止制度的问题与完善 [J]. 少年儿童研究，2020（2）：15-21.

书》，对性侵害犯罪案件未成年被告人的监护人发送《家庭教育指导令》，督促指导其父母或其他监护人依法承担对未成年人的监护责任，并通过开展案件回访，组织专业人员对未成年被害人进行心理评估，重点回访涉案未成年人心理状况、学习生活以及家庭状况等方面情况。同时，针对预防性侵害法治宣传教育，应加强与政府相关部门及社会资源的链接，例如与教育部门联合建立预防性侵害未成年人法治教育基地，以基地为载体，加强与未成年人的沟通和联络，根据不同阶段未成年人的身心特点和知识积累、认知程度，设计不同的普法模式、主题宣传和实践体验活动，提升未成年人自我保护的意识和能力。此外，还可向未成年人的监护人和其他负有特殊监管教育职责的人员群体进行重点普法，增强其监护人的责任意识，更好地保护未成年人。

3. 完善性侵害未成年人罪犯信息公开制度

目前，各地均在探索建立公开性侵害未成年人罪犯信息制度，但还存在一定争议，如何平衡好保护未成年人合法权益与犯罪人员隐私，是亟待解决的一个问题。关于在互联网上公布性侵害未成年人的罪犯名单这一行为，我们通过问卷调查发现，法院系统和普通群众对于这一行为的具体看法存在差异，但大部分民众及司法人员对在互联网上公布性侵害未成年人的罪犯名单行为持赞同态度。我们认为，公开性侵害未成年人的犯罪人员的信息，既可以提升未成年人的识别防范能力，对其他潜在危险人员起到警示和震慑作用，又有利于社会监督、发现、报告，有助于整个社会未成年人保护意识的提升[1]。对于多次性侵害未成年人的罪犯或者在刑满释放后再次实施性侵害未成年人犯罪的，可建立供社会公开查询的信息库，对罪犯姓名、照片、籍贯、罪名等基本信息予以公开，也可在此类罪犯刑罚执行完毕后，将相关犯罪信息推送至相关社区或基层派出所，对其予以重点防控。

---

① 佟丽华. 预防和处理性侵害未成年人案件的难点与对策 [J]. 中国青年社会科学，2019（2）：126-132.

第七章 未成年人网络交易民事纠纷裁判规则的构建

中国互联网络信息中心在 2022 年 2 月发布的《第 49 次中国互联网络发展状况统计报告》显示，截至 2021 年 12 月底，我国未成年网民已达 1.83 亿人，互联网普及率为 94.9%，远高于成年群体互联网普及率。未成年人在享受网络提供的学习、社交、娱乐等便利的同时，也积极参与网络交易行为，如直播打赏、游戏充值、网络购物等，从而引发了一系列由未成年人实施网络交易行为而产生的民事纠纷案件。如何在未成年人网络交易民事纠纷中平衡未成年人权益保护与网络经营者的信赖利益保护，是法院审理此类纠纷首先应当思考的问题。为此，我们梳理了规制未成年人网络交易行为的司法政策，以期通过深入分析，为司法实践中的裁判困境找到出路。

一、未成年人网络交易行为法律规制现状

（一）未成年人网络交易行为的概念及特点

未成年人网络交易行为，是指未成年人作为网络交易的一方，以一定的民事权利、民事义务为内容，以设立、变更、终止财产性民事权利和义务为目的，利用网络，通过网络交互、电邮等方式设立合同的行为①。与传统的面对面交易不同，网络交易双方是利用按键或鼠标进行意思表示的，其无法看到或者辨识交易相对人是否具有民事行为能力，即使网络商家要求交易相对人输入身份证号码及出生日期或信用卡卡号以证实其身

---

① 王新宇. 论未成年人网络交易行为的效力 [D]. 太原：山西大学，2021.

份，但仍有伪造或提供不真实资料的可能性①。这种未成年人通过互联网完成的交易行为呈现出以下特点：第一，隐蔽性。未成年人实施网络交易行为时，往往通过一部手机、一台电脑就能完成，无须其父母或者其监护人参与。第二，虚拟性。网络交易的双方互不知晓身份，网络交易中的双方当事人可以用匿名或者虚拟身份完成交易行为。第三，开放性。网络空间是一个开放空间，参与主体具有不特定性，很难通过技术手段完全将未成年人排除在外。基于以上特点，为了保护未成年人合法权益，国家在传统未成年人民事法律行为效力之外，对网络经营者设置了相应的义务规则，以期通过规制网络经营者的行为，为未成年人营造健康、安全的互联网空间。

（二）未成年人网络交易行为效力认定的法律规范

1. 民法典对未成年人民事法律行为效力的规定

我国民法典以年龄为标准划分未成年人民事行为能力，并以此为基础建立了未成年人实施民事法律行为的认定规则，即不满8周岁的未成年人为无民事行为能力人，其实施的民事法律行为无效；8周岁以上未成年人为限制民事行为能力人，其实施的纯获利益的民事法律行为以及与其年龄、智力发育状况、精神状况相适应的民事法律行为有效，其实施的其他民事法律行为效力待定，经法定代理人同意或者追认即为有效，法定代理人不予追认的即为无效。见图7.1。

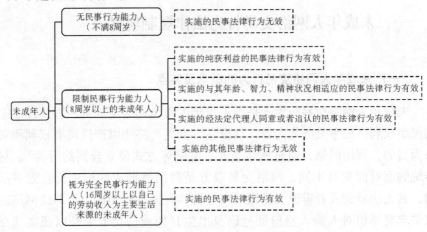

图7.1 未成年人实施民事法律行为的效力认定规则

---

① 佟丽华. 未成年人网络保护中的身份确认与隐私保护 [J]. 中国青年社会科学，2019
(6)：123-129.

2. 电子商务法对未成年人网络交易行为效力的规定

《中华人民共和国电子商务法》第四十八条第二款规定："在电子商务中推定当事人具有相应的民事行为能力。但是，有相反证据足以推翻的除外"。该规定确定当事人在电子商务领域实施的民事法律行为效力认定规则与民法典的规定是一致的，但是进一步明确电子商务领域的民事法律行为能力认定实行推定原则，即只有当事人有充分证据证明当事人不具有相应民事行为能力的情况下，才能认定网络交易行为效力待定或者无效。在此举证规则下，实际加重了未成年人一方的举证责任，在司法实践中会导致未成年人一方获赔困难，本质上体现了侧重保护交易相对方信赖利益的价值取向。

3. 相关司法解释对未成年人网络交易行为效力的规定

最高人民法院《关于依法妥善审理涉新冠肺炎疫情民事案件若干问题的指导意见（二）》第九条规定："限制民事行为能力人未经其监护人同意，参与网络付费游戏或者网络直播平台'打赏'等方式支出与其年龄、智力不相适应的款项，监护人请求网络服务提供者返还该款项的，人民法院应予支持。"该条规定是在 2020 年新型冠状病毒感染疫情席卷全国，大量未成年人趁上网课之机实施网络交易行为，造成监护人巨额财产损失的背景下出台的，具有很强的政策因素。该规定的实质是重申了未成年人实施网络交易行为的效力认定规则与其实施其他民事法律行为的效力认定规则一致，但并不能解决因网络交易虚拟性和隐蔽性带来的交易主体认定难问题，也未对返还金额进行规定。

（三）网络经营者监管法律规范

网络保护未成年人模式①的设立理念在于，人工的网络管理存在种种局限和不足，因此应当通过技术手段来解决技术带来的问题，以科学合理的方式规范管理未成年人的网络使用行为②。为此，相关部门制定了关于规制网络经营者经营行为的法律、行政法规、规范性文件等（见表7.1），

---

① 网络保护未成年人模式指 2019 年 3 月由国家互联网信息办公室牵头，主要短视频平台和直播平台试点上线的"青少年防沉迷系统"，该系统会在使用时段、时长、功能和浏览内容等方面对未成年人的上网行为进行规范。

② 林维，吴贻森. 网络保护未成年人模式：立法跃升、理念优化与困境突破 [J]. 吉林大学社会科学学报，2022，62（5）：5-19.

要求网络经营者从技术层面设置限制和障碍，通过实名制注册、增设未成年人消费管理功能、时间管理功能等方式，防止未成年人沉迷网络或者实施不当网络交易行为。从这些规定来看，网络经营者应当通过一定的技术手段，履行对未成年人的网络保护责任。如果网络经营者未按照相关政策履行职责，则应当承担相应责任。

表 7.1　网络经营者监管法律规范

出台时间	制定单位	法律或者规范性文件名称	具体规定
2004 年	中共中央、国务院	《中共中央 国务院关于进一步加强和改进未成年人思想道德建设的若干意见》	推广绿色上网软件，为家长监管未成年人在家庭中的上网行为提供有效技术手段
2007 年	新闻出版总署、中央文明办、教育部、公安部、信息产业部、共青团中央、中华全国妇女联合会、中国关心下一代工作委员会	《关于保护未成年人身心健康 实施网络游戏防沉迷系统的通知》	要求各网络游戏运营企业在所有网络游戏中开发设置网络游戏防沉迷系统，并进行实名认证
2010 年	文化部	《网络游戏管理暂行办法》（已废止）	要求网络游戏经营单位采取技术措施，禁止未成年人接触不适宜的游戏或者游戏功能，限制未成年人的游戏时间，预防未成年人沉迷网络
2011 年	新闻出版总署、中央文明办、教育部、公安部、工业和信息化部、共青团中央、中华全国妇女联合会、中国关心下一代工作委员会	《关于启动网络游戏防沉迷实名验证工作的通知》	决定在全国范围内启动网络游戏防沉迷实名验证工作
2014 年	国家新闻出版广播电影电视总局	《关于深入开展网络游戏防沉迷实名验证工作的通知》	从监管层面加强对网络经营者的监督与管理，对未提供完备网络游戏防沉迷实名验证手续和全国居民身份证号码查询服务中心出具的证明文件的网络游戏运营企业申报出版的网络游戏，不予受理

表7.1(续)

出台时间	制定单位	法律或者规范性文件名称	具体规定
2019年	国家新闻出版署	《关于防止未成年人沉迷网络游戏的通知》	网络游戏企业须采取有效措施，限制未成年人使用与其民事行为能力不符的付费服务，对未成年人单月单次充值金额上限进行限制
2020年	第十三届全国人民代表大会常务委员会	《中华人民共和国未成年人保护法》	要求网络经营者针对未成年人使用其服务设置相应的时间管理、权限管理、消费管理等功能
2020年	国家广播电影电视总局	《关于加强网络秀场直播和电商直播管理的通知》	网络秀场直播平台要对网络主播和打赏用户实行实名制管理，禁止未成年人打赏主播
2021年	国家新闻出版署	《关于进一步严格管理切实防止未成年人沉迷网络游戏的通知》	严格落实网络游戏用户账号实名注册和登录要求，网络游戏企业不得以任何形式（含游客体验模式）向未实名注册和登录的用户提供游戏服务
2021年	文化和旅游部办公厅	《关于加强网络文化市场未成年人保护工作的意见》	有效规范"金钱打赏"。网络文化市场主体不得诱导未成年人用户消费，并对未成年人充值打赏权限进行规范
2022年	国家互联网信息办公室	《未成年人网络保护条例（征求意见稿）》	网络服务提供者应当采取措施，合理限制未成年人在使用网络产品和服务中的单次消费数额和单日累计消费数额，不得向未成年人提供与其民事行为能力不符的付费服务
2022年	中央文明办、文化和旅游部、国家广播电视总局、国家互联网信息办公室	《关于规范网络直播打赏 加强未成年人保护的意见》	网站平台应当严格落实实名制，禁止未成年人参与直播打赏

综上所述，在对未成年人网络交易行为的法律规制方面，一是对未成年人实施网络交易行为的效力认定进行规范，二是对网络经营者的经营行为进行规范。而在对网络经营者经营行为的限制方面，又主要是通过从技术上的实名认证方式来实现的。上述法律规范虽不能完全管控未成年人实施不当网络交易行为，但是仍能为司法实践处理涉及未成年人网络交易行为民事纠纷案件提供一定的裁判思路。

二、未成年人网络交易民事纠纷实践检视

（一）未成年人网络交易民事纠纷的总体情况

1. 合同类纠纷占比较大

未成年人实施网络交易行为，一方面与网络交易相对方建立了合同即权利与义务关系，另一方面其在监护人不知情的情况下擅自转让监护人财产，造成监护人财产损失。我们通过对45个案件进行分析，发现合同类纠纷（案由为网络购物合同纠纷、网络服务合同纠纷、合同纠纷、服务合同纠纷、确认合同无效纠纷、买卖合同纠纷等）有32个案件，占71.11%，主要由未成年人参与直播打赏、进行游戏充值等情形引起；侵权类纠纷（案由为侵权纠纷、财产损害赔偿纠纷）有4个案件，占8.89%；不当得利纠纷有9个案件，占20.00%，主要由未成年人向其他未成年人转账、发红包、帮助充值游戏或者共同进行网络消费等情形引起。见图7.2所示。

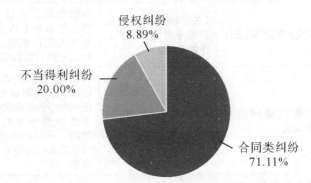

图7.2　未成年人网络交易民事纠纷案件案由分布

2. 判决全部返还的比例较小

未成年人实施的网络交易被确认无效是相对方返还财产的前提，而未成年人作为原告方往往存在交易主体举证难的问题，即便能够证明网络交易行为系未成年人实施的，也会考虑到未成年人及其监护人存在的过错情况，仅支持返还部分财产。在45个案件中，仅有7个案件原告胜诉，判决网络交易相对方返还全部财产，占15.55%；21个案件原告部分胜诉，判决支持返还部分财产，占46.67%，主要理由是监护人未对未成年人尽到

监护管理职责以及未保管好自己的账户和密码，存在一定过错，应当承担相应的责任；17个案件原告败诉，判决驳回当事人的诉讼请求，占37.78%，主要理由是原告方未能举证证明涉案网络交易行为系由未成年人实施或者监护人的一些默示行为构成了对未成年人实施网络交易行为的同意、追认。

3. 判决返还标准不统一

自由裁量权是法官审理案件所享有的一项重要权利，是链接法律条文与具体个案之间的纽带。法官自由裁量权的行使应当受到法律规范的约束，但是在法律规范比较原则化，缺乏具体标准的情况下，其行使空间就比较大。在未成年人网络消费案件中，对交易主体的认定主要依赖于未成年人的陈述，具有很强的主观性。而在确认返还金额的过程中，又没有具体的法律进行明确规定，也缺乏相应的案件可以参考。据此，法官自由裁量权就有了较大行使空间。如在前述判决返还部分金额的21个案件中，有判决返还充值金额的三分之一的，有判决返还充值金额的50%的，也有判决返还充值金额的60%的，还有酌情返还金额的，这与法官对案件证据的认定以及审判经验有重要关系。

（二）未成年人实施网络交易行为的特征分析

未成年人实施网络交易行为的特征有：

1. 实施交易行为年龄集中在8~14周岁

《第49次中国互联网络发展状况统计报告》显示，截至2021年12月底，我国小学生互联网普及率达到92.1%，学龄前就接触互联网的比例达到33.7%。在未成年人"触网"逐渐低龄化的趋势下，8周岁以上的未成年人普遍已经对互联网有了一定程度的了解，形成了一定认知，对注册登录网络游戏、直播平台等有相应的操作技能，同时，在网络电子支付体系下，又对网络支付消费行为缺乏自控力和自律能力，加之受到周围同伴的影响，一旦其有机会能够独立使用手机等电子产品时，容易失去控制而进行不合理消费。在前述45个案件中，涉及的未成年人有54人，其中年龄最大的为17周岁，最小的为6周岁；其中不满8周岁的未成年人仅有4人，占7.4%；8~14周岁（含）的未成年人有37人，占68.5%；15~18周岁（不含）的未成年人有13人，占24.1%（见图7.3）。

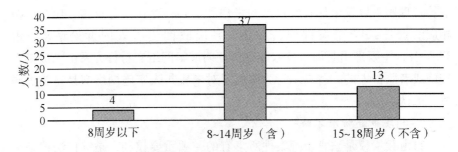

图 7.3　网络交易行为民事纠纷中未成年人年龄分布

2. 交易类型主要为网络游戏充值

网络游戏因其画面绚丽多彩、情节新鲜有趣，加之其本身具有互动性、社区性、虚拟性等特点，导致用户规模不断扩大①。网络运营公司往往通过网络游戏充值，为游戏玩家提供网络游戏增值服务，满足游戏玩家更高的需求。未成年人普遍缺乏自控能力，在网络游戏的刺激及引诱下，容易沉迷其中。研究发现，青少年网络游戏使用率高于整体网民，呈现出低龄化、移动化的趋势，自有设备拥有率高，低龄青少年更依赖于家长设备，家庭是青少年玩网络游戏的最重要场所②。在前述 45 个案件中，14 个案件系直播打赏（占 31.1%），30 个案件系游戏充值（占 66.7%），其余网络交易引发的民事纠纷比例较小（占 2.2%）。未成年人沉迷网络游戏，参与网络游戏大额充值，可能导致其铤而走险，实施侵犯财产类犯罪③，应当对该类现象予以重点关注。

3. 短时间内交易次数多、累计金额大

未成年人进行网络游戏充值、直播打赏呈现出交易次数多、单次交易金额不等的特征，通过多次反复充值，短时间内累计充值金额较大。在前述 45 个案件中，充值累计金额 5 000 元以下的案件仅 2 个，5 000 元以上 10 000 元以下的案件有 12 个，其余 31 个案件充值金额均达到了 10 000 元以上，其中金额最大的达到了 111 万余元。如（2017）粤 0113 民初 3284 号李某花与王某迪、广州华多网络科技有限公司确认合同效力纠纷案中，原

---

① 刘婧. 浅析网络游戏沉迷或成瘾与青少年犯罪的联系 [D]. 北京：中国政法大学，2011.

② 腾讯研究院. 中国青少年网络游戏行为与保护研究报告（2017）[EB/OL]. http://www.tisi.org/4911.

③ 苌雅洁. 防范未成年人沉迷网络游戏的法律保障机制研究 [J]. 长江论坛，2019（5）：70-75.

告主张 16 岁的王某在 2017 年 1—2 月两个月时间内，在欢聚宝支付平台内充值 1 112 603 元，单笔充值金额最大为 5 000 元。再如（2016）京 0105 民初 66357 号郑某涵与北京蜜莱坞网络科技有限公司合同纠纷案中，不到 16 岁的郑某涵在一年左右的时间内，充值次数达到了 863 笔，总金额达到 524 509 元，单笔最高金额为 19 998 元，单笔最低金额为 6 元。

4. 规避网络平台实名认证现象严重

在未成年人起诉直播平台、网络游戏经营者返还充值金额的 32 个案件中，16 个案件系实名注册认证，4 个案件系微信账号登录使用，另外 12 个件未经实名注册认证。在实名注册认证的账号充值中，无其他验证程序，注册登录后即可进行充值，对充值金额也未设定明确限制。未成年人一旦获得其父母或者其他成年人的身份信息，或者拥有实名注册认证的账号后，其充值行为就没有任何阻碍。而未成年人要想获得一个成年人的身份信息是较为容易的，这就导致实名认证制度形同虚设。此外，未成年人之间基于伙伴关系共同进行网络游戏充值消费引发的民事纠纷显著增加，占样本案件的 28.9%。该类案件主要表现为一名未成年人获得其监护人的支付密码后，通过微信转账直接为另一名未成年人游戏账户进行充值或充值到同一个游戏账户后共同玩耍等方式，实现共同消费。在此类纠纷的责任划分上，主要应考虑未成年人彼此之间的过错，因此本书不予赘述。

三、未成年人网络交易民事案件裁判难点

（一）事实认定问题

1. 交易主体证明难

未成年人实施网络交易行为有三种情形。一是未成年人以自己真实有效的身份信息在网络游戏平台、网络直播平台、网络社交平台等进行实名注册认证，并登录该注册账户完成网络交易。二是通过掌握成年家庭成员的身份证、电话号码和支付宝、银行卡等支付信息，以成年人身份信息注册账号或者直接登录监护人注册的账号实施网络交易行为。三是在网络交易平台未要求实名认证的情形下，以虚拟身份信息完成账户注册，实施网络交易行为。对于第一种情形，很容易通过用户注册的身份信息进行交易主体识别，但是对于后两种情形，从网络技术层面识别网络交易主体基本

不可能，网络交易相对方不能有效识别未成年人身份。对于法定代理人而言，未成年人实施网络交易行为通常是在其不知情的情况下完成的，因此，未成年人实施网络交易行为一旦引发民事纠纷，其法定代理人很难完成交易主体系未成年人的举证责任。在司法实践层面，在"谁主张谁举证"的民事诉讼证据规则下，将由未成年人及其法定代理人承担举证不能的法律后果。如河南省郑州市中级人民法院（2020）豫01民终3046号民事判决书中，二审法院认为"涉案游戏产品系以上诉人的法定代理人的手机及微信号登录，付款亦是通过张某玲的微信及支付宝付款的。时间长达一年多。上诉人提交的证据不足以证明上述购买行为系上诉人所为，其请求被上诉人返还相关款项，依据不足"，驳回了未成年人请求游戏公司返还充值款项的诉讼请求。

2. 交易行为效力认定难

据民法典关于未成年人实施民事法律行为的效力认定规则，8周岁以上的未成年人实施的网络交易行为是否有效取决于其实施的民事法律行为与其年龄、智力发育状况是否相适应或者其代理人是否追认。关于是否与其年龄、智力发育状况、精神健康状况相适应的认定，虽然《最高人民法院关于适用〈中华人民共和国民法典〉总则编若干问题的解释》规定，可以从其行为与其本人生活相关联的程度，其本人的智力发育状况、精神健康状况能否理解其行为并预见相应的后果，以及标的、数量、价款或者报酬等方面认定，但是网络交易相对方难以了解未成年人平时的生活情况，亦不可能对未成年人平时的上网情况、消费情况进行有效举证。同样的，对限制民事法律行为能力人实施网络交易行为是否经其法定代理人同意，因网络交易相对方未参与其中，也难以进行举证。在此情况下，不排除有的法定代理人故意放任或者允许未成年人实施网络交易行为后，又以未成年人实施了超越其年龄、智力发育状况、精神状况的民事法律行为，且未经其同意而诉诸法律，请求确认未成年人实施的网络交易行为无效。限制民事行为能力人实施的网络充值、打赏等民事行为是否与其年龄、智力发育状况、精神状况相适应或者是否经其法定代理人同意，均可能导致法官陷入裁判困境，由此导致返还标准不一、裁判结果不一。

（二）法律适用问题

1. 法律关系认定难

法律关系认定是准确适用法律的前提和基础，也是认定被告是否适格的重要依据。网络游戏充值和网络直播打赏纠纷中法律关系的认定，实质上与其经营模式存在一定的关联性。以网络游戏充值为例，用户在进行充值时主要通过两种渠道：第一种为直接在游戏平台上的支付系统中进行充值；第二种为通过第三方渠道，如游戏工作室或个人玩家进行充值①。在第一种充值模式下，用户进行游戏充值后，网络游戏提供者为用户提供特殊的游戏体验，满足用户的特殊需求，用户与游戏经营公司形成买卖合同关系。但在第二种充值模式下，用户与第三方到底是形成委托关系、居间合同关系还是买卖合同关系，实践中存在争议，处理方式也不完全一致②。关于网络直播打赏法律关系的认定，主要存在"服务合同说""赠与合同说""混合合同说"等几种观点③。"服务合同说"认为，打赏行为属于一种部分或全部劳务为债务内容的服务合同④；"赠与合同说"将用户的打赏行为视为一种赠与，是平台用户对主播直播行为的赠与⑤；"混合合同说"是根据网络打赏合同中是否存在双方合意的定制服务，将其视为一种兼具消费合同性质和赠与合同性质的复合行为⑥。上述几种观点，均未根据直播平台的经营模式以及网络直播平台与网络主播之间的法律关系进行区分。事实上，基于直播平台不同的经营模式以及网络直播平台与网络主播之间不同的法律关系，用户实施打赏行为可能与不同交易主体形成不同的法律关系。

2. 被告主体资格确定难

不同的网络游戏、直播打赏经营模式，在导致用户与网络交易相对方之间建立不同法律关系的同时，也可能导致在民事诉讼中被告主体资格确

---

① 李卫国，郭文豪. 未成年人网络游戏充值退款困境与出路 [J]. 山东行政学院学报，2021，181 (6)：21-30.

② 典型案例如 (2020) 粤 0192 民初 28933 号，未成年人在交易猫平台购买游戏道具并支付价款后，该交易平台收取一定的手续费之后再将相应价款支付给游戏装备提供者，在此情况下，法院认为，交易猫公司作为提供信息发布平台的服务商，非涉案合同交易方，仅从涉案交易合同中赚取服务费 135.04 元，据此判决返还 135.04 元。而在 (2017) 晋 0821 民初 2452 号案件中，未成年人杨某某在被告经营的商店，分数次将现金 6 503 元交给被告，被告用其微信账户为杨某某及其同学的游戏账户充值，法院判决由被告承担返还义务。

③ 程啸，樊竞合. 网络直播中未成年人充值打赏行为的法律分析 [J]. 经贸法律评论，2019 (3)：1-15.

④ 周江洪. 服务合同在我国民法典中的定位及其制度构建 [J]. 法学，2008 (1)：76-83.

⑤ 程啸，樊竞合. 网络直播中未成年人充值打赏行为的法律分析 [J]. 经贸法律评论，2019 (3)：1-15.

⑥ 程啸，樊竞合. 网络直播中未成年人充值打赏行为的法律分析 [J]. 经贸法律评论，2019 (3)：1-15.

定的困难。以直播打赏为例，当网络主播与直播平台之间形成劳动关系时，不管是用户购买网络虚拟礼物（虚拟鲜花、飞机等）形成的买卖合同关系，还是用户将购买的网络虚拟礼物赠送给网络主播形成的赠与合同关系，网络直播平台均具有被告主体资格。但是当网络主播与网络直播平台之间是合作关系时，用户实施的打赏行为涉及三个不同法律主体之间的关系：一是用户与直播平台之间就购买网络虚拟礼物形成的买卖合同关系；二是用户将购买的网络虚拟礼物打赏网络主播形成的赠与合同关系；三是网络主播将获得的虚拟礼物从网络直播平台变现的合作关系。网络用户支付的价款，部分实质上由直播平台公司占有，部分实质上由网络主播占有。在此种情况下，由谁承担返还义务，被告主体资格如何确定，实践中存在争议。

3. 返还数额确定难

《中华人民共和国民法典》第一百五十七条规定，在未成年人实施的网络交易行为被确定为无效或者撤销的情况下，该民事法律行为自始无效，双方之间的权利与义务关系应当回到最初状态，也即互相返还原物。不能返还原物的，应当折价补偿。但是在实践中，不管是直播打赏还是游戏充值，未成年人购买的虚拟物品均已经实际进行了消费，难以全部返还。从网络游戏经营者、直播平台经营者的角度来看，其提供网络虚拟商品、服务均有相应的成本，而未成年人实施的网络交易行为被确认无效或者撤销，势必会对其造成损失，而该损失并不完全是由经营者过错造成的。特别是在网络商品、服务经营者已经尽到法定义务的情况下，由其承担全部损失并不公平。在司法实践中，多数判决部分返还的案件均以未成年人的法定代理人未尽到监护责任为由，要求其承担部分责任，体现了公平原则，也防止了家长恶意放任未成年人实施巨额网络消费后，要求网络商品、服务经营者返还。但是对未成年人及其监护人承担责任的比例，缺乏法律的统一规定，实践中也缺乏对网络经营者是否完全履行了未成年人保护义务的认定，导致其承担返还责任的比例差距较大。

四、未成年人网络交易民事裁判规则探析

基于未成年人网络交易民事行为合同纠纷占比大、法官自由裁量权大、全部返还比例小的司法裁判现状，结合行为主体年龄段集中、以网络游戏为

主、短时间内大额充值等行为特征，我们提炼出该类案件具有事实认定难、法律适用难等裁判难点。为全方位保护未成年人民事网络权益，不仅要立足法院审判职能，解决好法律效力认定、举证责任分配、责任承担判定问题，还需充分发挥司法延伸作用，通过联动网络信息监管部门等，将"最有利于未成年人"原则贯彻落实到未成年人保护的全过程各方面。

（一）未成年人网络交易行为的效力认定规则

1. 兼顾未成年人权益保护与网络经营者信赖利益保护

关于未成年人网络交易行为的效力，学界形成了两种不同的观点。一种观点认为，未成年人网络交易行为效力认定应当坚持传统的民法理论与规则，8周岁以下未成年人实施的网络交易行为当然无效，8周岁以上的未成年人实施的网络交易行为取决于是否与其年龄、智力发育状况相适应或者其代理人是否追认。另一种观点认为，网络交易行为的效力应充分考虑其特殊性，不应当以未成年人欠缺相应的民事行为能力为由认定网络交易行为无效。前一种观点体现了对未成年人进行"特殊优先"保护的价值取向，后一种观点体现了对网络经营者的信赖利益保护的价值取向。我们认为，对未成年人网络交易行为效力的认定，应当坚持未成年人权益保护与网络经营者信赖利益保护的平衡。未成年人作为特殊民事行为主体，不管是在现实生活中还是在网络生活中，都应当对其进行特殊保护，即在坚持以传统民法理论认定未成年人网络交易行为效力的同时，应当结合其是否实名认证、网络经营者是否明知交易对方是未成年人、网络经营者是否尽到保护义务来进行认定。以下假设在未成年人实施的网络交易行为与其年龄、智力发育状况、精神状况不相适应以及未经其法定代理人同意的情况下，探析几种典型的未成年人网络交易行为的效力认定规则，见图7.4。归结起来，对未成年人网络交易行为效力的认定，仍应当坚持未成年人权益"特殊、优先"保护的原则，在网络经营者未尽到网络保护义务的前提下，应当由网络经营者承担相应法律后果。

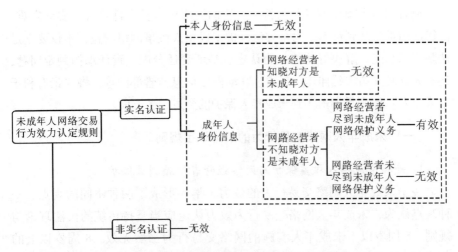

图7.4 未成年人大额网络交易行为的效力认定规则（假设）

2. 建立未成年人网络交易行为效力的补充判定规则

一是是否与未成年人年龄、智力发育状况相适应，应当结合当地消费水平和生活经验进行综合认定。《中华人民共和国民法典》没有规定具体的认定标准，《最高人民法院关于适用〈中华人民共和国民法典〉总则编若干问题的解释》①给出了参考。在司法实践中，对"相适应"的界定并没有"一刀切"，在"年龄"和"智力"两个维度下，综合考虑未成年人的认识力、理解力和辨识力，应结合个案中未成年人参与的游戏类型和未成年人的个体消费习惯、受教育程度、家庭经济状况、不同地区消费水平等因素综合判定。二是其法定代理人是否同意或追认，应当建立起默示推定的判断规则。在现实生活中，法定代理人对未成年人充值打赏行为的事后追认适用空间极小，此处不予讨论。司法难点是法定代理人在充值打赏上疏于管理或知情放任，诉至法院主张行为无效时，法院对事前默认的认定。法定代理人对自己的银行账户应该尽到妥善保管、审慎核查、勤勉管理的义务，通过认真查看消费提醒通知，发现交易异常时采取解绑银行卡、修改支付密码或指纹、及时询问未成年人等措施，尽到自身的注意义务。如果监护人对持续、多笔、大额、不合常理的支出未尽到必要的审慎

---

① 《最高人民法院关于适用〈中华人民共和国民法典〉总则编若干问题的解释》第五条规定：限制民事行为能力人实施的民事法律行为是否与其年龄、智力、精神健康状况相适应，人民法院可以从其行为与其本人生活相关联的程度，其本人的智力、精神健康状况能否理解其行为并预见相应的后果，以及标的、数量、价款或者报酬等方面认定。

核查义务，对未成年人的消费采取消极放纵的心态，应该被认定为默认。一般情形下，默示意思表示的解释需要考虑相对人的合理信赖，兼顾表意人的可归责性①。按照常理，如果监护人未保管好个人信息，或者有正当理由将手机等电子设备交由未成年人使用，不能由此当然推知其有同意未成年人进行大额网络充值的意思表示。

（二）未成年人网络交易行为民事纠纷的举证规则

1. 提炼可识别证据要素

如前所述，在该类纠纷中，未成年人一方不能完全胜诉，关键原因在于其法定代理人没有充分证据证明未成年人是充值打赏行为的实施者。司法实践中对交易主体认定的标准不一。结合法学理论、案例分析、实证调研，对该类证据可提炼出四类可识别证据。一是交易发生时的视听资料。未成年人向主播进行打赏时，往往伴随文字、语音、视频等线上互动，此类证据能够有力地证明账号当时的控制主体方是否未成年人。二是符合未成年人消费特点的特殊证据。结合充值打赏行为是否符合未成年人作息规律、时间间隔、无风险心理意识、个人喜好、性别偏好等因素综合认定②。三是交易发生时交易主体的所在地。在未成年人与监护人异地分离的情况下，若未成年人未经其监护人同意或者授权实施充值打赏，IP 地址、出入境记录等能够判断交易发生时交易主体所在地的资料，自然成为能够证明行为主体的重要证据。四是当事人陈述。当事人陈述是民事诉讼法规定的法定证据之一，法官可以从当事人陈述中了解未成年人对充值打赏行为的认知、主播是否有私下引诱未成年人打赏的行为、监护人与未成年人之间的关系以及监护人是否使用过直播账号等情况。

2. 合理分配举证责任

基于样本案件，可以发现证据认定呈现以下规律：一是遵循一般民事案件"谁主张谁举证"规则，将证明未成年人是实际打赏人的责任完全分配给主张返还打赏的原告，当其不能完成证明责任时，则承担败诉后果。

---

① 卡尔·拉伦茨. 法律行为解释之方法 [M]. 范雪飞，吴训祥，译. 北京：法律出版社，2018：72.

② 参见江苏省常州市中级人民法院（2019）苏 04 民终 550 号民事判决书，北京快手科技有限公司与吴某洁网络购物合同纠纷上诉案；山东省临沂市兰山区人民法院（2016）鲁 1302 民初 13982 号民事判决书，许某 1、许某 2 等与上海某网络科技有限公司合同纠纷案.

二是将证明标准完全等同于一般财产型损害赔偿案件，即需证明被告对原告实施了侵权行为、被告存在过错或存在其他被告应予返还的情形。在仅有交易明细及涉案账号登录情况，缺乏其他证据佐证的情况下，法院往往不予认定未成年人是实际打赏人。因此，需综合运用事实推定规则，合理运用证明责任减轻规则，发挥二者对事实认定的整体效能。

（1）事实推定规则：经验法则+逻辑规则。监护人对未成年人的充值打赏行为表示同意或追认，是一种无形的意思表示。此种情况增加了法官的判断难度，网络服务提供者更是无法证明。在实务中，有的法官用经验法则对平台账户的实际使用人和控制人进行分析判断，通过日常生活经验辅以判定合同效力。运用经验法则的过程，是法官利用一般生活经验法则，就一再重复出现的典型事项，由一定客观存在的事实，推断待认事实证据的过程。如在某案件中，原告主张未成年人吴某，以监护人向平台转账的方式数次充值，金额高达70余万元，原告还主张吴某使用同一账户，帮助同学转账充值40余万元。根据生活经验，未成年人的监护人在一般情况下不会与其同学有大额资金往来，也不会受同学委托代为充值。由此可以推知，该账号的实际使用人应该是未成年人。只有依据经验法则做出的事实判断符合常理，法官做出的判决才能使人信服。只有具备高度概然性并获得社群成员共同认可的经验法则才可作为适用者外部证成之理由①。此外，经验法则的适用结果必须辅以逻辑规则的原则性检验，以确保不会背离基本的社会认知和诉讼价值。故逻辑规则与经验法则在事实推定上均发挥着基础性作用，且二者具有天然的联结性。经验法则可在证明不能或证据不足时发挥事实发现的推动作用，逻辑规则主要对经验法则在事实推定具体适用中的妥当性进行形式逻辑的审慎判断。

（2）证明责任减轻规则：一般规则+例外规则。在实践中，为了化解监护人举证难、屡屡败诉的尴尬局面，有人提出适用举证责任倒置规则，即由平台公司履行证明未成年人是账户实际使用者的责任。诚然，民法在调整平等民事行为主体之间法律关系的同时，也应对不平等主体双方中的弱势一方进行倾斜保护。但这种手段不能被随意使用，法律不能兼顾到现实具体纠纷的差异性，如信息获得不对等、实体地位不对等、实际权利不对等等，不能因为兼顾个案而打破法的稳定性、可预期性。证明责任的一

---

① 何雪锋. 法官如何论证经验法则［J］. 北方法学，2021（1）：113-123.

般分配规则，难免无法兼顾个案的公正，只有在证据偏在型诉讼和案件性质使得当事人非自身原因造成证明困难时，可通过调整证明责任分配予以弥补。且证明责任的减轻并不影响证明责任的分配，法定代理人仍应就其主张提出证据和承担案件事实真伪不明的败诉风险。也就是说，只有在证据掌握处于显著失衡状态，且法定代理人一方确因客观情况提交不能时，举证责任才会转移至具有信息掌握优势的网络公司或直播平台一方。如，在（2018）京03民终539号民事判决书中，网络公司未提供涉案账号注册时的IP地址。法院认为涉案账号的注册时间与本案起诉时间属同一自然年度，作为掌握电子数据的经营者，游戏公司在争议账号已涉诉讼后，未能及时主动保存与该账号相关的重要数据，其应承担举证不利的后果。另外，进行数据审查时，应当严格遵循电子证据审查的相关规则，深度体察证据品质，在把握证据审查客观规律的基础上，准确认定相关事实。

（三）未成年人网络交易行为民事纠纷的责任承担规则

1. 依照"谁收款谁返还"原则明确责任主体

由于网络经营模式不同，各方与未成年人之间建立起的法律关系可能并不一致，这时如何确认被告主体资格以及责任承担主体，是审判中的难点问题。以游戏充值为例，在网络游戏与充值完全分离——网络游戏与网络游戏充值属于不同经营者的情况下，虽然未成年人充值获得的"钻石""金币"等虚拟货币或升级所需材料在网络游戏中已经进行了消耗，但从未成年人实施网络交易行为的对象看，其直接支付对价的对象是网络游戏虚拟货币经营者，是直接的交易对象，根据合同相对性原理，其应当具有被告主体资格，也是责任承担的主体。在委托充值关系中，例如未成年人委托第三方渠道帮忙充值其游戏账户的情况，受托方作为直接收款方，双方建立的委托关系被确认无效后，也应当由受托方承担责任，而不应当以经营者实际已经将支付款项购买相应游戏设备等为由，认定游戏充值经营者仅在获益范围内承担责任。而在直播打赏行为中，直播平台在分成比例、监管责任、考察奖惩等方面均体现了其在直播服务中的主导地位。用户付款的对象是平台而非主播，充值一旦完成就履行了服务合同的付款义务，可行使打赏的参与互动权利。因此，当主播与直播平台之间构成劳动关系时，直播平台是当然的责任承担主体，而在主播与直播平台之间属于普通民事合作关系的情况下，直播平台与主播共同构成网络服务合同的一方主体，为用户提供网络服务。当纠纷出现时，直播平台与主播应共同承担民事责任，且直播平台优先于主播承担主要责任。

2. 根据"过错责任"原则划分各方责任

民法典对无效民事法律行为的法律后果主要从三个层面进行了明确的规定：第一个层面就是互相返还取得的财产，一般适用于实物交易的情形；第二个层面是没有财产可返还的情形下，应当折价补偿，这种情形一般适用于虚拟财产、无形财产、劳务、服务等的交易；第三个层面是对于互相返还原物或者折价补偿后还有损失的情况，应当依据过错责任原则确定赔偿责任。在未成年人实施的网络游戏充值、直播打赏等交易行为中，双方之间往往是基于虚拟礼物进行的交易行为，发生纠纷的时候，这些虚拟礼物或者虚拟货币往往已经被消耗殆尽，因此互相返还原物的可能性较小。在这种情形下，如何折价补偿尚没有相关的法律规定，也无法对其价值进行评估。但是不可否认的是，双方在此过程中，都有相应的损失。这时，应当考量双方的过错程度确认各自应当承担的责任。

一是关注法定代理人注意义务和监护职责是否履行。充值打赏的金额对行为效力发生双向影响。与未成年人年龄、智力发育状况不相适应或者数额巨大的充值打赏行为，可能会导致行为无效，但也能据此推知法定代理人在账户管理和监管职责履行上存在过失责任。法定代理人监管是否失职与事前是否同意前后贯通、紧密联系。譬如，可以由法定代理人对充值打赏行为的默认、放任、怠慢推知其存在监管不当、监管不力、监管失职等。关于事前推定，前文已经讨论，此处不再展开。

二是网络公司与直播平台技术规制义务是否履行。用户协议抗辩责任有限。平台以对方接受相关用户协议为由进行抗辩时，能否认定平台不存在过错成为该类案件的争议点。平台一般要求用户在注册时接受"用户协议"，协议要求注册者提供本人真实、合法、有效、准确的身份信息和其他信息进行注册，且不能以他人身份资料进行注册，对未成年用户则要求在其监护人陪同下接受协议。该协议往往类似于格式条款，在义务承担方面会通过减轻自身责任加重未成年人监护人的义务，因此该类协议有失公平。保护未成年人权益免受侵害是监护人和社会的共同责任，法律法规对网络经营者应当履行的未成年人保护义务也进行了规范，如果网络经营者违反未成年人相关保护义务的，应当让网络经营者承担较监护人更重的责任。但是在网络经营者在技术层面已经尽到相关的管理责任，充分履行了未成年人保护义务的前提下，网络经营者应当减轻甚至不承担责任。

（四）未成年人充值打赏的综合保护路径

整治未成年人充值打赏乱象，需要家庭、监管者、社会等各个部门齐抓共管、同心同向、内外兼修，共同构筑坚实有力的防火墙。

1. 注重事前保护

一是加强家庭教育。父母教育缺失缺位、家长过度溺爱放纵等原因，使未成年人缺少关心关爱与科学引导，容易沉溺于虚拟世界。监护人应当切实履行监护职责，抽出更多时间高质量陪伴未成年人，引导未成年人养成健康的上网习惯，同时妥善保管自己的微信、支付宝及银行卡密码等支付信息。一旦发现类似巨额充值打赏情况，应立即妥善保存交易、转账证据，采取措施冻结、锁定账户，并及时向消费者协会求助或向法院起诉。二是设置监管平台。当下，网络治理的模式为平台普遍自检与行政机关个案处理耦合的模式，其作用发挥受限。且监管部门缺乏信息资源共享与协调沟通机制，在各自的职权范围内制定相应部门规章，导致行政资源浪费和被监管对象无所适从。因此，对平台公司的长效治理之策是成立专门的监管平台，由网信办、公安部、工信部、文化和旅游部、国家市场监管总局等部门组成。监管部门通过督促平台设置未成年人模式，对用户的真实身份进行核实，对诱导打赏语言进行检测，大额充值打赏自动引发提示等方式，减少未成年人对充值打赏的可操作性。监管部门应就单次打赏金额、累计打赏金额、打赏频次上限等内容出台专门指导文件，并对文件实施情况进行检查。

2. 加强事中保护

一是建立强制冷静期制度。针对未成年人理性自控力不足、容易受到诱惑进行大额充值和激情打赏的现实状况，行业协会可出台指导规范，强制要求游戏充值和直播打赏分别设置未成年人充值冷静期和打赏冷静期，以延时到账的方式减少未成年人的盲目消费，在增加简单便捷的救济途径的同时，倒逼平台公司专注于内容创作本身。二是设置人脸识别程序。将设置人脸识别作为充值打赏的刚性要求，对未成年人民事行为能力、法律风险进行多重提示后，在"充前""赏前"对行为人的面部特征与账号注册人的实名认证进行充分比对，如果不一致，则立即启动阻却功能。

3. 加强事后保护

一是探索引入行政公益诉讼。通信管理、出版行政、文化行政等部门应当承担对游戏运营商、网络直播平台的监管、督促、考核和指导作用，若以上行政监管部门怠于履行该类职责，没有及时监管到位，则有必要通过行政诉讼方式督促监管行为的落实。目前检察机关能够提起公益诉讼的领域还处于积极和审慎探索过程中，互联网领域的未成年人保护公益诉讼是发展方向，可以通过制发检察建议、通告等方式督促相关行政部门积极履职。二是加大调解力度。在司法实践中，该类案件的未成年人一方或被判决驳回诉讼请求，或仅有部分诉讼请求能得到法院的支持，调解结案不失为一种有利的选择。

第八章　未成年人民事监护司法介入路径的完善

　　未成年人监护制度是民法制度的重要组成部分，对未成年人权益保护具有基础性作用。根据《中华人民共和国民法典》第二十七条第一款、《中华人民共和国未成年人保护法》第十六条的规定，父母是未成年子女第一顺位监护人，如无特殊情形，父母应对未成年人履行抚养、教育、保护等多项职责，这是法律规范界定的未成年人民事监护制度的应然状态。但在实践中，未成年人民事监护制度易受各种因素影响发生异化，导致功能失灵，并损害未成年人合法权益。我们认为，无论是未成年人主动犯罪、侵权的积极型涉及未成年人案件，还是未成年人被动遭受侵害的消极型涉及未成年人案件，父母民事监护职责异化往往是案件纠纷发生的重要原因。本章通过纵、横两个历史维度考察我国未成年人民事监护制度变迁，并以涉及未成年人民事案件监护人监护职责异化为研究对象，立足司法保护介入的必要性，阐明司法保护介入的困境，进而提出完善司法保护介入的原则及具体规则，努力让"未成年人利益最大化"理念回归家庭，发挥家庭保护的核心功能，构建家庭、社会、国家共同发力的协同保护格局，并提出指引审判实践的司法政策。

一、未成年人民事监护制度演变概述

　　我国未成年人监护制度演变与世界各国演变历史趋同，均历经了从以父权为核心的长辈宗亲亲权监督，到以未成年人监护保护责任为重心的体系化监护制度的演进。伴随着从"权力"到"职责"的监护观念转变，未成年人法律地位随之经历了从个人及家族私有财产到具有独立人格权利主体的蜕变。

（一）传统父权宗族制度下的私有财产制

1. 古代的监护观念

自古以来，我国均将未成年人视为父母、宗族的私有财产。在财产权益方面，家长对家庭财产具有绝对的支配权。如《礼记》关于"子妇无私货、无私蓄，不敢假、不敢私予"和"父母在，不许友以死，不存私财"等论点，均体现了家长对子女的绝对权力。受"三纲五常"封建礼教思想束缚以及"亲亲尊尊"传统孝悌观念影响，父母杀害子女甚至可免除刑事责任，如《秦律·法律答问》曰："免老告人以不孝，谒杀，当三环之不？不当环，亟执勿失。"《睡虎地秦墓竹简·封诊式》载："某里士伍甲告曰：'甲亲子同里士伍丙不孝，谒杀，敢告。'"元代郭居敬编录的《全相二十四孝诗选》中"埋儿奉母""芦衣顺母"等父母为对上尽孝而牺牲子女生命的行为，甚至还会受到褒奖。

2. 近代的监护观念

清末《大清民律（草案）》仍延续中国古代的监护观点，以父母行使亲权、维护封建家长权威为基础，在人身和财产两方面规定了父母对子女的权利，但未提及抚养、管教责任。一方面，关于未成年子女人身权，该草案第 1373 条规定"子须于行亲权之父或母所指定之处，定其居所"，第 1374 条规定"行亲权之于父母必要之范围内，可亲自惩戒其子，或呈请审判衙门送入惩戒所惩戒之"，第 1338 条规定"结婚须由父母允许"；关于未成年子女财产权，该草案第 15 条规定"行亲权人或监护人预定目的，允许未成年人处置之财产，未成年人于其目的之范围内，得随意处置前项规定。于行亲权人或监护人未预定目的，而许其处置之财产，准用之"，第 1375 条规定"子营职业，须经行亲权之父或母允许"等。未成年子女的人身权与财产权几乎完全笼罩于父母亲权之下，没有独立性可言。另一方面，父母就未成年人人身关系所应承担的职责、义务，除"护养并教育"未成年人具有义务成分外，该草案再无其他规定，在如何抚养并教育未成年人，以及管教不力时应否承担责任等方面，亦无规定。在权利与义务严重失衡的规范体系内，父母对未成年子女之"权利"实为"权力"，尚未完全脱出古代监护父权制的影响。此后，民国时期仍将亲子关系和监护关系内置于家庭范畴，封建宗族家长制仍占绝对统治地位，保护未成年人独立人格权利的监护制度尚未真正萌芽，国家在这一领域基本奉行"无为而治"政策。

（二）现代法治理念中的家庭监护

1. 未成年人监护制度的宪法基础

新中国成立后，各项法律制度百废待兴，未成年人保护受到高度重视，并从立法层面构建未成年人个体权利保护制度，未成年人开始受到国家公权力保护，并脱离父母、宗族私有财产的桎梏，父母负有抚养教育未成年人子女的法定职责。1954 年《中华人民共和国宪法》第九十四条规定"国家特别关怀青年的体力和智力的发展"，第九十六条规定"婚姻、家庭、母亲和儿童受国家的保护"；1975 年《中华人民共和国宪法》及 1978 年《中华人民共和国宪法》均保留了"婚姻、家庭、母亲和儿童受国家的保护"的规定；1982 年《中华人民共和国宪法》第四十六条规定"国家培养青年、少年、儿童在品德、智力、体质等方面全面发展"，第四十九条规定"婚姻、家庭、母亲和儿童受国家的保护""父母有抚养教育未成年子女的义务，成年子女有赡养扶助父母的义务""禁止破坏婚姻自由，禁止虐待老人、妇女和儿童"。宪法的相关规定为未成年人监护制度的全面发展提供了整体性框架和根本法律依据。

2. 民法体系内的家庭监护发展

民法体系的发展主要有几个阶段：

（1）婚姻法阶段。1950 年《中华人民共和国婚姻法》第十三条规定"父母对于子女有抚养教育的义务；子女对于父母有赡养扶助的义务；双方均不得虐待或遗弃""禁止溺婴和其他残害婴儿的行为"。1982 年《中华人民共和国婚姻法》第十七条规定"父母有管教和保护未成年子女的权利和义务。在未成年子女对国家、集体或他人造成损害时，父母有赔偿经济损失的义务"。前述规定在宪法确立的未成年人监护制度的基础上，进一步将父母对未成年人的监护权利与义务具体化，一方面要求父母履行抚养、教育、保护未成年子女的义务，另一方面禁止父母侵害未成年人身体健康，还延展了未成年人父母的经济损失赔偿责任。自此，现代法律意义上的未成年人民事监护制度出现雏形，但未成年人监护制度仍附属于婚姻与家庭而存在，尚未完全获得独立性。

（2）民法通则时期。1986 年《中华人民共和国民法通则》颁布实施后，未成年人监护人、监护人的职责权利与民事责任等法律规定，正式出现在我国民事法律制度规范体系中。虽然该法仅设置了两条民事监护制度规定，但关于"监护人不履行监护职责或者侵害被监护人的合法权益的，应当承担责任；给被监护人造成财产损失的，应当赔偿损失。人民法院可以根据有关人员或者有关单位的申请，撤销监护人的资格"的规定，首次对监护人不履行监护职责或侵害被监护人合法权益的情形设置了不利法律后果。一方面，监护人损害被监护人合法权益的，需要对被监护人承担责任；另一方面，监护人的监护资格不再是永久的，而是在特定条件下可以被司法机关依法撤销的。此规定意味着我国未成年人民事监护观念开始从权利向责任转变，并初步确立了司法保护介入制度。《最高人民法院关于贯彻执行〈中华人民共和国民法通则〉若干问题的意见（试行）》"关于监护问题"的规定，进一步对监护人履行监护职能，承担监护责任做出 18 项规定，分别涉及监护人职责范围、认定监护人监护能力、指定监护人原则规则及争议处置、变更监护关系、监护人怠于履职责任、夫妻离婚后监护权的认定、委托监护及责任、送养及收养中监护关系认定等方面，构建了未成年人监护制度的四梁八柱。《中华人民共和国侵权责任法》第九条第二款及第三十二条，进一步规定了监护人承担监护责任的范围及方式，对未成年人实施侵权行为造成他人人身财产损失的，监护人应当承担相应责任，尽到监护责任的监护人，可减轻其侵权责任；第三十二条还进一步规定未成年人实施侵权行为造成损害的，应首先用未成年人财产承担损害赔偿责任，不足部分由其监护人赔偿，对未成年人财产权与监护人财产权进行了区分，进而肯定了未成年人财产权的独立性。

（3）民法典时代。《中华人民共和国民法总则》吸收了既有立法规定，并增加了监护职责及履行监护职责应遵循的原则、监护争议解决程序、遗嘱及协议监护以及撤销监护人资格等制度规定。《中华人民共和国民法典》进一步编纂汇总了散见于《中华人民共和国婚姻法》《中华人民共和国未成年人保护法》等法律中的民事监护规定，并补充增加了以下几方面内容：一是涉及未成年人无家庭监护人时的国家监护、社会监护；二是在紧急情况下，监护人暂时无法履行监护职责时的紧急监护；三是明确规定监护人应以最有利于被监护人原则履行监护职责，以及未成年人监护人做出与被监护人利益有关的决定时，应根据被监护人年龄和智力发育状况，尊重被监护人的真实意愿；四是涉及撤销监护人资格后按照最有利于被监护人原则指定新监护人。显然，以上规定均体现了优先考虑未成年人独立权利的立法倾向，进一步完善和健全了我国未成年人民事监护制度立法体系，确立了以家庭监护为核心、父母为首要监护人、亲缘亲属为递补监护人、社会监护补充、国家监护兜底的未成年人民事监护制度框架。

（三）多方协作之下的社会监护

未成年人健康成长，除发挥家庭与父母的核心功能之外，尚需社会其他组织共同协力，构建家庭内外无缝衔接、闭环运行的未成年人监护体系。为此，除以家庭与父母为核心的民事监护制度之外，同时期我国也不遗余力地发展未成年人社会监护，1991年《中华人民共和国未成年人保护法》出台，1999年《中华人民共和国预防未成年人犯罪法》发布，2015年《中华人民共和国反家庭暴力法》以及2021年《中华人民共和国家庭教育促进法》先后实施，逐渐将家庭和学校、社会、政府、司法等领域串珠成链，为各职能部门、社会团体在各自职能范围内进一步制定、细化未成年人保护规章制度和措施，为履行未成年人保护职能，提供了法律依据，并初步在规范层面建立了以补充家庭监护缺失为主要功能的多方协作社会监护体系。

（四）境外未成年人民事监护制度的借鉴

1. 两大模式的分野

（1）亲权监护分立模式。此种模式以德国、法国、日本为代表。其主要特征是以监护主体为标准，将未成年人保护分为两类：一类是父母在亲权范围内承担照顾职责，另一类是国家监护替代、介入、干预保护，二者并行。在德国国家监护机制内，形成以青少年福利局和监护法院为核心的公权力三级介入体系，青少年福利局负责包括监护在内的未成年人权益保护事务，州县一级青少年福利局具体负责辖区未成年人成长辅助、咨询及监督，社区机构或福利机构则高效处理具体事宜[①]。与此配套，建立了司法权介入机制，监护法院具体负责涉及未成年人监护的有关司法事务，负责为未成年人指定监护人、监护监督人，处理监护问题引发的纠纷，维护监护人利益，督促未成年人父母支付监护人报酬、监督监护人履行监护职责等[②]。法国则成立专门法院作为国家监护主体，但司法实践更侧重于亲

---

① 陈佐卫. 德国民法典［M］. 北京：法律出版社，2015：536-551.

② 李霞. 监护制度比较研究［M］. 济南：山东大学出版社，2004：135.

属监护，国家监护一般不会直接出现。《法国民法典》第四百三十二条规定，未成年人的监护人必须首先从其血缘亲属或姻亲中选出，并且所选监护人不得拒绝监护，血亲和姻亲之外的监护人则可以拒绝①。日本监护制度同德国、法国基本相同，严格区分父母亲权和国家监护，特别是国家监护力度更大，家庭法院作为国家监护的主体，参与监护开始到终止的整个过程，包括监护监督、监护人和监护监督人的选任等，具有明显的社会化和公法化特征，以确保监护人和监护监督人依法行使权利、履行义务，充分保护未成年人合法权益，保障未成年人健康成长②。

（2）补充介入保护模式。此种模式以英国、美国为代表，其核心特征是不区分亲权和国家监护，而是采取介入方式，以未成年人利益最大化为原则，当父母监护不能、监护失当时，进行介入保护并通过建立支持性社会保障体系，确保父母履行监护职责；当父母不能承担监护职责时，通过特殊程序终止其监护权利。1696年由衡平法院审理的福克兰诉伯蒂一案建立了英国现代意义上的国家监护③。英国设有保护法院和公设监护人来保护未成年人的利益④，以及收养和寄养联合会、地区儿童保护委员会承担未成年人监护事宜⑤。美国立法并未规定亲权，虽然父母的监护权是不言而喻的权利，但更强调国家公权力介入未成年人监护，更重视以公法手段寻求未成年人保护。在发生有损未成年人利益的情况时，任何人都有权向法院举报，而法院要积极参与调查，根据问题严重程度，处罚确有不当行为的监护人⑥。美国还建立了专门政府职能机构儿童福利局，代表国家全面负责未成年人保护工作。当未成年人处于危险境地时，儿童福利局有权积极采取行动，采取临时保护措施保护受侵害未成年人，有权不经相关人员同意直接向法院提起诉讼，并在诉讼中负责调查、实施紧急救助及其他诉讼具体行为，以及推动后续妥善安置等所有程序⑦。

---

① 罗结珍. 法国民法典 [M]. 北京：法律出版社，2005：375.
② 王爱群. 日本民法典 [M]. 北京：法律出版社，2014：134.
③ 龚世明. 我国未成年人国家监护责任研究 [D]. 西安：西北大学，2017.
④ 方芳. 关于赴荷兰、英国考察未成年人保护工作的情况报告 [J]. 预防青少年犯罪研究，2016（3）：118-123.
⑤ 曹诗权. 未成年人监护制度研究 [M]. 北京：中国政法大学出版社，2004：182.
⑥ 姜丽媛. 未成年人国家监护制度研究 [D]. 重庆：西南政法大学，2019.
⑦ 张燕. 从电影《刮痧》解读美国针对儿童的家庭暴力立法及实施 [J]. 中华女子学院学报，2015（4）：123-128.

2. 两大模式的融合发展

对比两大模式不同的监护制度设置以及行使国家监护职能的机构设置、保护职责等，可以看出，不论何种模式，其发展方向均趋同于以未成年人利益最大化作为基本原则。《德国民法典》确立了未成年人利益最大化原则，要求法院在解决未成年人监护权纠纷时，根据案件具体情况，考虑各利害关系人的正当利益，做出最有利于未成年人的裁判结果①。《英国儿童法》明确以未成年人最大利益作为最高准则与判断标准，该法将满足未成年人最大利益作为出发点，规定法院在审理未成年人监护权案件时，应综合考量与未成年人成长相关的因素。美国地方州首先在司法判例中，将适宜未成年人的、有利于其自身发展的生活环境作为实现未成年人权益的标准，并被《美国统一结婚离婚法》吸纳，该法第四百零二条确立的有利于未成年人自身发展的因素包括父母或一方作为监护人的意愿、未成年子女对监护人选择的意愿、未成年子女与父母或其他亲友的来往互动关系、相关人员的身心健康状况等②。美国《收养和家庭保障条例》确立了未成年人利益最大化原则，并被更多州立法采纳③。1989 年 11 月 20 日，第 44 届联合国大会第 25 号决议通过第一部有关保障儿童权利且具有法律约束力的国际性约定《儿童权利公约》，建立了不歧视，儿童利益最大化，确保儿童的生命权、生存权和发展权的完整，以及尊重儿童的意见四项基本原则。《儿童权利公约》第三条规定："关于儿童的一切行动，不论是由公私社会福利机构、法院、行政当局或立法机构执行，均应以儿童的最大利益为首要考虑""缔约国承担确保儿童享有其幸福所必需的保护和照料，考虑到其父母、法定监护人或任何对其负有法律责任的个人的权利和义务，并为此采取一切适当的立法和行政措施"。《儿童权利公约》第九条规定："缔约国应确保不违背儿童父母的意愿使儿童和父母分离，除非主管当局按照适用的法律和程序，经法院的审查，判定这样的分离符合儿童的最大利益而确有必要。在诸如由于父母的虐待或忽视、或父母分居而必须确定儿童居住地点的特殊情况下，这种裁决可能有必要""缔约国应尊重

---

① 德国民法典 [M]. 杜景林，卢谌，译. 北京：中国政法大学出版社，2014：491.

② 陈苇，谢京杰. 论"儿童最大利益优先原则"在我国的确立：兼论《婚姻法》等相关法律的不足及其完善 [J]. 法商研究，2005，22 (5)：37-43.

③ 陈苇，谢京杰. 论"儿童最大利益优先原则"在我国的确立：兼论《婚姻法》等相关法律的不足及其完善 [J]. 法商研究，2005，22 (5)：37-43.

与父母一方或双方分离的儿童同父母经常保持个人关系及直接联系的权利，但违反儿童最大利益者除外"。《儿童权利公约》第十八条规定："缔约国应尽其最大努力，确保父母双方对儿童的养育和发展负有共同责任的原则得到确认。父母或视具体情况而定的法定监护人对儿童的养育和发展负有首要责任。儿童的最大利益将是他们主要关心的事。"

3. 我国的借鉴与融合

1991年，"最有利于未成年人原则"被写入了《中华人民共和国未成年人保护法》，该法在家庭保护部分第十六条至第二十四条，对父母应履行的监护职责、履行监护职责不应实施的行为做出了具体且明确的规定。同时，《中华人民共和国未成年人保护法》还针对与未成年人成长息息相关的社会保护、网络保护、政府保护、司法保护等，逐一明确各领域保护的规范及责任。随着社会经济的发展，《中华人民共和国预防未成年人犯罪法》《中华人民共和国反家庭暴力法》《中华人民共和国家庭教育促进法》等特别保护法律先后颁布实施，民法典对监护制度规范进一步完善，我国各项与保护未成年人相关的法律规定、行政规章不断制订发展，并与国际立法接轨。

总之，我国未成年人民事监护制度以《中华人民共和国宪法》所确立的基本框架为起点，在婚姻家庭法体系内迈出了家庭监护的第一步，并以此为基础，在更为广泛的民事法律体系内发展和完善了未成年人民事监护制度的基本原则与具体内容，吸纳并借鉴了境外立法的合理要素，初步确立了"以家庭监护为基础，社会监护为补充，国家监护为兜底"的具有中国特色的未成年人监护体系[①]。

二、未成年人家庭监护功能异化及其缘由

相较于国家监护、社会监护，家庭监护作为保护未成年人的基础单元，对未成年人的健康发展具有核心意义。

---

① 李建国. 关于《中华人民共和国民法总则（草案）》的说明：2017年3月8日在第十二届全国人民代表大会第五次会议上的讲话 [M] //编写组. 民法总则立法背景与观点全集. 北京：法律出版社，2017：8.

（一）家庭监护的特点与功能

1. 家庭监护的特点

（1）父母责任的自然伦理属性。父母与其未成年子女之间具有天然的亲子关系，父母基于其生育行为，天然地承担对其未成年子女的抚养教育责任。1982年《中华人民共和国宪法》第四十九条第三款规定，父母有抚养教育未成年子女的义务。《中华人民共和国民法典》第二十六条第一款规定，父母对未成年子女负有抚养、教育和保护的义务；第二十七条第一款规定，父母是未成年子女的监护人。《中华人民共和国家庭教育促进法》第四条规定，负责实施家庭教育的责任人，是未成年人的父母或者其他监护人。以上规定均基于父母与未成年人之间自然的伦理关系，此种伦理关系反映到法律之中，即体现为父母对未成年人当然的监护职责，且不能通过约定或其他方式放弃。

（2）家庭亲缘的延展性。我国婚姻家庭法律虽然未直接界定亲权关系，但未成年人监护制度立法却间接肯定了基于亲权关系所延展而出的亲权监护。《中华人民共和国民法典》第二十七条规定，未成年人的监护人首先是其父母，其父母不能承担监护职责时，由其祖父母、外祖父母、成年兄姐、其他愿意担任监护人的个人或组织等，按照顺序担任未成年人的监护人。换言之，当父母监护失格时，与该未成年人具有亲缘、血缘关系的监护权人将优先于其他监护主体担任未成年人监护人。

（3）家庭监护的全面性。未成年人身心健康发展的规律和特点决定了家庭监护必须兼顾未成年人健康成长需求的各个方面。《中华人民共和国未成年人保护法》第十六条至第二十四条，从监护职责范围、监护人禁止行为、提供安全家庭环境、尊重未成年人意见、未成年人受到非法侵害报告等方面，对父母应当如何履行监护职责进行了全面指引，既涉及未成年人物质利益，也涉及未成年人身体权益，甚至涉及未成年人的精神利益，相较于社会监护、国家监护，家庭监护与未成年人的紧密程度、深入程度、全面程度具有不可替代性。

2. 家庭监护的功能

（1）固化监护责任。国家通过制定法律确定未成年人的监护人、监护责任、监护职责履行等，确保和引导监护人正确履行监护职责，既不能任意逃避监护责任，也不能在监护过程中恣意妄为，侵害未成年人的合法权益。

（2）补充未成年人行为能力。未成年人因其身体、心理特征，其行为能力较成年人欠缺，由此决定了未成年人必须借助其监护人才能有效参与社会活动。未成年人民事监护制度的重要功能之一就在于帮助未成年人顺利参与各类社会活动，使未成年人免于因自身认知能力不足而利益受损。

（3）全面保障未成年人合法权益。国家监护、社会监护距离未成年人较远，不可避免地会存在救济不足、效率滞后的先天不足。相比之下，其家庭与未成年人关系最为紧密，因而构成未成年人抚养教育的基本单元，此种先天优势决定了家庭监护更有能力与义务满足未成年人的生活、健康、安全、心理、情感、休息、娱乐等需求，更有利于实现未成年人接受教育、与外界交往、财产权益保护等各方面的需求。因此，家庭监护承担着最为全面的未成年人权益保护职能。

（二）家庭监护功能的异化

家庭监护异化，是指监护人未能依法履行监护职责，导致家庭监护功能失灵、扭曲，不能保护未成年人合法权益，反而损害未成年人合法权益的现象，既包括监护逃避、监护过当等消极异化，也包括过度控制、故意伤害等积极异化。检视侵害未成年人权益常发多发案件[①]，家庭监护异化是未成年人受到伤害的首要原因。通过解构具体案件，我们认为家庭监护异化主要体现在以下四个方面：

1. 履行监护职责缺位

此类异化主要发生在第三人侵害未成年人权益纠纷中，多表现为监护人对未成年人疏于管理、保护，致未成年人脱离监护而受到他人侵害。

【典型案件】曾某、尤某与某电力公司生命权纠纷[②]。曾某、尤某二人之子小曾（高二学生），邀约四名同学前往电力公司所属水电站大坝下方河道游泳，小曾溺亡。曾某、尤某二人认为电力公司未尽到安全提示义务，应承担小曾溺亡的赔偿责任。法院判定，小曾已年满17周岁，其应该知晓进入非安全水域可能产生危险后果，其行为系冒险行为，电力公司已

---

① 在涉及未成年人刑事案件中，家庭监护不力的问题容易被发现，但在部分涉及未成年人民事案件中，家庭监护不力尚未达到醒目程度，导致此类家庭监护问题难以被察觉、关注。为进一步揭示非重大家庭监护失责致未成年人权益受损的情形，我们选择将多发、易发民事案件中不易引起重视的家庭监护失责案件作为讨论对象。

② （2018）川05民终61号民事判决书。

尽到安全保障提示义务，无须承担民事责任。

【案件评析】此类案件的核心在于：事前未成年人监护人未尽到陪伴照看义务，事发后监护人提起诉讼，要求与侵权后果相关的设备设施管理人、修建人，结伴同行的未成年人，或者学校甚至政府组织承担侵权损害赔偿责任。其理由多为设备设施造成侵害危险源但未采取有效管理措施，或未积极施救。司法裁判则会将父母是否尽到监护责任作为分担侵权损害赔偿责任的重要因素。父母监护不力往往是减轻侵权人民事责任的原因。但是，父母监护不力除承担私法上的不利后果之外，是否需要承担公法评价却往往不在法律或公众讨论视野之内。事实上，在民事领域，未成年人因父母监护缺失致损，最终损害大多由未成年人自行承担，其父母作为其监护人无须承担任何额外之责任，其承担责任的方式是"对外丧失请求第三人承担损害赔偿责任之胜诉权"。换言之，在家庭监护系统内部，只要其损害后果没有超出法律规定的限度，父母过失监护导致的损害后果将是"内部性"的，由未成年人最终承担相应损害后果。不得不说，这种"制度空洞"为缺乏监护意识、监护意愿的家庭监护人提供了"避风港"。在此种"制度空洞"中，未成年人仍是监护人的附属，并未获得人格与财产的独立性。

2. 履行监护能力不足

此类异化通常发生在未成年人侵害他人合法权益案件中，主要表现为监护人对未成年人管束方式不当、无管束意愿等。

【典型案件】未成年人小海无证驾驶致人死亡案①。未成年人小海无证驾驶无牌摩托车撞伤艾某后逃离现场，艾某经抢救无效死亡，后小海被抓获。小海系在校学生，其父母文化程度低，法律意识淡薄，事故发生后，既不规劝小海自首，也不向公安机关报告；在法院调解中，抵触赔偿，企图逃避责任。鉴于其失职行为，法院向小海的父母发出《责令履行监护责任告诫书》。

【案件评析】此类案件的核心在于：事前监护人往往未尽教育、引导监护职责，导致未成年人行为失范，并引发侵害他人合法权益的后果，事后监护人往往倾向于继续逃避监护职责，试图切割监护人责任与未成年人责任，并将未成年人作为避责"盾牌"。特别是在刑事诉讼中，通过主动

---

① 王凤莲，一瑶.【首发履行监护责任告诫书】这对父母连"苏大强"都看不下去了[EB/OL].https://www.163.com/dy/article/EBAGJ7IP0514H4N0.html.

民事赔偿方式取得被害人或被害人家属谅解，是减轻未成年人刑事处罚的重要考量因素。事实上，基于监护人本身所负有的教育、引导等法定职责，未尽监护职责致使未成年人行为失范产生损害的，应当负有民事赔偿责任，此种责任不因监护人是否存在赔偿意愿而受影响。但目前并无法律或机制对监护人采取有效措施取得被害人一方谅解，进而争取减轻未成年人刑事处罚做出规定。这一空白地带意味着在刑事诉讼中，是否主动积极进行民事赔偿以寻求被害人一方谅解，完全取决于监护人的意愿。一旦监护人缺乏此种意愿，未成年人从轻处罚的机会将会受限。

3. 监护人过度控制

此类异化极为隐蔽，通常表现为监护人将个人主观意志强加于未成年人，以未成年人名义或者直接操控未成年人人身、财产，损害未成年人权益，影响未成年人健康成长。

【典型案件 1】胡某与李某离婚纠纷案①。胡某与李某婚姻期间育有一女一子。后胡某、李某二人起诉离婚。关于子女抚养问题，一审时其长女在班主任陪同下表示愿随母李某生活，法院认为其年满 10 周岁，已具备相应认知能力，遂尊重其意愿，判决其随母亲李某生活。一审判决后，陪同长女的班主任受到长女的祖母辱骂，影响了其正常的教学工作。父亲胡某上诉，认为长女一审所言与真实意愿不符。二审法官与其长女交流时发现，长女改变意愿随父生活的意思表示与其父胡某上诉理由无任何差别，甚至表达逻辑、语言组织顺序都几乎一致。经多次交流，长女坚持愿与其父生活，并表示自己已就读初中随后将住校生活，二审遂予以改判。

【典型案件 2】邱某甲与邱某抚养费纠纷一案②。邱某系邱某甲之父。邱某与向某离婚协议约定，邱某甲由向某抚养，邱某每月给付生活费 2 000 元，其他教育、医疗等费用按实支付至孩子成年……。邱某月工资 3 000 余元。后邱某甲参加英语兴趣班产生费用 900 元/月，邱某与向某发生分歧，为此向某代邱某甲诉至法院，要求邱某支付英语兴趣班费用 900 元/月。一审认为，结合当地消费性生活支出标准，邱某甲的生活费用足以保证其正常、必要的生活和学习。虽向某安排邱某甲参加兴趣班的出发点是好的，但应与邱某甲之父协商，还应考虑父母经济负担能力、父母的意愿、当地生活水平标准、子女学习能力和意愿等因素，遂判决驳回邱某甲的诉讼请

---

① (2018) 川 05 民终 1057 号民事判决书。

② (2016) 川 05 民终 1105 号民事判决书。

求。邱某甲上诉。二审认为，从本案起因分析，源于父母教育理念差异，虽母亲向某对邱某甲进行多样性教育的做法值得肯定，但父亲邱某的义务应限定在其经济能力承受范围内。二审中，向某曾申请邱某甲出庭自行表达意见。考虑邱某甲的年龄及案件情况，二审并未批准，但在与邱某甲交流中，办案法官感受到邱某甲面对父母矛盾时的无助与无措。

【案件评析】此类案件的核心在于：过度控制往往内含于未成年人的受监护权、受教育权等合法权益中，监护人滥用对未成年人的影响力过度控制未成年人呈现高度隐蔽特征。具体表现为：未成年人监护人均主张自己以未成年人利益为优先考虑，或在案件审理过程将个人意志通过各种方式强加于未成年人。在此类案件中，未成年人认知、情感往往易受各种因素影响而难以清晰、稳定、准确表达自身真实意愿，难以独立做出最有利于自身利益的判断，反而极易受到监护人引导、暗示甚至教唆，在诉讼中做出虚假意思表示，并导致裁判结果不符合自身利益而符合监护人利益的情况，客观上加重了法院裁判的负担，且现有法律对监护人滥用自身影响力过度控制未成年人的问题，并未提出有效规制路径，导致部分监护人有恃无恐，将未成年人视为自身附属，完全无视未成年人自身意愿。

4. 故意逃避监护责任

此类异化通常表现为监护人逃避未成年人抚养义务、遗弃未成年人、拒绝支付抚养费、将未成年子女交由隔代亲长抚养等。

【典型案件】周某1诉周某2抚养费纠纷案①。周某1系未成年人周某之祖父，周某2系未成年人周某之父。周某父母离婚时约定，周某随父周某2生活。周某之姐随母生活，夫妻二人各自抚养周某及其姐，相互不支付子女抚养费。此后，周某的母亲独自抚养女儿成年，在此期间未要求周某2支付女儿抚养费。周某的父亲周某2将未满7周岁的周某送至祖父周某1处后独自离开。此后，周某一直随祖父祖母生活。周某1及妻子务农，收入微薄，另靠其他子女每月支付一定赡养费维持家庭生活。后周某入学，祖父周某1将周某寄养于学校老师家中，相应费用由祖父周某1从其他子女赡养费用和周某叔伯等人接济钱款中支付。周某的父亲周某2至案件诉讼时，未支付过周某抚养费。周某的祖父周某1作为周某的法定代理人诉来法院，要求周某的父母支付周某抚养费以及此前欠付抚养费。周某

① （2018）川0524民初1913号民事判决书。

的父亲周某 2 称，自己靠贩货维生，收入微薄，无力支付周某抚养费；周某的母亲表示自己已按离婚协议抚养患病女儿成年，自己收入有限，无力负担周某抚养费。一审判决，周某之父周某 2 每月支付周某抚养费 1 000 元、寄宿费 700 元。周某的父亲周某 2 在其长兄监督下每月按期履行法院判决。

【案件评析】此类案件的核心在于：其纠纷成因往往能够直接归因于社会学层面因素，例如外出打工、父母涉嫌刑事犯罪、未婚先育等，导致家庭监护先天严重不足，监护人监护能力或监护意愿极度匮乏，但社会监护、国家监护并未随之跟进。事实上，此类案件即使法院判决监护人承担监护责任，判后执行的效果往往也不理想。对于家庭监护条件极度脆弱所引起的监护异化，已不能主要依靠修复家庭监护本身的方式，为未成年人合法权益提供保护屏障，而须通过社会监护、国家监护补充家庭监护的不足。但目前法律规定、工作机制等方面，尚未建立明晰、具体、可操作的标准和措施，衔接家庭监护、社会监护与国家监护。

（三）家庭监护功能异化的原因

综观四类异化现象，监护人失责是家庭监护异化的核心特征，且失责多数并未达到《中华人民共和国民法典》第三十六条所规定的撤销监护人资格的条件。从成因分析，除监护人基于非法目的故意侵害未成年人权益、怠于行使监护职责导致未成年人危困状态等情形外，更多的是监护人过失或者疏忽导致监护失责，其背后往往隐藏着主客观两方面原因。

1. 客观条件不足

（1）外出务工导致监护人失责。以四川省为例，作为劳务输出大省，据统计，2021 年四川省外出务工人口达 1 679 万人，全省近四分之一人口外出打工，其中多数为青壮年人口。部分年轻父母选择将未成年子女留在家中，托付给老人、亲友照管；部分具备一定经济条件的家庭选择将未成年子女送入寄宿学校或者收取费用的托管家庭；部分有两个以上未成年子女的家庭，由年长子女照顾年幼子女；还有部分未成年子女则无人照管。即使由寄宿学校或托管家庭照顾的子女，其照管质量与普通家庭监护仍存在较大差距，遑论托付家中老人或由年长子女照顾年幼弟妹的未成年人。事实上，此类未成年人几乎难以获得法律规范所设置的正常水平的监护。

（2）监护观念信息供给受阻。部分父母受限于自身文化认知水平，难以通过有效途径形成科学监护理念、获取合理监护知识，难以形成正确、健康的教育观念，进而实施有效的教育引导措施，适格充分地履行监护职责。特别是面对子女成长中出现的具体问题，难以获得专门机构的咨询、帮助，从而陷入监护困境。

2. 主观认知错位

（1）过度放纵。在前述未成年人驾驶无牌摩托车撞伤路人后人民法院向其父母发出《责令履行监护责任告诫书》的案例中，法院询问未成年人父母给未成年子女购买摩托车的原因时，监护人不假思索地回答是应子女要求而购买。事实上，父母过度溺爱，忽略子女要求的合理性，一味顺从满足并非个例。这看似"充分监护"，实则是"监护不足"，并未引导未成年人树立合理行为边界，导致未成年人民事监护制度目的落空。

（2）滥用监护。监护人将自身利益与未成年人利益混同，并借助未成年人合法权益保护达到实现自身利益的目的。此种情形在涉及未成年人抚养费、变更抚养等纠纷中尤为显著。在父母离婚后，未成年子女跟随父或母一方生活，由于父母生活、教育理念冲突，往往围绕未成年人抚养费、抚养权等问题产生激烈冲突，并以未成年人名义提起诉讼，导致母子、父子对簿公堂，在诉讼中对未成年人产生进一步伤害。

三、民事监护司法介入的理论基础与实践困境

（一）司法介入保护的必要性

1. 履行法律职能

司法作为维护社会运行秩序的方式之一，介入未成年人保护工作，是其职责所在。《中华人民共和国未成年人保护法》第七章规定了司法保护职责，规定各司法职能部门，在办理涉及未成年人案件时给予未成年人特殊保护，考虑未成年人身心特点和健康成长需要，尊重未成年人意见，保护未成年人隐私，按照最有利于未成年人原则依法处理。

2. 介入的有效性

司法权具有强制执行力，在惩处侵害未成年人权益的行为、保护未成年人权益时，其保护力、实效性强于一般社会保护。并且司法权除有惩罚功能外，还具有教育功能，司法介入未成年人保护，亦更具有公信力。同

时，当监护人怠于履行监护职责或者过度行使监护权利，导致未成年人人身、财产权益受到侵害时，司法通过具体个案发现并进行干预具有较强优势。

3. 介入的补充性

未成年人健康成长需要社会共同努力。在家庭监护、社会监护等力不能及时，司法介入保护作为启动国家监护的重要环节，具有补充家庭监护、社会监护不足，进而引入国家监护的重要功能。

（二）司法介入保护的具体类型

多年来，各级人民法院在法律框架内，积极探索有效的介入保护方式方法，基本形成了以恢复家庭监护为主导，惩罚监护人、剥夺监护权等为辅的介入保护思路。司法介入保护主要包括以下三种类型：

（1）撤销监护权。根据《中华人民共和国民法典》第三十六条的规定，监护人实施严重侵害被监护人合法权益的行为，或者怠于行使监护职责使未成年人处于危困状态的，人民法院可以根据有关个人或者组织的申请撤销其监护人资格，按照最有利于被监护人的原则依法指定监护人。

（2）暂停监护权。根据《中华人民共和国反家庭暴力法》第二十三条、第二十七条、第二十九条的规定，如果未成年人有遭受家庭暴力或者面临家庭暴力现实危险的情形，可以向人民法院申请人身安全保护令，禁止被申请人接触申请人或者责令迁出申请人住所等。

（3）提供家庭教育指导。根据《中华人民共和国家庭教育促进法》第三十四条、第四十九条的规定，人民法院在审理离婚案件的时候，应当对有未成年子女的家庭提供家庭教育指导，同时人民法院对于办案过程中发现的监护人履职失当侵害未成年人合法权益的行为，可以进行训诫或者指令其接受家庭教育指导。

（三）司法介入保护的实践困境

如前所述，司法保护在通过具体个案发现未成年人权益受损并进行干预方面有较强优势。但司法本身具有滞后性，加之判后执行资源接续不畅、社会力量支撑不足，司法介入保护在具体实践过程中，往往面临独木难支的困境。

1. 前端不足

未成年人司法保护介入启动具有事后性，只能在具体案件或伤害发生之后介入，更多地关注对既已受损的未成年人权益提供事后救济，并有限扩展到诉讼程序结束后对未成年人权益恢复情况的跟踪。对于诉讼开始之前就已经发生的未成年人监护异化问题，在个案中司法几乎无能为力，至多以个案为起点，指出、提示、预警未成年人民事监护制度运行中的薄弱环节，但难以对特定的未成年人个体发挥预防介入作用。特别是对家庭监护内部异化问题，缺乏医院—法院、学校—法院、社区—法院、行政机关—法院、社会组织—法院之间的信息端口对接，导致大量未成年人民事监护异化信息只能在家庭与医院、学校、社区、行政机关、社会组织之间各自孤立循环。

2. 运行困境

司法保护启动后，要为未成年人提供适当的救济，仅靠法院单纯实施法律救济远远不够，尚需要心理、医疗、社会评估、教育培训等专业知识支持。虽然当前各地区、各层级法院均在积极努力扩展专业知识支持的方式、渠道，但实际效果并不理想。其主要原因在于，一方面相关专业组织本身仍处于发展阶段，数量尚未形成规模，能力良莠不齐；另一方面法律并未提供准入标准，导致法院选择专业机构时存在随意性，专业机构提供专业知识、专业措施也存在随意性，极大地降低了司法介入保护的科学性、有效性。

3. 跟踪困境

诉讼程序终结并不等同于司法介入保护的终结。从实际效果来看，诉讼程序终结即为救济肇始。但目前司法介入保护后续跟踪效果不佳：一方面缺乏主体，没有专门机构跟进，司法介入提供的救济措施落实情况常常无人问津；另一方面缺乏评价标准，即使部分机构基于公益或其他动机考虑持续关注某些个案后续发展，但缺乏专业标准评价司法介入实际效果，评价往往流于个体主观感受，缺乏可量化、可考察的定性、定量标准。

四、民事监护司法介入的重点方向与规则建构

（一）"最有利于未成年人原则"重述

未成年人权利从无到有，未成年人保护从私有财产保护观念到未成年人个体独立的全面保护理念，是社会文明的进步。当前，未成年人利益最大化已成为各国未成年人保护的立法趋势。《中华人民共和国民法典》第

三十五条、《中华人民共和国未成年人保护法》第四条等规定，均确立了"最有利于未成年人"这一基本原则。这一原则从未成年人成长特点出发，尊重未成年人人格独立，给予未成年人特殊、优先的利益最大化保护，不仅是我国立法的进步，更是司法实践应当遵循的基本原则。在涉及未成年人民事案件中，法院须综合考虑与未成年人权利相关的各种因素，做出最有利于未成年人的司法判断。

1. 将家庭监护作为未成年人保护的出发点

未成年人因其身心健康发展的规律和特点，不但需要来自其家庭的监护教育，更需要来自其父母等亲人的关怀和呵护。基于血亲关系建立起来的婚姻家庭制度，是未成年人健康成长的天然庇护所，是未成年人保护制度的出发点，因此，除家庭监护严重侵害未成年人合法权益而必须撤销其监护资格才能保护未成年人合法权益外，对于因监护人履职不当，导致未成年人权益受损的情形，应当以维护、修复未成年人与其父母等近亲属之间的家庭关系为重心。

2. 有效平衡家庭监护与社会监护、国家监护的关系

厘清家庭亲权与国家公权保护之间的界限，探寻家庭、社会、国家三者之间最优的平衡状态，不缺位、不越位、合力补位，形成相互促进模式的全面保护。

（二）民事监护司法介入重点方向

1. 持续扭转未成年人民事监护的父权主义观念

虽然我国从法律层面已经建立了现代法治意义上的未成年人民事监护制度体系，但是从民众思想认知层面而言，将未成年人作为父母、家庭私产的父权主义监护观念仍未被彻底清除。当下，无论未成年人监护人、社会组织还是公民个人，仍然或深或浅地受到父权主义的影响，认为"未成年人管教是家庭内部问题"，由此导致大量未成年人受监护人侵害后难以获得应有的保护。因此，在司法介入保护过程中，有意识地扭转未成年人民事监护观念，进一步强化"最有利于未成年人"的现代法治监护观念，是当前司法介入保护应当重点关注的方向。

2. 鼓励家庭、社会与国家协同保护

如前所述，中国特色未成年人民事监护体系的基本特征是"以家庭监护为基础，社会监护为补充，国家监护为兜底"，三者协同保护本应是未

成年人民事监护的理想状态。但在实际面临未成年人权益受损时，其父母往往倾向于将家庭监护责任推卸给社会组织，进而导致社会组织采取过度监护措施，不当限制未成年人自由。以校园侵权案件为例，此类案件的核心事实是未成年学生因在校体育活动、课间活动等遭受人身伤害，其父母作为监护人倾向于主张学校承担全部监护责任。如果司法介入保护所确立的规则更有利于父母，学校为避免监护责任风险，往往会采取取消体育活动、限制课间活动措施，致在校未成年人正常体育活动或课间活动受限，并最终有损于未成年人身心健康；如果司法介入保护所确立的规则更有利于学校，可能会诱使学校怠于行使监护职责，进而导致社会监护责任倒灌家庭，由家庭承担过大风险。总之，家庭监护、社会监护与国家监护责任范围的划分标准，目前仍处于极不明晰的状态，由此导致司法介入保护规则极不稳定。在司法介入保护时，应当注意立足家庭、社会与国家的监护责任范围，既避免家庭监护将本应承担的未成年人抚养、教育的职责推卸给社会、国家，又要确保社会监护、国家监护各行其责。

3. 推动司法介入保护多元启动

未成年人心智不完全以及经济依附性状况，决定了未成年人往往难以就其所遭受的家庭监护异化发声。就此而言，应当在司法介入保护启动前端着力，推动诉讼启动主体多元。2020年5月7日，最高人民检察院、国家监察委员会、教育部、公安部、民政部、司法部、国家卫生健康委员会、中国共产主义青年团中央委员会、中华全国妇女联合会联合签署了《关于建立侵害未成年人案件强制报告制度的意见（试行）》。该意见第二条规定，接受报告的主体责任人是公安机关，第三条规定具有报告职责的社会主体范围，第四条规定报告不法侵害或者疑似不法侵害的具体情况等，为公安机关介入保护多元启动提供了依据。就司法介入保护而言，应着重打通介入保护的"最后一公里"。在公安机关介入保护的基础上，建立连接公安机关与司法介入保护的法律通道，形成保护闭环。

4. 促进司法保护与社会保护良性互动

在当前的司法实践中，司法保护与社会保护互动方式主要有两种。一种是整体互动，如召开不定期联席会议讨论保护未成年人议题，其目的在于为特定领域的未成年人监护制度提供普遍性支持。另一种是个案合作，即与相关保护职能部门、组织之间签订转介联合协议，将个案具体保护对象、保护目标，交由相应职能部门、机构开展后续关注跟踪。但目前来看，无论是整体互动还是个案合作，均受限于专业组织、专业人员、专业能力等方面不足，导致工作响应、人员接续以及保护措施等方面难以落地落实。《中华人民共和国家庭教育促进法》对各职能部门、保护责任机构职能职责已做出明确界定，学校、社区、公益心理辅导机构等社会组织可以结合自身工作，提供家庭教育指导的职责。同时，《中华人民共和国家庭教育促进法》第二十七条①还对提供家庭教育指导服务的机构组建、人员培养做出了指引性规定。司法介入保护应立足应用环节，针对社会监护人员、机构、业务及工作机制中的薄弱问题，推动建立以承接司法介入保护后续监护职能为核心的统筹分工体系，以促进司法保护与社会保护良性互动。

（三）民事监护司法介入规则构建

《中华人民共和国民法典》《中华人民共和国未成年人保护法》《中华人民共和国反家庭暴力法》《中华人民共和国家庭教育促进法》等与未成年人权益保护相关的法律规定，实际上已经搭建起未成年人合法权益保护的教育、预防、惩罚等框架，但司法如何具体介入仍是审判实践中的难题。我们认为，可以司法发现、预防、介入、惩罚为视角，有序、有层次地激活各项法律规定，推动未成年人监护制度真正落地运行。

1. 构建一般性监护失当预防规则

在司法中发现监护人监护能力不足、监护人不当行使监护权等问题时，应及时启动家庭教育指导，根据监护失当行为程度，采取不同的方式，引导监护人依法履行监护职责，将监护人偶发或者过失引发的监护失当行为导回正轨。对失当行为较轻且愿意接受意见的监护人，应通过书面提醒、口头提示等方式，引导其调整个人行为、观念。对失当行为较轻但固执己见的监护人，应通过发出家庭教育令的方式，对其进行告诫，或要求其参加专业机构的培训学习、定期报告未成年人生活学习情况等方式，督促监护人履行监护职责。

2. 激活人身保护令及监护权暂停条款

对监护人实施家庭暴力、任意处分未成年人财产且不退还等违法行

---

① 《中华人民共和国家庭教育促进法》第二十七条规定，县级以上地方人民政府及有关部门应组织建立家庭教育指导服务专业队伍，加强对专业人员的培养，鼓励社会工作者、志愿者参与家庭教育指导服务工作。

为，侵害未成年人合法权益的，司法机关应及时接受未成年人申请，或引导其近亲属、妇女联合会、居民自治委员会、村民自治委员会、救助管理机构等主体代为申请保护令或申请暂停其监护权。监护人确有悔改表现的，视情况恢复其监护人资格。

3. 完善指定监护人考察制度

指定监护人制度是撤销监护权制度顺利运行的保障。按照最有利于被监护人的原则依法指定监护人，人民法院可以委托专业机构，对有监护条件的其他近亲属进行考察，并根据专业机构意见指定监护人。对于无近亲属的，相应儿童福利机构、民政部门应予以救助。

4. 建立监护失当行为档案

监护人监护行为多次失当的，经专业机构评估不适宜继续履行监护职责的，应限制或撤销其监护权。失权监护人监护能力、监护行为改善后，可向法院申请重新评估，法院委托专业机构评估通过后，可恢复其监护权。

未成年人民事监护制度不仅是法律规范层面的问题，更涉及社会治理问题。法律规范仅能解决未成年人权利保护有法可依的问题，但如何保障制度有效运行，却有赖于各方共同努力。司法介入保护只是未成年人保护工程中的一个环节，且其自身带有的滞后性缺陷，决定了司法介入保护更多的是在未成年人受到伤害后帮助其减少伤害并回归社会成长，其不能替代父母陪伴、正确教育、学校管理、社会帮助等与成长同步的环节。因此，一个管理未成年人事务的综合机构，才是足以统领推动未成年人保护制度落实的最优责任主体。从目前来看，妇联等群团组织或者民政部门是较为理想的对象，可考虑由其负责对辖区内未成年人事务工作的对接、协调以及管理，打通未成年人维权工作的节点。

第九章 未成年人校园欺凌
多元共治体系的构建

2021年"世界儿童日搜索大数据"显示，"校园欺凌"位居未成年人被侵害问题搜索第一位。当前，校园欺凌呈现事件多发性、手段残忍性、后果严重性、应对前置性、案件低发性的典型特征。基于此，新修订颁布的《中华人民共和国未成年人保护法》《中华人民共和国预防未成年人犯罪法》和《中华人民共和国家庭教育促进法》均重点关注了"校园欺凌"问题，共新增7条相关规定。作为社会治理最直接的方式之一，司法在"校园欺凌"的多元共治体系中不可或缺，从司法视角反向审视前端治理现状，可更为精准地锁定问题核心。要实现有效治理，需在现有司法政策基础上，深入分析实践状况，综合现有研究基础，进一步探寻理论支撑、厘清权责体系、细化操作指引。

一、校园欺凌治理的司法政策基础

2021年，"校园欺凌"一词被纳入《中华人民共和国未成年人保护法》，明确其定义为"发生在学生之间，一方蓄意或者恶意通过肢体、语言及网络等手段实施欺压、侮辱，造成另一方人身伤害、财产损失或者精神损害的行为"，这为防治欺凌问题、保护学生身心健康提供了法律依据。不过，欺凌防治入法只是"万里长征第一步"，从法条到落地，还需要诸多配套制度、工作机制的系统支撑，例如，欺凌预防如何细化、欺凌事实如何认定、欺凌处置是否恰当、欺凌责任是否相适等。要实现校园欺凌司法政策的落地落实，需预先梳理与其相关的各项法律法规、政策意见等。校园欺凌进入政策视野，始于2016年4月，国务院教育督导委员会办公室发布《关于开展校园欺凌专项治理的通知》，对校园欺凌进行了概括性描述①；2016年11月，教育部、团中央等九个部门联合制定《关于防治中小学生欺凌和暴力的指导性意见》；2017年4月，国务院办公厅下发《关于加强中小学幼儿园安全风险防控体系建设的意见》；2017年11月，教育部等十一个部门联合印发《加强中小学生欺凌综合治理方案》②。相较于前述《关于开展校园欺凌专项治理的通知》和九个部门联合发布的指导性意见，该方案提出六大新举措，对学生欺凌做出明确的界定，明确了校园欺凌的处置程序，并规定了"分级处遇"措施，对不同情节的校园欺凌行为，明确了不同的惩戒措施，尤其是对于情节恶劣的严重欺凌事件，规定可以将欺凌者转送至专门学校进行教育。

除全国层面的制度规定外，各地也相继就校园欺凌行为出台相应规定。2017年5月，北京市教委等十一个部门联合发布《关于防治中小学生欺凌和暴力的实施意见》，要求北京市各区、各中小学加强教育、严格管理、稳妥处置学生欺凌和校园暴力事件，通过群防群治，加强校园周边治安综合治理等措施，为未成年人健康成长创造良好的社会环境③。2018年1月，北京市教委发布《关于贯彻落实〈教育部等十一部门加强中小学生欺凌综合治理方案〉的实施方案》，各区教委相继落实④。2018年10月，广东省高级人民法院联合广东省教育厅等部门联合下发《关于防治中小学生欺凌和暴力的指导意见》，共同构建校园欺凌防治机制。2018年11月，天津市人大常委会通过《天津市预防和治理校园欺凌若干规定》，首次以地方立法形式对校园欺凌进行规制⑤。2021年1月，教育部开展"防范中小学生欺凌专项治理行动"，印发《防范中小学生欺凌专项治理行动工作方案》，明确了六项机制：一是全面排查欺凌行为；二是及时消除隐患问题；三是依法依规严肃处置；四是规范欺凌报告制度；五是切实加强教育引导；六是健全责任、预防、考评、问责机制等。经详细梳理以上制度规

---

① 国务院教育督导委员会办公室关于开展校园欺凌专项治理的通知[EB/OL].http://www.gov.cn/xinwen/2016-05/09/content_5081203.htm.

② 教育部.《加强中小学生欺凌综合治理方案》有关情况介绍[EB/OL].http://www.moe.gov.cn/jyb_xwfb/xw_fbh/moe_2069/xwfbh_2017n/xwfb_20171227/sfcl/201712/t20171227_322963.html.

③ 中共北京市委教育工作委员会 北京市教育委员会等部门关于防治中小学生欺凌和暴力的实施意见[EB/OL].http://www.beijing.gov.cn/zhengce/gfxwj/sj/201905/t20190522_60253.html.

④ 在各区的实施方案中，北京市东城区教委规定，发生校园欺凌须限时上报。

⑤ 首部规范校园欺凌预防和治理的地方性法规在天津市出台 以立法方式对校园欺凌说"不"[EB/OL].http://www.wenming.cn/wmxy/yw_01/201811/t20181122_4906363.shtml.

定，我们可以发现其具有以下特点：

（一）制度规定欠缺"体系性"

对校园欺凌行为的规制，除散见于刑法、治安管理处罚法、未成年人保护法、预防未成年人犯罪法等综合性法律规定外，专项政策多见于国务院、教育部、各省市相关政策文件中，法律规定之间存在交叉、分散现象，难以形成对校园欺凌的系统有效治理。以最新修订的《中华人民共和国未成年人保护法》《中华人民共和国预防未成年人犯罪法》和《中华人民共和国家庭教育促进法》为例，《中华人民共和国未成年人保护法》第十七条、第三十九条、第七十七条、第一百三十条，《中华人民共和国预防未成年人犯罪法》第二十条、第二十一条、第三十一条、第三十三条和《中华人民共和国家庭教育促进法》第十六条均涉及校园欺凌，各自分别侧重于学校、教育行政部门（社会工作者）、父母或其他监护人责任，且规定内容较为原则化，欠缺体系衔接。同时存在重点强调预防而轻视对违法犯罪行为的制裁，难免出现头重脚轻的"防""治"体系失调问题。

（二）责任年龄制度异化为"保护伞"

目前，校园欺凌已然呈现出低龄化特点。许多欺凌者实施了极端欺凌行为，但在责任年龄的"羽翼"庇护下逃脱了法律追责。具体而言，在刑事责任上，年龄不满12周岁的未成年人实施校园欺凌，无论欺凌行为有多么严重，都不会承担刑事责任；已满14周岁不满16周岁的未成年人只对8类严重危害行为负刑事责任；12周岁至14周岁的未成年人需最高人民检察院批准追诉，所以，在此年龄段的大多数校园欺凌行为仍然不构成犯罪，一般由学校处理，至多予以治安处罚。就行政责任而言，根据《中华人民共和国行政处罚法》第二十五条和《中华人民共和国治安管理处罚法》第十二条的规定，不满14周岁的人不受行政处罚，另外，基于保护未成年人的目的，对14周岁以上未成年人违反治安管理处罚法的行为，一般会宽大处理，几乎没有惩治措施。在民事责任上，如果因为欺凌给被害人造成经济损失，则一般由欺凌者的监护人给予相应经济赔偿，且数额较少，欺凌行为的违法成本极低。

（三）专项治理局限于"运动化"

在治理校园欺凌问题过程中，相关主体往往倾向于开展专项治理行动进行集中整治，但专项行动结束后，校园欺凌行为往往会重新抬头，集中整治的效果很可能因人员、时间等客观因素制约而减弱，甚至回归常态。如此极容易出现时紧时松的执法现象，使学生、学校乃至社会公众产生一种"只要在专项整治行动中遵守法规校规即可"的错误认识，不利于校园欺凌事件的有效解决①。法治要求常规化或常态化，而"运动"则具有非常态性，它往往是对正常进程的否定或中断②。校园欺凌作为一种长期存在的社会现象，显然不能通过专项治理取得良好的效果，唯有依法治理才能对校园欺凌进行持久、稳定的规制。

二、校园欺凌治理实证分析及原因探析

要实现有效治理，需深入分析其实践问题。为尽可能穷尽研究样态，我们共选取了 300 个校园欺凌案（事）件③作为样本，并分别制作面向法院系统工作者和普通群众的问卷，共回收 413 份④，在现有研究基础上，进一步探寻理论支撑、厘清权责体系、细化操作指引。最高人民法院工作报告数据显示，2019 年，法院系统审结校园欺凌相关案件 4 192 件，但这些案件仅为校园欺凌的"冰山一角"。2016 年，针对全国 29 个县的 104 825 名中小学生的抽样研究发现，校园欺凌发生率为 33.36%⑤，大量欺凌行为不为人知。如何在有限资源下更好地治理校园欺凌？如何以少数案牍之上的欺凌案件，撬动治理机关，警示教育未成年人？法院在校园欺凌治

---

① 尹力. 我国校园欺凌治理的制度缺失与完善［J］. 清华大学教育研究，2017（4）：101-107.

② 杨解君. 法治的悖论［J］. 法学杂志，1999（6）：11-16.

③ 为尽可能全面分析校园欺凌实践现状，我们以"校园欺凌"为关键词，在 icourt 系统上进行搜索，获取最高人民法院、最高人民检察院、广东省、安徽省、江西省发布案件 21 个、刑事案件 16 个、行政案件 24 个、民事案件 218 个，并在百度网上以"校园欺凌热点事件"为关键词进行搜索。经剔除无关、补充相关案（事）例，共确定研究样本 300 个，其中热点事件 20 个、典型案件 20 个、刑事案件 20 个、民事和行政案件 240 个。

④ 面向法院系统的"校园欺凌治理"问卷共计回收 208 份，涉及高级人民法院、中级人民法院、区（县级市）人民法院、县人民法院四类法院，主要以区县人民法院为主，县人民法院占比 57%，区（县级市）人民法院占比 19%。被调查对象包括审判人员、审判辅助人员、行政人员，其中，审判人员占比 38%，审判辅助人员占比 46%，行政人员占比 16%。面向普通群众的"校园欺凌治理"问卷共计回收 205 份。

⑤ 滕洪昌，姚建龙. 中小学校园欺凌的影响因素研究：基于对全国 10 万余名中小学生的调查［J］. 教育科学研究，2018（3）：5-11.

理体系中又如何更好地发挥功能，推动未成年人司法保护？为此，我们立足于 300 个案（事）件和 413 份问卷，以司法审判实践为切入口，纵览当前我国校园欺凌治理现状，着力构建分级分类分流治理体系，从多层面提出对策，以期助力未成年人保护实践。从实证调研情况来看，校园欺凌主要集中于 12~18 周岁之间（小学五年级和六年级、初中、高中），80% 以上的法院系统工作者和普通群众认为当下校园欺凌事件欺凌者受到的处罚太轻，不能起到惩戒作用。见图 9.1 和图 9.2 所示。

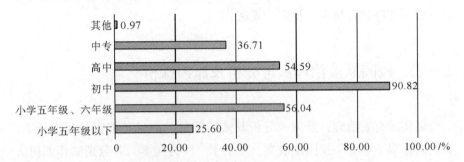

图 9.1　校园欺凌事件主要发生在哪些教育阶段群体中

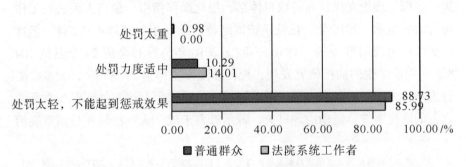

图 9.2　对当下校园欺凌事件的欺凌者受到的处罚的认知

　　法院系统工作者、普通群众认为校园欺凌事件处罚力度轻的主要原因包括：①学校对施暴者没有采取严厉的措施；②公安司法机关的教育处罚太轻；③被害人不愿说；④被害人的父母处理方式不当；⑤教师的惩戒权难以落实。见图 9.3 所示。

　　为进一步分析问卷调查结果中突出的"处罚太轻，不能起到惩戒效果"的欺凌成因、行为特征、问题根源，我们从 300 个典型校园欺凌案（事）件中，深挖其背后隐患，探寻有效治理路径。

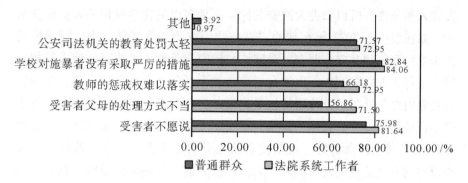

图 9.3　当下多数校园欺凌事件不了了之的原因

（一）热点欺凌事件考量

校园欺凌的外部行为表现，主要包括以下四类：身体欺凌，主要是对身体外部的物理性欺凌；语言欺凌，如取笑、威胁、恐吓、骚扰、起外号、散布谣言等；社交欺凌，包括冷暴力、鼓励排挤等；网络欺凌，即将他人隐私、经过丑化的照片发到网上，在网上侮辱诽谤他人等。多数案件尚达不到刑事案件处罚程度，仅以治安管理"对监护人进行训诫，责令监护人严加管教"[①]为处理结果，其监护人几乎无须承担任何责任。我们以社会关注热度为标准，选取了 20 个热点欺凌事件。热点欺凌事件呈现以下特点：一是行为手段极其恶劣。如"北京学生食粪事件""甘肃女生 6 分钟被打 38 记耳光""福建南安女生 3 分钟被扇 25 巴掌""江西南昌女生 99 秒被扇 32 记耳光""云南 11 名初中生围殴女同学""浙江小学一年级男孩被烟头烧烫、禁锢"等事件。这些事件中做出"排队扇耳光""强迫食粪""用烟头烧烫他人"的欺凌行为人年龄都在 5~15 周岁之间。二是多数以治安管理处罚了结。致害行为多数无法构成轻伤以上身体伤害后果，在性质、程度上，难以满足入刑要求。从性质来看，譬如强制威胁、故意伤害、强制侮辱等，属于暴力欺凌的行为，但没有达到刑法上"量"的标准，就算影响极为恶劣，也无法根据刑法相关规定予以处罚。有的案件虽从网络视频来看手段极为恶劣，但伤残鉴定结果多为轻伤，不符合故意伤

---

① 2022 年 4 月 2 日，安徽颍上县"学生被多名同学扇打"事件发生后，12 名欺凌者中的陈某（14 周岁）被处以行政拘留 10 日，其他 11 人因不满 14 周岁，依法不予处罚，仅对其监护人进行训诫，责令其监护人对其严加管教。

害罪入罪条件，所以归类为治安案件。三是多以追究学校相关人员责任为主。如在发生于2022年6月的"湖东初中校园欺凌事件"中，对学校校长采取停职处理并立案调查，对该校校园安全分管人、德育分管人及相关班主任等5人立案调查；再如在"安徽颍上县学生欺凌事件"中，学校校长受党内警告处分，分管副校长受记过处分，并被免去副校长职务，涉事班主任被记过处分。在问卷调查结果中，有93.24%的法院系统工作者和91.18%的普通群众认为"对欺凌者缺乏有效矫正手段"是导致校园欺凌难以得到有效治理的首要原因。此外，排名前4位的其他原因包括：①治理校园欺凌的责任主体不明确；②校园欺凌定义与标准不明确；③专门学校没有发挥应有作用；④对欺凌者缺乏有效的矫正手段。从总体来看，法院系统工作者和普通群众对导致校园欺凌治理不力的原因的看法差异不大。见图9.4所示。

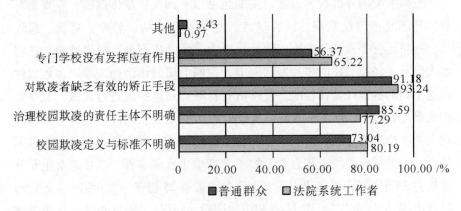

图9.4 治理校园欺凌不力的原因

（二）典型刑事案件考量

在最高人民法院、最高人民检察院和广东、安徽、江西三省发布的21个典型案件中，除1个案件涉及"法治副校长"履职宣传外，其余20个案件均为刑事案件。这些案件的责任承担方式多以欺凌者被判处三年以内有期徒刑、监护人承担相应赔偿责任为主①，但在刑事附带民事诉讼中仅赔偿"直接损失"，且不支持精神损害赔偿的"一般原则"背景下，监护

---

① 2016年11月23日，北京市海淀区人民法院以寻衅滋事罪对"女生遭同学围堵轮扇耳光视频"中的3名施暴女生分别判处6个月至8个月不等的有期徒刑。

人的赔偿可谓"杯水车薪"。以杨某、雷某故意伤害案为例，16 岁的在校中学生罗某被杨某、雷某与刘某、欧某、李某等 11 人轮流殴打，导致罗某右肺挫伤、左侧气胸，达到重伤二级。法院对已成年的被告人杨某、雷某分别判处有期徒刑五年和四年，其余 9 人未承担刑事责任。11 名加害人，刑事附带民事赔偿金额仅 3.5 万余元，人均 3 000 余元，对食宿费、补课费、精神抚慰金等均不予支持，实难达到威慑、警示作用，更难以补偿被害人的身心伤痛。此外，刑事案件还呈现出以下特征：一是校园欺凌认定的标准不明，典型案件之间存在"以暴制暴"或"正当防卫"的巨大认定差异。二是未成年人涉黑恶犯罪问题突出，约占比 35%。三是加害人数众多。在 40 个案件中，行为人为 2 人以上的案件达 28 个，占比高达 70%，可见校园犯罪行为人更倾向于团伙作案。

（三）民事行政案件考量

在 216 个民事案件中，一审案件 162 个，二审案件 48 个，再审案件 4 个，其他案件 1 个，国家赔偿与司法救助案件 1 个，一审上诉率约为 29.7%。通过对比分析，我们发现其具有以下特征：一是多主体侵权案件权责配比尚未达成共识。约三分之一的多人欺凌案件经历二审。5 人以下欺凌的，法院多以欺凌者原因力大小确定责任比例；5 人以上的，多在确定主要责任人基础上，均衡确定责任比例。二是学校承担赔偿责任比例较高。如在（2018）冀 0824 民初 3053 号案件中，以住校期间发生，学校负有监管责任为由，判定学校承担责任 60%。三是精神损害抚慰金支持率低、判赔额度低。在我们随机抽取的 10 个案件中，支持精神损害抚慰金的有 4 个，多以被害人被判定为抑郁等精神疾病为前提，其中最高 3 万余元，最低 5 000 元。其中的 24 个行政案件，裁判结果均为"驳回"，主要分为两种类型：一类是监护人不服公安机关做出的治安管理处罚决定引发争议，共 16 个，占比 67%。另一类是监护人不服学校、教育部门对学生做出的处分决定引发争议，共 8 个，占比 33%，其中单独起诉教委的有 5 个。前述两类行政案件最大的共同点为"监护人不服"引发争议，可以推测，公安机关、学校在处理校园欺凌事件尤其是学校介入处理时，尤为审慎，否则可能将面临被诉或承担责任的风险。见表 9.1。

表 9.1 10 个随机典型案件分析

编号	案号	案件名称	行为	后果	责任比例	精神损害抚慰金	是否经过二审
1	(2019)豫 15 民终 4489 号	周某、杨某生命权、健康权纠纷案	殴打、辱骂	头部受创	三个欺凌者依照原因力大小承担责任	无	是
2	(2016)京 0105 民初 71079 号	李某与于某等健康权纠纷案	殴打、恐吓	身体损伤、精神抑郁	法院酌定责任份额	无	是
3	(2019)湘 31 民终 1003 号	杨某与戴某等身体权纠纷案	拳打脚踢、跟踪恐吓	身体损伤、重度抑郁	法院酌定责任份额	无	是
4	(2016)豫 17 民终 3273 号	马某与门某、张某甲生命权、健康权、身体权纠纷	以扇脸、推搡的方式进行殴打	引起鼻炎复发,支出医疗费用 15 631.36元	酌定三被告承担原告 3 000 元的损失,分别负担 1 500 元、750 元、750 元	无	是
5	(2021)甘 0982 民初 1601 号	王某 1、敦煌市第二中学等身体权纠纷案	美工刀划伤	伤残九级	范某 30%,张某、王某各 20%,学校承担 30% 责任	5 000 元	否
6	(2018)皖 04 民终 1059 号	赵某 1、吕某生命权、健康权、身体权纠纷	殴打	跳楼	监护人承担各项损失 115 000 元,学校不承担责任	无	是
7	(2018)川 05 民终 973 号	郑某 1、郑某 4 生命权、健康权、身体权纠纷	殴打	右肱骨髁上粉碎性骨折	刘某 1、贾某 1 等 15 人共同承担 63% 的连带赔偿责任、小学承担 20% 赔偿责任、罗某 1 承担 17% 责任	无	是
8	(2020)粤 19 民终 2589 号	赵某等与王某等生命权、健康权、身体权纠纷	打耳光、谩骂、泼肥皂水、倒洗衣液于头上	左眼化学灼伤(鉴定为轻微伤);抑郁	被告 4 人,其中 2 人承担 70%,另 2 人承担 30%,合计113 249.77元	34 032.91元	是
9	(2018)冀 0824 民初 3053 号	王某1与李某1、李某 2 生命权、健康权、身体权纠纷	殴打	抑郁	学校承担 60% 责任(住校期间发生,学校负有监管责任),其余 3 人合计承担 40% 责任	10 000 元	否

编号	案号	案件名称	行为	后果	责任比例	精神损害抚慰金	是否经过二审
10	（2016）京 0105 民初 71079 号	李某1与于某2等生命权、健康权、身体权纠纷	殴打	抑郁	于某1承担60%、学校承担40%责任	8 000 元	否

（四） 责任失衡原因探析

基于前述实证分析和制度规定，可发现校园欺凌事件发生的原因有家庭监护责任刚性不足、处罚梯度欠缺、责任边界模糊等。

1. 家庭监护责任刚性不足

最新修订的《中华人民共和国预防未成年人犯罪法》的第十六条新增了"未成年人或者其他监护人对未成年人的预防犯罪教育负有直接责任"的规定，明确监护人"应当依法履行，不得拒绝或者怠于履行监护职责"。但是，对于应当承担"直接责任"的范围标准与认定程序，并未提及。《中华人民共和国家庭教育促进法》将"家庭责任"作为总则后的第一章，以倡导性立法模式规定了家庭的监护职责，在原有责任方式"训诫"之外，明确了"家庭教育指导"的内容。同样，新修订的《中华人民共和国未成年人保护法》明确提出"家庭、学校、社会、网络、政府、司法"六大保护体系，其中"家庭保护"居于首位，但仅对家庭监护职责进行了限定，怠于监护或侵害被监护人的行为后果也仅为"训诫"或"家庭教育指导"，力度较弱。在现行法律制度中，监护人的责任形式包括刑事责任、民事责任和行政责任三类，监护人现有的责任形式以行政类别为主，主要包括"训诫""家庭教育指导""责令严加管教""剥夺监护权"，民事责任主要为赔偿责任，刑事责任并未涉及。综合 300 个校园欺凌案（事）例实证分析来看，我们可以发现：首先，训诫令、指导令、管教令仅以口头方式做出，配套机制不足，刚性欠佳，仅在 20 个热点治安管理事例中个别出现训诫令、管教令。其次，经济赔偿责任，仅在承担"直接损失"的原则基础上存在，且赔偿额度普遍较低，威慑较弱。甚至存在刑事附带民事赔偿与民事赔偿额度"倒挂"现象：伤害更为严重的刑事案件因不支持精神损害赔偿，赔偿额度相较于支持精神损害抚慰金的民事案件更低，即使被告人并未被追究刑事责任。最后，用于较为极端、严重侵害被监护人权益情形的剥夺监护权判罚，在校园欺凌案件中尚无一件涉及。

2. 处罚梯度欠缺

校园欺凌事件入刑标准高、预防措施弱，处罚手段欠缺"中间档"。一方面，刑事责任年龄成为"保护伞"。《中华人民共和国刑法修正案（十一）》将刑事责任年龄下限调整至12周岁，然而，目前校园欺凌已呈现低龄化特点。在300个案（事）件中，最小欺凌者只有5周岁。这导致年龄不满12周岁的未成年人实施校园欺凌后，无论欺凌行为多么严重，都不会承担刑事责任，如因欺凌造成经济损失，一般仅由其监护人给予有限的经济赔偿。另一方面，制度规定重"防"轻"治"。校园欺凌行为的规制，除散见于刑法、治安管理处罚法、未成年人保护法、预防未成年人犯罪法等综合性法律规定外，专项政策多见于国务院、教育部、各省市的相关政策文件中，法律规定之间存在交叉散乱现象，难以形成对校园欺凌的有效治理。

3. 责任边界模糊

校园欺凌虽然在诸多法律中均有所涉及，但法律实践效果并不乐观，其根本在于校园欺凌概念模糊，实践中标准不明确，导致责任边界不清。《中华人民共和国未成年人保护法》首次明确了"校园欺凌"的定义，包含4个要素：行为主体为"学生之间"；主观状态为"一方蓄意或者恶意"；行为方式为"通过肢体、语言及网络等手段实施欺压、侮辱"；行为后果为"造成另一方人身伤害、财产损失或者精神损害"。但仍有诸多行为尚难归入定义"四要件"。其一，"学生之间"的标准较为严格，校园欺凌以多欺少为主要模式，在实施加害行为时多以小团体"抱团"方式实施共同侵害，其中不乏教唆犯、帮助犯、胁从犯。大量案件呈现校内外人员共同侵害的情形，此类案件是否应当然纳入？其二，在主观状态方面，司法实践中存在"以暴制暴"或"正当防卫"两种司法评价观点，"以暴制暴"的评价居于多数，多用于认定被害人存在过错，适用过失相抵原则，反击欺凌的行为边界如何确定？此类尚无定论的问题还有很多。

三、国家介入校园欺凌治理的理论基础与权力边界

与实践中如火如荼的现状相比，理论界更关注欺凌治理的理论基础和权力边界等问题。从学理层面梳理国内外关于校园欺凌的内在动因和外在动力机制，将有助于学校与教育部门、媒体、家庭和社会进一步深入理解校园欺凌，进而更好地落实未成年人保护法相关要求，对校园欺凌采取有效预防和干预措施。

（一）校园欺凌理论研究尚未形成体系

由于校园欺凌研究范围涉及面广，且具有法学、社会学、心理学等学科交叉特点，要掌握其发展脉络、评估其发展态势和趋势难度较大，单靠经验、个案、定性分析难以提供客观全面的研判。2016 年 4 月，国务院印发《关于开展校园欺凌专项治理的通知》，首次在国家层面正式文件中明确使用"校园欺凌"一词。为深入了解既有理论研究成果，我们以"校园欺凌"或"校园欺负"为主题，在 CNKI 数据库中检索到从 1999 年至2021 年共有 1 418 篇学术期刊论文。从发文量看，2016 年是明显突变点，相关研究文献从 2015 年的 9 篇飙升至 2016 年的 99 篇，之后几年维持在年均 100 篇左右[1]。2016 年以来的校园欺凌研究成果总量高达 1 236 篇。但总体来讲，研究程度还多停留在操作层面，尚未形成关于"校园欺凌"的理论架构体系。从文献产出领域分布来看，文献涉及的范围较广，其中"科学文化教育与新闻出版"和"法学"研究领域文献约各占 50%[2]。从法学研究角度切入的文献中，多聚焦于检察制度、行政法、治安管理等领域，研究视角较为宏观，欠缺司法实践的具象研究视角。另外，相关领域

---

[1] 2017 年 174 篇、2018 年 166 篇、2019 年 149 篇、2020 年 105 篇、2021 年 64 篇。

[2] 关于校园欺凌的文献学科分布：科学文化教育与新闻出版（638 篇），检察院制度（79篇），各国行政法（59 篇），治安工作（35 篇），刑法总则（32 篇），侵犯公民人身权利、民主权利罪（32 篇），刑事诉讼法（32 篇），债权（31 篇），类型犯罪论（22 篇），妨害社会管理秩序罪（21 篇），犯罪原因及防控（21 篇），宏观调控制度（13 篇），法学一般理论（8 篇），法院制度（7 篇），民法总则（6 篇），其余领域较为零散，不再逐一列举。

学者文献集中度不高，发表文献最多的仅有 3 篇①。在研究文献中，学者们主要侧重成因分析，从个体、群体、家校系统以及社会结构四大视角探索校园欺凌发生、发展、升级、变化及其终止的过程和原因：其一，在个体视角，聚焦于探究个体特质、认知偏差、同理心缺乏和道德推脱等校园欺凌的内在动因机制；其二，在群体视角，关注不同的欺凌参与角色，阐释群体与个体的权力不均衡状态及复杂的朋辈关系交织下校园欺凌的群体动力机制；其三，在家校系统视角，强调家庭、学校等子系统对校园欺凌的发生和发展有着重要影响；其四，在社会结构—文化视角，主张从社会结构不良、功能失调、控制缺失或现代社会的风险等结构因素和不平等的社会规范、文化观念等宏观层面解释校园欺凌的社会动力机制。总体来讲，目前理论研究中治理欺凌的方式较为单一，重"预防"轻"处置"，重"专项"轻"常态"，重"点位"轻"协同"。尽管校园欺凌事件主要在学校场域发生，但它受到青少年个体、同伴群体、家校环境和社会、结构文化等多方面因素的影响，仅靠扩大学校责任的方式，无法达到有效治理的目的。

（二）"国家亲权"奠定校园欺凌治理理论基础

"国家亲权"是指国家对未成年人和其他法律上无行为能力人享有一般的监护权②，包含三重面向，即未成年人利益最大化、国家通过法律固定义务和责任、未成年人个别化对待。在此逻辑下，国家干预校园欺凌既可以及时预防青少年犯罪与被犯罪，又可以引导青少年正确价值观的逻辑形成。任何权力均有边界，国家权力介入监护亦不例外，因此重点在于与未成年人、家庭、学校和社会主体的联合与合作。基于此，一方面，国家应正视青少年、家庭、学校与社会权利，以法律规定为边界，控制权力膨胀和过分干预；另一方面，重视多元主体协同合作，家庭、家族、学校、司法力量的合作可以有效预防未成年人犯罪，法律合作将成为现代生活中

---

① 关于校园欺凌的研究学者文献发表数量：杨春磊（3篇）、陶建国（3篇）、佟丽华（3篇）、王军（2篇）、尚秀云（2篇）、郭开元（2篇）、王静（2篇）、张香兰（2篇）、张寒玉（2篇）、张济洲（2篇）、祁占勇（2篇）。

② 迟颖. 未成年人监护人违反法定限制之法定代理的效力：《民法典》第35条第1款解释论[J]. 法学，2022（9）：135-149.

社会控制的一种新媒介①。在处理未成年人犯罪案件时，司法机关、行政部门、社会组织、家庭亲人以及社区应共同参与到未成年人犯罪的预防和治理之中，通过去除未成年人背景、合理分流和协调配合等来使犯罪人员得到适当惩罚，可实现共同控制校园欺凌的目的。

四、构建以监护人责任为轴心的校园欺凌治理体系

未成年人保护司法政策构建要有全局思维，尤其是犯罪预防。法治是最基本、最重要的治理模式，依法行事是法治的必然要求。当然，"徒法不足以自行"，法律并不是万能的，责任判定和综合治理并行，方可标本兼治。

（一）司法系统：构建监护人责任评定体系

图 9.5 显示，93.72%的法院系统工作者认为，父母及其他监护人对未成年人监护承担民事责任，应当根据监护履职证据，判定赔偿金额的增减。

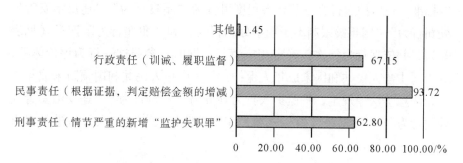

图 9.5　对监护人应承担"直接责任"的认知

1. 以履职情形判定监护人赔偿责任

家长对子女全部的生活关系存在监护义务，并且至少要进行不得侵害他人生命和身体这一基本社会规范教育。也就是说，如果被害人家长未能履行监护教育义务避免损害的发生，可以减轻对方的赔偿责任（降低赔偿数额）。

---

① 唐·布莱克. 社会学视野中的司法 [M]. 郭星华，译. 北京：法律出版社，2002：46-54.

（1）评定原则：对被监护人与监护人行为进行双重考量。在一般案件中，责任判定以行为人过错适用"过失相抵原则"。但监护责任是典型的行为人与责任人分离的责任类型，行为人因行为能力、责任能力受限，才发生责任转移。行为人发生过错的可能性和思想认知状况与监护人行为密切相关，因此，在监护责任判定时，应同步考量行为人、监护人行为过错，监护人并非仅承担监护责任而已。比如，大津市校园欺凌自杀事件①，法院判决中考量家长并未完全尽到监护责任的依据包括父母分居、父母吵架、父亲三次实施暴力、父亲言语打压等6项（见表9.2）。在我国，《中华人民共和国预防未成年人犯罪法》也将未成年人早期问题行为分为"不良行为"和"严重不良行为"，并适用严厉程度不同的处置措施。但两个概念界限和逻辑关系存在交叉重叠，"严重不良行为"中有的已触犯治安管理处罚规定，有的触犯刑法但因年龄限制不构成犯罪，还有的仅作为入罪判定依据。概念之间的包容与交叉，在实践中将导致种种矛盾。鉴于我国法律将危害行为区分为"违法"与"犯罪"的二元立法模式，境外的虞犯制度、身份犯制度，对明确被监护人与监护人行为分级分类考量提供了借鉴。因此，依据行为性质和危险程度，与我国立法体系契合且容易识别等标准，被监护人行为按照致害程度可分为"不良行为""违反治安管理处罚行为""因年龄限制不予刑事处罚行为"和"犯罪行为"四类（见表9.3），并依据行为档次，确定相应责任。同时，参照这一行为评价体系，基于《中华人民共和国未成年人保护法》《中华人民共和国预防未成年人犯罪法》等法律规定，将监护人行为划分为"不良行为""违反治安管理处罚行为"和"犯罪行为"三类，综合被监护人与监护人行为进行双重考量。

---

① "大津市校园欺凌自杀事件"影响巨大，直接推动了日本政府制定《校园欺凌对策防止推进法》，在法院判决中，考量家长并未完全尽到监护责任的依据包括：A. 父母关系差。母亲与父亲分居，致使该学生失去了母亲的疼爱，丧失了能够安抚心灵的场所。B. 自杀前一天，母亲和父亲表明了要离婚，增加了该学生的生活不安感。C. 该学生擅自在外住宿以及从银行卡取钱时，遭受父亲伴有暴力的体罚。D. 老师告知家长该学生在学校的纠纷情况时，家长（父亲）对学生实施暴力。E. 该学生离开家庭到祖父母家中居住期间偷拿祖父母的钱，父亲对其进行体罚。F. 在心理咨询机构告知家长孩子可能存在低度发育障碍后，父亲对孩子说"你总是反复做同样的事情，是有病吧"，造成孩子离家出走。转引自：陶建国，王瑜. 日本校园欺凌事件中家长责任的司法认定 [J]. 石家庄学院学报，2021，23（5）：144-150.

表9.2 日本校园欺凌案件中的家长责任司法认定①

案件名称	判决法院	法院认定
津久井中学校园欺凌诉讼案	横滨地方法院	虽说学校是义务教育，但孩子的教育本来应该由其父母承担首要责任
丰中市第十五中学欺凌诉讼案	大阪地方法院	即使是中学生，基于亲权人原则，家长也应当就整个生活关系方面对其进行保护和监督，至少要对孩子进行不得对他人生命和身体施加不法侵害等社会生活基本规范的教育，强化其对社会规范的理解和认识，促进中学生人格的成熟，这是家长"广泛和深远"的义务
七塚小学欺凌诉讼案	金沢地方法院	表明了家长监护教育义务的范围，认为无论孩子在家庭还是在学校，原则上家长的教育及于孩子生活关系的全部，对他人的生命和身体不得施加不法侵害，作为家长，有义务使其掌握这一基本规范
安城市中学欺凌事件	名古屋地方法院	在该事件中，实施欺凌行为的学生家长知道平时孩子有爱管闲事的习惯，也曾因孩子实施暴力而到对方学生家中道歉，基于此，法院认为在日常生活中父母有义务提醒、指导和监督孩子不要对他人实施暴力伤害行为，从孩子喜欢欺负人的粗暴性格及事件不断升级的经过来看，家长应当能够预见到孩子的欺凌行为，由于怠于履行监护教育义务致使发生了加害行为，家长应当承担责任
三乡市中学欺凌事件	埼玉地方法院	在该欺凌事件发生之前，五名加害人就存在吸烟、戴耳环、结成不良团伙、实施暴力等行为，对此家长有所知情或者应当知情，应当预见到这些孩子早晚会对弱者实施欺凌或暴力行为。但是家长们都没有在监护教育方面做出特别的努力，而是放弃实施监护教育，未能消除五名加害人的问题行为
大津市校园欺凌自杀事件	大阪高等法院	大津市皇子山中学二年级学生不堪忍受班里三名学生的反复欺凌而自杀。针对本事件的民事诉讼，于2020年2月27日做出二审判决，法院认定了加害人的赔偿责任。二审法院还同时认定自杀学生的家长也存在过错，降低了赔偿数额。法院在判决书中表示，"自杀是根据自己的意思实施的，家长没有构筑起健全的家庭环境对遭受欺凌的孩子给予精神抚慰"。法院认为不健全的家庭环境亦为造成自杀的原因之一，不良家庭环境增加了该学生心理负担和不安感，在无法获得精神安慰状况下产生绝望情绪，故而可以说，被害人的家长存在过错

---

① 陶建国，王瑜. 日本校园欺凌事件中家长责任的司法认定 [J]. 石家庄学院学报，2021，23（5）：144-150.

表 9.3　被监护人四类行为考量因素（以致害程度递进）

被监护人行为 考量因素	不良行为	违反治安管理 处罚行为	因年龄限制不予 刑事处罚行为	犯罪行为
	自害行为	轻度危害	中度危害	重度危害

（2）评定标准：以监护人对行为人欺凌的"预见可能性"为考量。参考日本监护人赔偿责任的判定模式①，在司法实践中，法院利用相关事实对家长是否怠于履行监护教育义务进行判定，一般会考虑家长对孩子实施欺凌行为是否存在"预见可能性"。如果已经知晓被监护人存在暴力倾向、实施过暴力或欺凌行为、存在实施欺凌行为的苗头，但家长未采取管教措施以避免欺凌行为发生，法院将认定家长怠于履行监护教育义务而存在过失。

（3）评定额度：以"双向监护责任"为考量。在正向角度，就加害人的监护人责任履行情况进行评定，如完全尽到监护职责，则按照"必要性原则"，就被害人实际支出承担赔偿责任；如存在监护瑕疵，则按照监护瑕疵程度，调整精神损害赔偿额度或增加惩罚性赔偿适用。在反向角度，就被害人监护人责任履行情况进行判定，如完全尽到监护职责，则按照一般规定获得赔偿；如存在监护瑕疵，则按照监护瑕疵程度，扣减对方赔偿金额，据此判定家长和监护人的欺凌赔偿责任。

2. 建立未成年人特殊保护精神损害赔偿制度

一是明确刑事案件中精神损害赔偿制度。《中华人民共和国刑事诉讼法》第一百零一条规定，被害人由于被告人的犯罪行为而遭受物质损失的，有权提起附带民事诉讼，即在刑事法律相关规定可以为精神损害赔偿提供依据的现实状况下，明确并细化校园欺凌案件的精神损害赔偿制度。《最高人民法院关于适用〈中华人民共和国刑事诉讼法〉的解释》第一百七十五条第二款规定，"因受到犯罪侵犯，提起附带民事诉讼或者单独提起民事诉讼要求赔偿精神损失的，人民法院一般不予受理"。其中，交通肇事罪作为除外条款，做了例外规定。第一百九十二条第三款明确规定，"驾驶机动车致人伤亡或者造成公私财产重大损失，构成犯罪的，依照

---

① 比如，在上述 1994 年的"津久井中学校园欺凌诉讼案"中，一名学生因不断遭受同学的欺凌而在家中上吊自杀。该学生生前一直与加害人存在矛盾和纠纷。在诉讼中，法院认定被害人的家长存在过错，为此降低了将近 2 000 万日元（约 98 万元人民币）的赔偿额。

《中华人民共和国道路交通安全法》第七十六条的规定确定赔偿责任"。与2012年《中华人民共和国刑事诉讼法》解释规定的"不予受理"相比，新司法解释改采"一般不予受理"的表述，表明在特殊情况下，比如交通肇事罪，对精神损失主张可以受理，为校园欺凌未成年人精神损害赔偿预留了空间。

二是探索民事案件中实施惩罚性赔偿制度。提高民事案件中精神损害抚慰金额度，让欺凌者承担更重的行为、经济成本，方能实现威慑。判定精神损害抚慰金多以被害人被诊断为精神疾病为前提，疾病治疗、心理恢复需要漫长的修复期，现有的仅万余元精神损害抚慰金额度，实难达到抚慰效果，建议探索在未成年人保护领域实施惩罚性赔偿制度。就法律条文来看，《中华人民共和国民法典》第一千一百八十三条规定了侵权情形的精神损害赔偿范围，包括侵害人格利益和身份利益的损害赔偿，即"精神损害赔偿是被害人因人格利益或身份利益受到损害或者遭受精神痛苦而获得的金钱赔偿"；《最高人民法院关于审理人身损害赔偿案件适用法律若干问题的解释》第一条第一款规定，"因生命、身体、健康遭受侵害"有权请求赔偿物质损失和精神损害。上述规定为精神损害赔偿制度的细化奠定了立法基础。

（二）前端系统：构建多元共治体系

防治校园欺凌需在现有的治安处罚、刑事处罚等成人司法体系基础上，探索以政府为主导，专业的第三方机构为主体，学校和家庭为基础，多元主体共治欺凌的长效机制。

1. 预防主体：学校

在我们面向公众的205份关于校园欺凌的问卷中，94.12%的普通群众认为，学校有必要建立分类预防机制（重点盯防个别学生、特殊盯防少数学生、一般盯防多数学生），理由是学校对预防校园欺凌责任重大；有95.1%的普通群众认为学校应当在校园欺凌中承担主要责任，56.04%的法院系统工作者认为学校应承担主要责任；仅有5.88%的普通群众认为学校没有必要建立分类预防机制，其原因是该分类预防机制对预防校园欺凌的效果不明显，对学生进行分类不利于学生心理健康发展。分类预防模式可借鉴美国反校园欺凌做法①：教育研究者通过对"公共健康预防模型191"进行改编，形成一个学校预防的三角结构模型。在这个三角结构模型中，位于最底层的是约占80%的未出现明显的学习或社会行为问题的学生，属于基本预防；中间层是约占15%的需要接受目标预防的学生，予以一般预防；最顶层是约占5%的正在经历明显的学习或社会行为困难的学生，给予特定预防。

2. 认定主体：第三方组织

聚焦不同方向，提供专业化意见，专业第三方机构的作用如下：其一，为解决实践中的欺凌认定难题提供相对统一的标准，进而提供相对更为客观的认定结果；其二，为欺凌干预实现修复性正义提供了一种可靠、有效且便于实施的方法，更接近于学校的教育初衷；其三，既消除了学校、教师被迫扮演法官、警察、保安等角色来处理欺凌的不适，又可以避免公权力的过度干预。

3. 处置主体：教育行政机构

欺凌行为规制应当贯彻"罪错分级处置"原则，在刑事手段难以实现对校园欺凌有效治理的现实情况下，对等细化相关处置措施，以确保"行责相适"，根除现行模式中中间责任缺失等问题。对此，德国已形成较为完备的治理校园欺凌行为的法律规制体系，值得借鉴②，见表9.4。

表9.4 德国柏林州校园欺凌行为的法律规制体系

教育目标	两种能力的培养：一是发现并理智化解冲突的能力；二是在尊重、平等和非暴力理念下与人交往并公正对待他人的能力
教育措施	与学生开展教育对话、达成协议、口头批评、记入班级登记簿、赔偿损害及暂时没收物品等

① 美国作为移民国家，不同种族之间的欺凌事件比较普遍，美国早期的反欺凌法就是针对不同种族之间的相互欺凌而制定的。如1964年的《民权法案》第六款规定"任何美国公民不得因为种族与肤色的不同而受到他人歧视"，如有此类情况发生，被欺凌者有权依照此法律获得救济。1972年，美国总统尼克松签署了《教育法修正案第九条》，这是有关教育方面的反欺凌条款，规定个人教育权益不得因性别原因被剥夺或受到歧视。自1990年开始，美国出台了《校园安全法》；1994年，美国通过了《校园禁枪法》《安全无毒学校及社区法》《美国2000年教育目标法》等，其中都有关于反对校园暴力、维护校园安全的规定。美国是判例法国家，其立法具有细节化、操作性强的特点。参见：陈琴. 反校园欺凌，应以"预防为先"：对美国反欺凌立法和实践的分析及启示 [J]. 教育科学研究, 2020 (12)：71-77.

② 杨大可. 德国校园欺凌法律规制体系及司法实践探析 [J]. 比较教育研究, 2020, 371 (12)：100-106.

表9.4(续)

规制措施①	仅在教育措施未能化解冲突或无法保证取得预期效果时，方可依据相称性原则采取规制措施。在特殊情况下，若不当行为的严重程度足以使教育措施成为徒劳，学校则可跳过教育措施立即采取正式规制措施。包括书面警告、10个教学日不得参加班级和其他学校活动（转入另一平行班级或教学小组）、转入采取相同课程设置的其他学校以及在完成义务教育后勒令其退学。最终禁学令成为最严厉的规制措施，以严重或反复的不当行为作为实施条件
惩罚性措施	涉及刑事责任的，由法院判决处置。由于规制措施的出发点（与刑法不同）不是基于学生对违纪状况的过错而是该状况本身，因此它并不取决于涉事学生的刑事责任年龄。但若符合德国《刑法典》第32条的自卫要件，则不得采取规制措施。采取规制措施时，学校享有教育评估的裁量权，而且此项权利仅接受非常有限的司法审查。法院仅限于对如下事项做出判断：决策者是否违反程序规则，是否存在事实认定错误，是否遵守普遍适用的评估标准，是否不当考虑了与事实无关的因素，是否遵循了相称性原则，评估是否过于武断

对照来看，我国校园欺凌治理最为欠缺的，即德国柏林州应对校园欺凌行为中的"规制措施"，也就是在作为"软法"的"教育措施"与"硬法"的"惩罚措施"之间出现了"行为治理真空"，且这部分行为才是校园欺凌的主要行为。因此，鉴于《中华人民共和国教育法》第十五条规定，地区教育行政部门"主管本行政区域内的教育工作"以及学校主要承担"教育措施"和"欺凌预防"职能，可参考德国柏林州的校园欺凌规制模式，由教育行政部门主责承担"规制措施"。按照行为轻重程度，采取五个层次的规制措施：第一层次，书面警告；第二层次，10个教学日不得参加班级和其他校内活动；第三层次，转入另一平行班级或教学小组；第四层次，转入采取相同课程设置的其他学校；第五层次，最终禁学令，即在完成义务教育后勒令其退学。如此，可有效填补"教育措施"与"惩罚措施"之间的真空地带，对应增加欺凌行为成本，也可以避免学校同时作为校园欺凌行为治理"运动者"与"裁判者"的角色混同，对于参与欺凌治理的第三方社会机构也有一定的监督作用。

---

① 规制措施不属于惩罚性措施，而是确保学校正常运转的治理措施，而且仅在相关学生存在客观违反义务的不当行为时方可实施。其他联邦州的中小学教育法大同小异。例如，某些州将禁止上课或勒令退学的威胁作为独立的规制措施。在某些情形下，禁学令最长可能持续4个星期、3个月甚至直至本学年结束，而一些联邦州甚至将此类禁令从特定学校扩展适用于本州的所有公立学校。各州中小学教育法几乎均规定相关学生的不当行为必须达到干扰正常教学工作或危害他人学校生活的程度，才能采取相应的规制措施。

第十章 未成年人案件审判
延伸工作机制的完善

近年来，人民法院积极贯彻未成年人双向保护、儿童最大利益、国家亲权等原则和理念，坚持未成年人司法的重要理论内核和专门化发展路径，在实践中主要围绕"教育为主、惩罚为辅"的刑事司法政策，发展出的社会救助、回访帮教、社会调查等延伸工作，已成为少年法庭①的工作精髓。然而，目前的少年法庭"专门化"实践，受制于未成年人案件总量、员额配置、考核标准等一系列因素影响，尚未实现真正意义上的"专人专职"。延伸工作的开展也相应地因理念固化、重视不够、资源不足等问题，存在诸多困境，甚至原本的亮点也呈逐渐弱化的趋势。本章即以此为研究缘起，检视未成年人案件审判延伸工作现状，探讨未成年人案件审判延伸工作完善的可能路径。

一、未成年人案件审判延伸工作的类型

考察未成年人案件审判延伸工作的实证样态，有必要回溯制度设立初衷，对其进行功能价值的类型化界定，以此衡量制度价值与司法实践的契合度。

我们问卷调查②的结果显示，S省开展的未成年人案件审判延伸工作主要包括：①法治宣传；②回访帮教；③社会调查；④发出家长告知书、保护令等；⑤协调社会救助；⑥心理干预；⑦司法建议；⑧其他（合适成年人到

---

① 本章所说少年法庭并非严格意义上的少年专门化法庭，而泛指人民法院审理未成年人案件的专门化审判模式。

② 本章引用的调查问卷均为面向法官群体发放类别。

场制度、强化"法庭教育"、社会观护、圆桌审判等)。具体见图10.1。

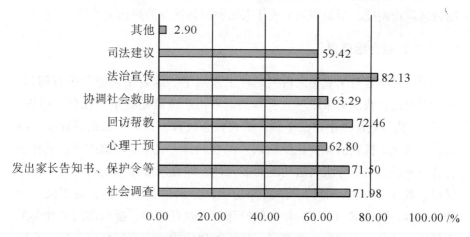

图 10.1　您所在法院开展的未成年人司法延伸工作

以上未成年人案件审判延伸工作，按照其功能可区分为修复型、综合治理型、诉讼权利保障型①。

（一）修复型

有学者认为，修复型司法理念的萌芽，意味着刑事司法从单一焦点——对罪犯进行社会责难，转变为社会共同回应多重目标——对罪犯回应、关注被害人和社会需求②。而修复型司法即是未成年人司法保护中的"教育为主、惩罚为辅"刑事司法政策的理念内核。为顺应社会发展趋势，我国未成年人司法保护的制度构建也从过去偏向保护型司法理念到践行修复型司法进行探索，如在《中华人民共和国未成年人保护法》《中华人民共和国预防未成年人犯罪法》等多部法律法规中，均强调预防未成年人犯罪及犯罪矫正、保护未成年人的社会共同责任。在司法实践中，人民法院的诸多延伸工作职能更是对修复型司法理念的直接体现。例如，旨在对未成年人的成长经历、犯罪原因进行调查形成报告，以便针对其身心开展教育挽救、社会救助等措施的社会调查制度；营造轻松和谐的庭审环境、缓解对立情绪、关注罪错未成年人心理状况的圆桌审判、心理干预等；促使其真

---

① 需要说明的是，三种分类并不是并列关系，而是交叉关系。比如，帮教回访兼具修复型和社会治理型两种功能特征。

② 施慧玲. 家庭、法律、福利国家［M］. 台北：台湾元照出版公司，2001：281-283.

心悔悟的法庭教育；促使罪错未成年人承担社会责任、修复受损社会关系的社区矫正制度；帮助罪错未成年人顺利回归社会的回访帮教等。

（二）综合治理型

早就有学者对未成年人审判延伸工作属于"综合治理型"进行阐释。有学者提出，我国对未成年人犯罪的刑事司法政策模式是"社会·司法"模式①，其特点是缩小司法干预，扩大社会教育，把对违法犯罪青少年的教育、感化、挽救的保护原则纳入"综合治理"的总体战略中②。更有学者进一步提出未成年人司法功能的多元性，即在未成年人司法过程中存在维权、教育、矫正、观护、预防等功能，分别由公安部门、检察院、律师、法院、矫正部门、未成年人保护部门、教育部门、福利部门、社会工作部门、社会治安综合治理部门、社区管理机构、家庭等行使并发挥不同的作用，从而组成未成年人司法一体化的趋势和司法—社会一体化的整体结构③。反向审视未成年人司法制度实践，"必须向体系之外，向社区里延伸"④，应打破自身的封闭性，主动融入社会治理，致力于共建未成年人保护的社会—体化体系。少年审判法官所肩负的教化、修复性司法等社会责任，远大于其他法官纯粹的"定分止争"职能。在审判之外的司法建议、法庭教育、法治宣传、家长告知书和保护令等，均可归入人民法院主动融入未成年人社会保护体系的延伸工作类型。

（三）诉讼权利保障型

国家亲权是未成年人保护的重要理论基础，其核心在于打破公权、私权界限，通过"国家责任"的形式，保障未成年人利益最大化。这主要表现在当家庭无法尽到对未成年人的抚育、教养、保护职责甚至侵犯未成年人权益时，可由国家承担相应的救济、抚慰、教育的责任，并进行必要的司法干预和制裁。在诉讼层面，国家亲权表现为家长职责缺位或诉讼能力

---

① 如马克昌等认为少年司法是"社会·司法"模式，储槐植等学者认为少年司法具有"社会司法"特征。参见：马克昌. 中国刑事政策学 [M]. 武汉：武汉大学出版社，1992：325；储槐植. 刑事一体化关系刑法论 [M]. 北京：北京大学出版社，1997：284.

② 卢建平. 刑事政策学 [M]. 3 版. 北京：中国人民大学出版社，2021：210.

③ 钱晓峰. 少年司法跨部门合作"两条龙"工作体系的上海模式 [J]. 预防青少年犯罪研究，2015（3）：38-51.

④ 皮艺军. 中国少年司法制度的一体化 [J]. 法学杂志，2005（3）：24-29.

不足时，通过公权力及时予以救济，以充分保障未成年人的权利和意愿表达。例如，未成年人案件中依职权调查取证的力度明显与其他案件不同，民事案件中未成年当事人出庭和意见表达、社会观护、社会调查，未成年人刑事案件的法律援助制度、合适成年人到场制度、家长告知书等一系列具体举措，均可视为充分保障未成年人诉讼权利而生。

二、未成年人案件审判延伸工作开展的困境及其原因

（一）未成年人案件审判延伸工作开展的困境

我们选取了典型延伸工作发放问卷并走访座谈，结果显示 S 省近年的未成年人案件审判延伸工作开展情况呈现如下困境：

1. 修复功能较弱

针对社区矫正，主要存在的问题为：对矫正对象的分级不够细化，矫正措施不够精准；社区矫正的监管力度不足，惩罚和帮扶功能难以体现；矫正对象对刑罚执行的严肃性和权威性没有清楚的认识等。见图 10.2。

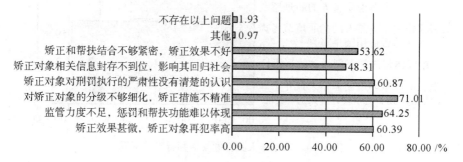

图 10.2　未成年人社区矫正存在的问题

针对心理干预，主要存在的问题为：心理专家资质不足，不能从未成年人身心特点出发进行有效干预；心理干预没有形成规范的心理评估报告；法院未设立专门心理咨询场所及配备相关硬件设备；心理专家与法官衔接不畅等。见图 10.3。

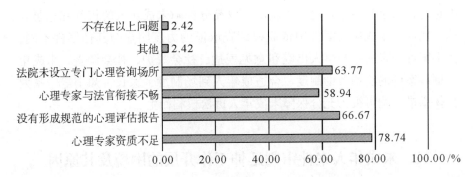

图 10.3 围绕未成年人进行心理干预存在的问题

针对圆桌审判，主要存在的问题为：有法官认为在未成年人司法中不应或不应全部采用圆桌审判，其原因在于宽松的庭审环境难以体现法院庭审活动的严肃性，反而导致罪错未成年人无法意识到自己犯罪行为的严重性。见图 10.4。

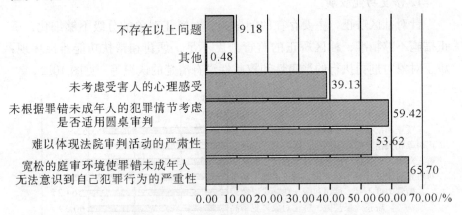

图 10.4　未成年人案件圆桌审判存在的问题

而在座谈中，不少法官表示在开展修复型延伸工作时常陷入"分身乏术"及"有心无力"的困境中，对未成年人的修复效果未给予充分关注。争论主要集中于以下问题：一是质疑部分举措的正当性基础。理论上对修复型司法是否可以适用严重暴力犯罪的问题未有定论，适用分歧较多、适用范围不明，如心理疏导与测评、帮教辅导与回访考察等制度是否适用于严重暴力犯罪尚未有定论。基于未成年人司法保护的特殊性与双向保护之间博弈，在同情被害人的心理下，部分法官对修复型举措的适用范围提出质疑，认为对严重暴力犯罪不应适用。二是规范层面尚待细化完善。目前对修复型延伸工作的法律规定，多为原则性的宣示条款，开展的程序和举措、结果如何使用，效力如何认定均阙如，导致实践中被闲置的可能性较大。同时，还存在与成年人司法举措的区分度不够的问题。三是开展难度较大。部分法官表示，由于时间和精力有限，以及开展社会救助、回访帮扶工作时缺乏必要的社会支持，此类工作开展乏力。

2. 综合治理衔接不畅

未成年人司法保护的社会支持体系关涉未成年人获得保护权利与获得发展权利的实现，在未成年人保护制度中发挥着极其重要的作用①。长期以来，我国针对未成年人保护的特点，已形成具有特色的综合治理模式，即动员街道、居（村）民自治委员会、民政部门、学校等社会力量广泛参与对未成年人犯罪的防范工作②。但调研显示，社会支持体系衔接不畅是制约未成年人司法融入社会治理体系和构筑周密化未成年人社会保护体系的重要原因。

我们问卷调查的结果显示，有73%的法院系统工作者认为其所在法院与未成年人保护的其他机构（派出所、妇联等部门）联系不多（见图10.5），这显然与未成年人司法的社会性要求不符。

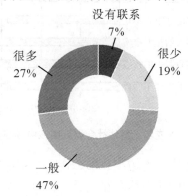

图10.5 所在法院与派出所、妇联等部门的联系情况

针对推进未成年人司法保护工作亟待解决的问题，72.46%的法院系统工作者认为裁判生效后得到的延伸社会支持不够；63.29%的法院系统工作者认为法院与其他机关、团体的配合缺乏规范性文件指引等。见图10.6。

① 张鸿巍，果晓峰. 未成年人司法社会支持体系之回顾、反思与建构：基于服务集成的视角[J]. 青少年犯罪问题，2020（2）：98-106.
② 参考《中华人民共和国预防未成年人犯罪法》第四条等规定。

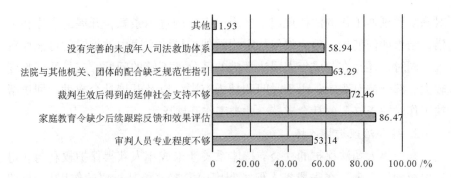

图 10.6 目前推进未成年人司法保护工作亟待解决的问题

3. 诉讼权利保障不足

就社会调查而言，问卷调查结果显示，存在内容质量不高、难以反映未成年人的个性特点、调查过程泄露犯罪事实、实施社会调查的主体不明确和难以评估等问题，具体见图 10.7。

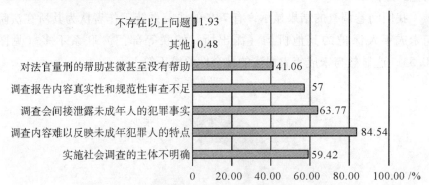

图 10.7 未成年人案件社会调查实践中存在的问题

在座谈中，针对未成年人司法救助工作，不少法官对救助对象、救助范围、申领程序等方面的认识均存在差异；针对社会观护制度，法官对是否实施、适用类型、适用对象等均存在理解差异，甚至部分地区并未开展此项工作。

（二）未成年人案件审判延伸工作陷入困境的原因

1. 内部原因：法官无暇顾及

2019 年初，最高人民法院出台了《关于深化人民法院司法体制综合配套改革的意见——人民法院第五个五年改革纲要（2019—2023）》，其中

第三十五条提出要加强专业化审判机制建设,探索未成年人案件、家事案件审判统筹推进、协同发展。此后,少年案件、家事案件审判融合发展模式普遍推开。但该种发展模式,反而弱化甚至边缘化了未成年人案件审判延伸工作。究其原因,有以下两点:

第一,法官开展延伸工作的驱动力不足。未成年人延伸工作的开展,要求法官在案件审判之外投入大量的时间和精力。但目前对少年审判法官的考核仍主要依据案件质效,而社会调查、法庭教育、心理疏导、帮教回访、参与法治宣传等大量组织、协调工作因周期长、耗费大,短期内难以科学量化等原因,导致少年法庭的专门考核标准难以出台。与此同时,法院审判压力持续增大,即便与家事案件审判合并后专设庭室,但案件量不饱和,少年审判法官仍需审理其他类型案件。而未成年人案件审判延伸工作没有被纳入绩效考评范围的现状,导致其无法与法官评先选优、晋级升职等衔接挂钩,一定程度上挫伤了少年审判法官的工作积极性。为避免无法完成审判任务被追责,法官更关注的仍然是如何在审案期限内结案和减少案件被改发,即便有心开展延伸工作也分身乏术。例如,S省省会城市中心城区W区少年家事法庭,其审理的案件类型除未成年人刑事、民事案件外,还包括物权纠纷案件、民间借贷等案件。法官更关注的仍然是案件结案率、审理周期、改发率等共性指标,致使延伸工作开展的数量和质量均难以得到保证。

第二,未成年人案件、家事案件合审有利有弊。未成年人案件、家事案件"合二为一"的基础是二者具有相似性,但家事案件审判的固有模式并不能完全照搬适用于未成年人案件审判工作。延伸工作的标准不同,客观上也增加了难度。例如,在家事案件中,法官调查的重点为财产状况,与未成年人案件中关注的重心即未成年人的成长利益等并不完全吻合。另外,在人案矛盾的背景下,专业性不够、经费不足等实际困难更加大了切实做好未成年人保护的难度。例如,在S省C市W区法院,社会调查开展方式有两种。一种是法院工作人员前往学校、单位等进行调查,但时间和精力较难得到保证。另外,鉴于法官中立原则,实务界对社会调查开展主体的正当性问题长期存在分歧,不少法官认为由承办法官作为开展延伸工作的主体并不恰当。这种认识上的不统一,客观上加重了法院层面开展延伸工作的弱化趋势。另一种是通过法院调查人员名录中的社区工作人员开展调查,其法院调查人员和社区工作人员的双重身份,具有便捷性等调查优势。但该种方式以按次收费的方式进行，在经费有限且未予以专项保障的情况下，很难大范围铺开。

2. 外部原因：满足延伸工作需要的福利支持不足

前已述及，未成年人司法不是单纯的司法制度，更是一种社会福利制度。国外的成熟经验表明，未成年人刑事司法的有效运作，必须获得相应的社会福利资源予以配套支持①。如果缺乏福利理念和国家社会支持条件，将导致"教育为主、惩罚为辅"的刑事司法政策所要求的未成年人刑事司法福利保护制度一定程度上成为虚设。而在我国，这种社会福利支持相对薄弱。第一，相关机构职能划分不明晰，未形成强大保护合力。传统的未成年人保护机构包括未成年人保护委员会、共青团、妇联，还包括基层组织、派出所、司法行政部门，此外还有大量民间团体和组织，如律师协会、未成年人保护专门委员会。但是，未成年人保护工作并非职能部门的核心业务，在无硬性规制的背景下，各机构缺乏主动、持续推进的积极性。同时，公安、检察院、法院、司法部门在办理案件中相互协调、配合的工作机制也有待进一步建立和完善②。例如，S省出台的未成年人保护条例，虽规定未成年人保护工作由地方各级人民政府领导并组织实施，并设立了未成年人保护委员会，且共产主义青年团委员会协助并承担日常工作，配备专职工作人员，但民政部门、未成年人保护委员会及共产主义青年团委员会，均缺乏主管综合防治的组织能力，也欠缺解决未成年人保护具体问题的物质基础，很难有效协调组织众多机构开展延伸工作。同时，各机构之间存在条块分割、衔接不畅的问题，开展未成年人保护工作时往往只能单打独斗，难以形成有序衔接的工作链条，无法形成合作优势。第二，职责规定宣示性居多，缺乏细化措施。《中华人民共和国未成年人保护法》和《中华人民共和国预防未成年人犯罪法》等法律法规，虽然明确了各级政府和职能部门的工作职责要求，但诸如"城市居民自治委员会、农村村民自治委员会应当积极开展有针对性的预防未成年人犯罪的法制宣传活动"等笼统性、宣示性的条款，难以将保护落到实处。

如前面所分析的，未成年人案件审判与家事案件审判单向融合的方式

---

① 王广聪. "教育为主、惩罚为辅"刑事政策的福利化改造 [J]. 青少年犯罪问题，2019（6）：52-57.

② 周道鸾. 未成年人刑事判决书的修改与制作暨少年法庭工作调查 [M]. 北京：法律出版社，2016：171.

在类型化功能发挥上均存在不足，最核心的因素可归结为未真正实现"专人专责专业"。从这个意义上来讲，设立跨区划专门少年法院（法庭）是推动未成年人案件审判深度改革、对未成年人进行全面司法保护的最佳方案。然而，专门少年法院（法庭）的设立，涉及可行性和必要性充分论证，更牵涉系统协调、编制配备、专业人才、物质资源匹配等多方面资源的权衡和支撑，难以一蹴而就。依循专业化的路径，在未成年人司法保护模式从专门法庭过渡到专门法院的进程中，是否可在现有机构设置情况下，寻求一种阶段性的优化路径？

三、人民法庭补位未成年人案件审判延伸工作的逻辑证成

与普通法官和普通审判机构相比，少年审判法官和未成年人案件审判机构，与传统的"消极"和"中立"为基本特征的现代司法不同，需要"主动"。因此，坚持未成年人司法专业化发展，是未成年人司法保护的基本路径。在现有人民法院内设机构的设置中，人民法庭以"末端"的优势，有主动融入基层社会治理的职能要求。因此，基于延伸工作和人民法庭的特殊性，依循专业化的发展路径，在未成年人司法保护模式从专门法庭过渡到专门法院的进程中，我们尝试探讨将未成年人保护融入人民法庭工作中，将大量的案件审判延伸工作交由人民法庭来专门实施和完成。

（一）以审判工作和延伸工作的适度剥离为前提

当前，未成年人案件审判"三审合一"的改革方向与我国台湾地区成立少年及家事法院的方向一致。我国台湾地区将高雄少年法院合并高雄地方法院家事法庭，整合成立少年及家事法院的做法具有一定的借鉴意义。高雄地方法院设置家事服务中心，内设相关机构驻院家事资源服务站及移民服务站，实现了家庭暴力事件服务、福利咨询、转介服务等一站式办理①。

我国台湾地区构建未成年人司法社会支持体系的经验，主要提供了以下两点有益参考：第一，与目前政府主导、法院参与社会支持工作机制的模式相比，可以尝试一种新型模式，即政府主导资源配置，法院指导、全

---

① 童飞霜，刘国芝.修复型少年司法的本土改造：基于枫桥经验的路径探索 [J].预防青少年犯罪研究，2018（5）：20-28.

社会参与社会支持工作机制。第二，法院指导并非法院包办，而是打破司法自我封闭，在政府主导、全社会共同参与的资源配置机制培育成熟后，可实现未成年人司法的"非审判事务"剥离后逐步转移给相关部门，形成分工合理、协调配合的合作机制，搭建起一座沟通司法与社会，共同构筑未成年人保护的桥梁。

综上所述，我们认为，在向专门法院过渡阶段，人民法院可以尝试跳出司法局限，充分发挥法院积极与地方社会共同治理的职能，将"参与"变为"引领"，以人民法庭为场域适当承接"非审判业务"，引导和培育其他社会力量建立和完善多层级延伸工作机制。但需要说明的是，前述的"引领"，强调的人民法院向外延伸，构建社会支持体系中的定位偏向。而在人民法庭与少年法庭之间的内部关系层面，我们认为在常规行政区划框架和现有人民法庭配置现状下，"人民法庭荷载未成年人司法保护延伸工作"的能力最终受制于地域管辖不均、人员配比失调的现实困境，恐会导致人民法庭难以负荷，进而可能导致少年法庭虚浮化。因此，我们主张的是由人民法庭相对集中地承担未成年人案件审判工作的延伸职能，也即强调"适度分离"而非"整体剥离"，人民法庭"补位"而非"全盘承接"。

（二）人民法庭补位未成年人案件审判延伸工作的可行性

对照人民法庭的发展理念、工作要求和职能定位，可以发现，它们与未成年人案件审判延伸工作的类型化功能理念恰恰呈现三个契合：修复型的司法理念与人民法庭内涵的"枫桥经验"契合；综合治理型的"社会性"与人民法庭的基层治理"单元性"工作要求契合；诉讼权利保障型的"国家亲权"理念与人民法庭司法为民职能定位契合。

1. 修复性司法理念与"枫桥经验"契合

"枫桥经验"诞生于 20 世纪 60 年代，源自诸暨枫桥干部群众工作的伟大创造和和平解决敌我矛盾的法治实践。其核心要义是依靠人民群众，让矛盾纠纷就地化解。而人民法庭是人民法院贯彻落实新时代"枫桥经验"的重要据点，全国各地法院也不断探索打造"枫桥式人民法庭"，积极服务全面推进乡村振兴、融入基层社会治理。如河北省三河市人民法院实现了燕郊法庭"一村一站"全覆盖，实现了乡村司法服务触手可及；上海市崇明区人民法院充分发挥人民法庭扎根基层、贴近群众的优势，积极推动乡村治理现代化①。

　　有学者深入论证了"枫桥经验"与修复型未成年人司法理论根基上的契合关系，均来源于系统论和多元化理论都映射在未成年人审判延伸工作中②。系统论认为社会由相对封闭的元素、个体、子系统组成一个整体的开放系统。实际上，一个运转良好的生态系统必定多元、开放，在尊重每个元素、每个子系统的独立价值上形成协调互动的运动规律，实现整体大于部分的效能③。若以前述观点观之，"枫桥经验"和修复型未成年人司法更符合高级系统论的运转规律，二者均强调各子系统之间是相对封闭又融合开放的关系。修复型司法理念应注意尊重罪错未成年人的独立性，避免其在犯罪或再犯防止中沦为客体。"枫桥经验"的核心内涵是尊重人民主体地位，暗含了尊重社会和基层的相对封闭性和独立性系统论观点④。另外，二者均强调多元化。修复型司法理念和"枫桥经验"均关注包括人民群众在内的多元主体参与，尊重包括风俗礼仪等在内的多元社会规范的作用，是一种法律多元视角下的治理智慧⑤。

　　2. 延伸工作"社会性"与人民法庭基层治理"单元性"契合

　　正如前文所述，未成年人工作是综合治理工作当无异议。中央综合治理委员会预防青少年犯罪工作领导小组等六部门于 2010 年出台的《关于进一步建立和完善办理未成年人刑事案件配套工作体系的若干意见》等，均采用"少年司法配套工作体系"概念，早已突出未成年人司法的综合治理性，以建立覆盖整个生活场域的未成年人社会保护网络。《中华人民共和国未成年人保护法》《中华人民共和国预防未成年人犯罪法》等法律法规也不断强调政府部门、司法机关、社会团体、学校等社会力量融入未成年人司法过程的必要性。近年来，主动融入基层社会治理、创新基层治理

　　①　最高人民法院官方微信公众号."打造枫桥式人民法庭 积极服务全面推进乡村振兴"典型案例：融入基层社会治理篇［EB/OL］.https://baijiahao.baidu.com/s？id=1734723688922883310&wfr=spider&for=pc.

　　②　童飞霜，刘国芝.修复型少年司法的本土改造：基于枫桥经验的路径探索［J］.预防青少年犯罪研究，2018（5）：20-28.

　　③　路德维希·冯·贝塔兰菲.一般系统论：基础·发展·应用［M］.秋同，袁嘉新，译.北京：社会科学文献出版社，1987.

　　④　童飞霜，刘国芝.修复型少年司法的本土改造：基于枫桥经验的路径探索［J］.预防青少年犯罪研究，2018（5）：20-28.

　　⑤　童飞霜，刘国芝.修复型少年司法的本土改造：基于枫桥经验的路径探索［J］.预防青少年犯罪研究，2018（5）：20-28.

模式更是人民法院的重要职能之一，而未成年人案件审判延伸工作显然是重要途径和重要抓手。

按照最高人民法院先后出台的《关于进一步加强新形势下人民法庭工作的若干意见》《最高人民法院关于推动新时代人民法庭工作高质量发展的意见》的相关规定及多年实践，人民法庭作为社会治理单元，既承担着案件审理职能，还应具有引导多元解纷机制构建、法治宣传教育等基层社会治理的多项职能。但在实践中，受纠纷类型复杂化、审判和治理职能冲突、治理体系零散化等因素影响，人民法庭暴露出多元解纷机制适应性差、诉源减量效果不彰、与群众诉求差距大等问题①，其作为法院融入基层治理的重要单元，也面临着以何为切入口充分发挥作用的难题。因此，我们认为，人民法庭作为法院工作的前沿阵地、司法系统的神经末梢，在构建未成年人司法保护体系上具有天然的优势，也是新时代人民法庭高质量发展的必然要求。

3. "国家亲权"理念与人民法庭司法为民职能契合

前已述及，未成年人司法的理论根基来自"国家亲权"理论。在未成年人案件审理中，法官更应采用职权主义模式，确保在未成年人权益受到侵害时，公权力能够有效介入并做出回应，这与其他类型案件特别强调当事人主义有很大的区别，尤其是诉讼权益保障型延伸工作，均更强调人民法院主动发挥司法服务职能。而人民法庭融入基层治理、普法宣传等职能，强调纠纷实质化解的"案结事了"，无不依赖于法官积极主动融入基层社会治理。因此，从未成年人司法工作和人民法庭的职能对比可以看出，人民法庭的职能要求恰恰契合了未成年人司法延伸工作的精神实质。

四、人民法庭补位未成年人延伸工作的展开路径

实现适度分离和人民法庭嵌入，有必要对延伸工作进行功能价值的类型化界定，根据人民法庭的职能范围和功能价值，确定人民法庭承接类型、承接范围、承接路径。

---

① 山东省高级人民法院课题组. 人民法庭参与乡村治理的功能定位与路径选择 [J]. 山东审判, 2021 (6)：83-97.

（一）类型化分类分流制度

如前文所述，未成年人审判延伸工作，按照其功能价值可划分为修复型、综合治理型、诉讼权利保障型三种。以延伸工作与审判工作的紧密程度作为能否剥离的标准，人民法庭针对不同类型，可采取以下方案补位：

1. "一站式"综合保护集约处置机制

这主要针对具有普适性、源头性的延伸工作类型，以人民法庭为主构建"一站式"服务中心向外延伸，与其他部门协同配合完成。需要说明的是，虽然保护令和家长告知书从个案衍生而来，但其需要与少年司法的其他保护机制密切配合，故将其归入此类。

2. 个案分离分流处置机制

在社会调查、社会观护等修复型延伸职能中，除"圆桌审判"和"法庭教育"与审判关系密切外，其余举措均更倾向于个案当事人适用，可建立"个案分离—流转人民法庭—专人分流—处置反馈"工作流程。需要说明的是，个案分离分流处置机制与综合保护集约处置机制相辅相成，前者的有效开展必须依赖于后者的平台、场域和资源。

3. 不予分流处置类别

这主要为与审判业务密切关联，由未成年人审判庭自行处置较为适宜的诉讼权利保障型、"圆桌审判""法庭教育"类案件。

（二）"一站式"综合保护集约服务机制

如前所述，人民法院需要改变其在政府主导架构下少年司法保护体系的被动参与模式，积极向外延伸。我们认为，可以尝试以人民法庭建立"一站式"综合保护集约服务中心，构建"政府主导、人民法院引领、人民法庭主推"的新型协同模式。

1. 诉前：构建人民法庭主导的综合应对信息沟通机制

（1）承担具体协调职能。根据《中华人民共和国未成年人保护法》的规定，县级及以上人民政府应当建立未成年人保护工作协调机制，现阶段具体协调职能可由人民法庭承担，包括组织召开联席会议，及时研究解决协同模式中存在的问题，总结推广成熟有效的工作经验，牵头进行考核、信息共享沟通等。

（2）构建罪错行为分级转处制度。教育机关可将辍学、长期旷课、逃课且不服从管教的少年，或者具有殴打、勒索、加入不良组织等行为的少年列入重点预防对象名单，由未成年人检察官充分调查后做出是否应当干预的决定，移送人民法庭转交少年审判法官参照保安处分做出包括警告训诫、保护观察等预防措施①。

2. 诉中：设置人民法庭未成年人司法保护服务中心

这具体包含以下服务点：

（1）心理干预工作室。确保心理学专家在固定时间"接诊"，避免心理评估干预空置；法官发现未成年被告人存在心理严重扭曲时，应当主动提请心理咨询，并与心理咨询专家共同出具教育矫治方案，以提高针对性。

（2）社会工作者服务站。经法院通知，可由社会工作者提供诉讼陪同、社会福利咨询及资源转介服务。

（3）社区服务点。社区人员可直接参与社会调查或为社会调查提供便利，并跟进判后跟踪帮教，协调推动未成年当事人安置、帮教措施的落实等。

（4）司法救助点。配备专人办理，对未成年人提供司法救助，形成"申请—审核—办理—跟踪—反馈"的"绿色通道"。

（5）法治宣传教育点。结合典型案例，让罪错未成年人及其父母或监护人至中心接受强制教育。

3. 判后：构建人民法庭跟踪反馈机制

具体内容有：

（1）回访帮教。建立"一人一档"、定时回访、多形式回访制度，积极向未成年人所在家庭、派出所、社区及学校了解其思想、学习、生活情况以及未成年当事人的安置、帮教措施的落实等情况，形成报告回传系统。

（2）司法建议。结合频发、多发未成年人侵害现象领域，人民法庭提出有针对性、建设性的司法建议，并及时协同相关职能部门提供防护举措，避免更多未成年人受到侵害。

4. 特别考核办法

在司法实践中，部分法院在这方面已有积极的探索，将审判延伸工作

---

① 安琪. 保护、惩治与预防：我国少年司法制度变迁七十年（1949—2019）[J]. 中国青年研究，2020（2）：35-41.

纳入工作考评，一定程度上激励了法官的积极性①。因此，我们建议，将审判延伸工作纳入体现审判延伸和参与社会治理工作的未成年人审判独立考评体系，同时将延伸工作的开展情况作为人民法庭工作的重要考核指标。以判后跟踪帮教工作为例，将其作为人民法庭工作重要内容并纳入考核，具体设置上由基础分值和加分值构成：基础分具体考察人民法庭对未成年当事人判后回访制度的落实情况；同时，以人民法庭帮助判处非监禁刑的未成年当事人实际获得就业机会为加分项。

（三）个案分离分流处理机制

1. 分离范围

这主要包括：社会调查、社会观护、社区矫正、回访帮教、心理干预等延伸职能。又可根据法官是否具有启动权，再次区分为必须启动项和选择启动项，其中，必须启动项为社会调查和回访帮教；选择启动项为心理干预、社区矫正和社会观护。

2. 分流程序

（1）针对必须启动项，由立案庭（诉讼服务中心）在前端引导分流，将相关案件分配至承办人后，同步关联分配至人民法庭对接系统。

（2）针对选择启动项，在诉前调解或者案件审判过程中，由承办人根据案件具体情况，分离出该案需要开展的延伸工作，通过系统发起需求，流转至人民法庭对接系统。

3. 处置反馈

人民法庭应设置专人团队负责延伸工作分流处置工作，其可以自行或根据不同职能需要，将相关事项分流至人民法庭建立的综合服务中心中的社区工作者、心理咨询专家等并在给定时限内完成，要求全程介入、跟踪、督导，形成相应报告或结果后通过系统回传审判庭。

4. 分流辅助

除动员多元社会力量参与外，需特别强调以下资源支持和技术支撑：

（1）社会工作者的介入。有学者提出，少年法庭延伸工作的开展，需

---

① 福建省三明市中级人民法院设置了少年家事案件折算比例，1个少年家事案件相当于2个普通案件、进校园讲授法治课3场相当于1个普通案件、进校园讲授法治课8场以上的增计2个普通案件工作量。

要引入社会工作者，以社会工作理念、社会工作方法及技巧辅助进行①，我国法律规定已吸纳此种观点②。除人民法庭现有人员外，可通过政府购买社会服务等方式，调动社会专业力量，分类参与以下方面延伸工作：刑事案件审前—审中—审后全周期介入，帮助未成年人重返社会，民事案件由社会工作者开展社会观护、心理干预等主导工作。人民法庭负责监督验收。

（2）特色审判系统开发。前述分离分流处置工作的有序开展，依赖于体现少年审判工作特色审理程序、流程管控、工作模块等的审判系统改造。因此，设置涵盖案件分流管理、延伸工作模块、工作量计算、判后管控、结果回传等体现若干少年法庭案件特色模块的新型管理平台，是必要的辅助条件。

---

① 姚建龙. 少年司法与社会工作的整合 [J]. 法学杂志，2007（6）：64-66.

② 包括以《中华人民共和国社区矫正法》《中华人民共和国预防未成年人犯罪法》《中华人民共和国未成年人保护法》的制定和修改为契机，我国已形成预防类、维权类、矫正类等3大类8小类的未成年人司法社会内容。

第十一章 关于完善未成年人保护司法政策的意见

为充分发挥审判职能作用，不断完善中国特色社会主义未成年人保护司法制度，推动新时代未成年人案件审判工作高质量发展，为未成年人的健康成长提供有力的司法服务和保障，根据《中华人民共和国未成年人保护法》《中华人民共和国预防未成年人犯罪法》《中华人民共和国家庭教育促进法》等法律及相关司法解释的规定，结合法院工作实际，我们就完善未成年人保护司法政策提出如下意见和建议。

一、司法政策理解与把握

第一条【动态把握政策实施背景】重视社会环境变化对未成年人保护工作的影响，注重考虑未成年人群体特性，正视未成年人群体与其他群体的差异和身份区隔，重点关注弱势群体未成年子女及特殊未成年群体保护，提升司法政策实施的规范性、目的性、灵活性和引导性。

第二条【正确运用司法裁量标准】准确把握"最有利于未成年人"司法理念。尊重未成年人权利主体地位，协调司法适用特殊规则冲突。坚决打击侵害未成年人犯罪，最大限度地保护和救助未成年被害人。坚持依法惩治和精准帮教相结合，最大限度地教育、挽救涉罪未成年人。

第三条【持续完善协同保护机制】坚持涉及未成年人案件"系统化"审判思维，推行"一揽子"延伸司法服务。积极参与未成年人保护社会治理，重点孵化和培育一批开展未成年人司法保护的社会服务机构和公益组织，推动司法购买社会服务，引导社会力量参与未成年人保护工作。

第四条【逐步细化分类分流保护】探索建立未成年人评估中心，在未成年人进入社会福利体系和司法体系保护前进行诊断与评估。以评估中心为平台，建立临界分流点和评估评分机制，设置保护观察、教育感化、警告训诫、惩罚管束、强制训诫五级处遇机制，分别通过父母监护和学校教育、社区和社会组织监管、警察关注、法官和检察官训诫、监狱教育改造介入保护，实现未成年人司法系统化和"司法—社会"一体化的整体保护结构。

二、罪错未成年人分级处遇

第五条【分级处遇原则】坚持双重保护、国家亲权、恢复性司法理念，对未成年人罪错行为进行分级预防、干预和矫治。

第六条【罪错行为分类】罪错行为按照未成年人法律责任年龄、罪错行为性质、社会危害程度，分为一般不良行为、触法行为、违法行为、触刑行为和犯罪行为。

第七条【处遇措施种类】处遇措施分为福利类、教育矫治类和刑罚类。福利类措施主要指家庭和学校教育，教育矫治类措施主要指社会化教育、专门教育和专门矫治教育。刑罚类见刑法和刑事诉讼法等法律，这里不再赘述。

第八条【社会调查对象】对实施触法行为以上的未成年人采取处遇措施前，应当针对其人格特征、成长环境、社会危险性、改造难易程度开展社会调查，视评估情况适用教育矫治类或刑罚类处遇措施。

第九条【社会调查报告】罪错未成年人社会调查由司法行政机关在公安机关立案之日起十日内启动，并在十五日内形成社会调查报告。

第十条【教育矫治类措施实施主体】社会化教育措施由公安机关根据社会调查报告情况决定实施，并根据实际情况和需要，可以邀请学校、基层组织以及社会工作组织等其他组织共同参与。对实施触法行为和违法行为的未成年人，其监护人、所在学校无力管教或者管教无效的，可以向教育行政部门提出申请，经专门教育指导委员会评估同意后，由教育行政部门做出将未成年人送入专门学校接受教育的决定。对实施触刑行为和犯罪行为的未成年人，经专门教育指导委员会评估同意，教育行政部门可以向人民法院出具对未成年人进行专门矫治教育的书面建议。

第十一条 【教育矫治类措施实施重点】教育矫治类措施要符合未成年人心理特点和成长规律。在执行初段，可以通过思想教育、严厉批评等方式，促使罪错未成年人认识错误；在执行中段，可以通过激励机制，促使罪错未成年人改过自新；在执行末段，可以通过心理指导、行为矫治、职业技能培训等方式，帮助其回归社会。

第十二条 【建立定期沟通联络机制】承担罪错未成年人教育矫治职能的部门之间应建立定期沟通联络机制，通过开展联席会议等方式，着力形成齐抓共管的罪错未成年人教育矫治"一盘棋"格局。

第十三条 【强化专门教育指导委员会作用】建立省级专门教育指导委员会，负责统筹协调教育矫治工作开展情况。建立科学合理的考核评价指标体系，完善考核评价程序，强化考评结果运用，加强对教育矫治措施执行效果的监督检查和考核评估，提升处遇措施实行效果。

第十四条 【罪错未成年人信息共享】探索建立罪错未成年人信息数据共享库，在保障未成年人隐私的情况下，实时搜集和分析罪错未成年人的性别、年龄、家庭背景、受教育程度、性格喜好、家庭环境、心理状态、行为习惯、处遇措施、教育矫治表现等信息，为科学评估教育矫治效果、预防未成年人犯罪提供大数据支持。

第十五条 【加强社会支持体系建设】注重培养专业社会支持力量，通过定期开展交流培训、总结评比表彰等方式，培育社会工作者、专业志愿者、心理咨询师等社会化专业教育矫治力量。建立和完善社会支持转介机制，搭建供需高效对接平台。积极争取政府支持，将购买社会服务、培育社会力量等工作经费纳入财政预算。

三、未成年被害人言辞证据审查

第十六条 【未成年被害人陈述可信度审查因素】未成年被害人陈述可信度审查，应当注重对影响被害人知觉形成的主观因素，包括被害人的实际年龄、智力发育程度、知识背景等以及犯罪时间、犯罪地点等客观因素进行审查。

第十七条 【未成年被害人陈述可信度审查标准】未成年被害人陈述可信度审查，应当结合以下情况，进行综合判断：

（1）被害人陈述的详细程度，包括犯罪发生的环境、被告人作案方式、作案过程具体细节；

（2）被害人对侵害行为的语言描述是否符合未成年人的认知水平、表达能力；

（3）被害人陈述时的行为举止、语言表达与神色情态；

（4）被害人是否产生创伤后应激障碍；

（5）发案、破案经过是否正常；

（6）被害人迟延告发性侵害犯罪的原因；

（7）案发后被害人与被告人接触情况；

（8）案发后被害人与他人接触情况；

（9）被害人与被告人之间的身份关系及日常关系；

（10）关于被告人行为举止的社会评价。

第十八条【补强规则适用条件】被害人陈述为证明犯罪事实的唯一直接证据，或者决定定罪量刑的被害人陈述存在重大瑕疵时，可以适用补强规则。

第十九条【补强规则启动程序】被害人陈述补强可由被害人主动申请启动和由法院依职权启动，辩方可以提出异议，法院应在三日内做出异议是否成立的决定。

第二十条【宽松式补强标准】对被害人陈述的真实性具有补强作用的，可以作为补强证据使用。

第二十一条【补强证据种类】补强证据包括传闻证据和品格证据。

传闻证据仅能对被害人出庭并接受法庭询问时的陈述进行补强，不得对属于传闻证据的被害人陈述进行补强。

品格证据不适用补强规则，但影响犯罪成立的不良品格证据，可以补强。被害人生活环境、日常行为表现、社会改造评价等可以作为品格证据补强参照内容。

第二十二条【被害人错误陈述识别】运用综合证明模式，重点判断与案件待证事实有关的核心证据、辅助证据之间的协调性、一致性，以确定未成年被害人陈述是否存在错误。

第二十三条【被害人虚假陈述识别】运用比较法，重点判断被害人陈述内容是否前后矛盾、逻辑不清，以确定未成年被害人陈述是否真实。

第二十四条【构建被害人陈述专家评估鉴定体系】在审理性侵、校园欺凌等对未成年人身心造成较大伤害的案件时，可由专家对未成年被害人进行心理评估，根据其认知和表达受到的影响出具陈述有效性级别评估报告，作为未成年被害人陈述证明力的参考标准之一。

第二十五条【建立审查被害人陈述可信度配套机制】完善未成年被害人出庭保护措施，探索建立专门针对未成年被害人的庭前询问程序。

四、未成年人犯罪记录封存

第二十六条【申请查询主体和条件】公安机关、检察机关、法院办理案件与封存信息有实质联系的，可根据法律及行政法规的规定，申请查询。

第二十七条【查询程序】申请人填写制式查询申请表，登记申请人身份信息、联系方式、查询理由和依据、申请查询对象，并做出保密承诺。

申请受理单位在受理申请后五日内依法审查，并做出书面回复。对未成年人犯罪记录已封存的，以"未发现犯罪记录"进行回复，不得出现暗示性内容。

第二十八条【调整封存范围】对未成年人实施毒品犯罪的记录不予封存。再次实施毒品犯罪的，以毒品再犯从重处罚。

第二十九条【加强特殊职业准入制度衔接】犯罪记录已被封存的未成年人不得纳入有犯罪记录人员范围，不得限制其从事相关职业。

第三十条【建立跨部门办案信息平台】建立全国联网的跨部门办案信息平台，将未成年人犯罪记录进行整合，统一配置未成年人犯罪记录查询、管理、传输等权限。

第三十一条【加强未成年人案件信息管理】注重信息保护管理，严防涉案未成年人信息泄露。严格落实"三同步"工作要求，审慎宣传报道涉及未成年人犯罪案件。

五、性侵害未成年人犯罪惩治

第三十二条【以危害后果为量刑核心考量要素】以性侵害犯罪行为危害后果为确定刑罚考量的最基本因素，不能片面夸大积极赔偿、谅解等情节在量刑中的作用。

第三十三条【严格认定被害人谅解情节】法定代理人获得赔偿后代替未成年人对侵害行为做出谅解的，应重点审查谅解是否基于未成年被害人充分认知、完全自愿。

第三十四条【审慎确定从宽处罚幅度】性侵害未成年人犯罪，被告人具有从宽处罚情节的，应依照"应当"优于"可以"、"可以"优于"酌定"、"可以从轻"不等同于"应该从轻""必须从轻"原则，严格掌握从宽幅度。当从严和从宽情节同时存在时，不能折抵，应当以从严情节为基础，在严格认定从宽情节后，综合全案情况进行判决。

第三十五条【优先保护未成年被害人】坚持优先保护未成年被害人原则。加强未成年人案件审判工作人员儿童心理学、社会工作学等方面培训，确保其工作举措符合未成年人身心特点，提高科学保护未成年被害人的能力。在少年法庭设立被害人救助专门工作小组，协助开展未成年被害人保护工作。充分发挥考核考评的激励作用，将未成年被害人保护工作情况纳入未成年人案件审判工作考核指标。

第三十六条【完善未成年被害人知情权保护】扩大被害人知情权范围，对犯罪嫌疑人和被告人采取的强制措施、退回补充侦查、撤回起诉、法律适用、刑罚执行等情况应当及时告知未成年被害人及其法定代理人。完善司法机关告知程序、告知方式、告知内容，畅通未成年被害人及其法定代理人行使知情权的途径。

第三十七条【完善未成年被害人隐私保护】性侵害未成年人案件的诉讼参与人应当签订书面保密承诺书，不得擅自向他人或社会公众披露案情，不得公开和传播查阅、摘抄、复制的案卷材料。对违规披露造成被害人隐私泄露的诉讼参与人，人民法院可以进行司法惩戒。

除为防止舆论渲染、谣言滋生进行案情通报外，对性侵害未成年人案件一般不得进行宣传报道。案情通报以"速报基本事实、慎报敏感细节"为原则，不得以渲染方式叙述案情，对被害人信息必须做好隐名处理。

第三十八条【构建规范化工作机制】按照评估、实施、反馈、评查流程规范未成年被害人保护工作。性侵害未成年人案件立案后，对被害人保护的需求类型、紧迫程度等进行评估，并根据评估情况确定保护措施。在保护措施实施过程中设置被害人反馈环节，根据被害人感受，及时修正救助保护措施。将被害人保护工作情况纳入性侵害未成年人案件评查内容，促使未成年被害人保护工作实质性开展，提升保护实效。

第三十九条【扩大从业禁止职业范围】对利用职业职务便利性侵害未成年人的，应当以宣告从业禁止为原则，不宣告为例外。对未成年人负有监护、教育、训练、救助、看护、医疗等特殊职责的职业，以及具有密切接触未成年人条件的职业，均应纳入从业禁止的职业范围。

第四十条【督促监护人履行教育保护职责】针对性侵害未成年人案件，人民法院可以向教育保护失职的被害人的监护人发送《家庭教育责任告知书》，对实施性侵害行为的未成年人的监护人发送《家庭教育指导令》，督促和指导其监护人依法承担监护责任。

第四十一条【加强预防性侵害法治宣传】人民法院可与教育部门、社区（乡镇）联合建立预防性侵害未成年人法治教育基地，加强与未成年人的沟通和联络，根据不同阶段未成年人的身心特点、认知程度等，设计不同的普法模式、主题宣传和实践体验活动，提升未成年人自我保护意识和能力。

第四十二条【完善性侵害未成年人犯罪信息公开】对于多次性侵害未成年人的罪犯或者在刑满释放后再次实施性侵害未成年人犯罪的，建立包含罪犯姓名、照片、籍贯、罪名等基本信息的公开查询信息库，并将相关犯罪信息推送至罪犯刑罚执行完毕后所在社区和基层派出所，实施重点防控。

六、未成年人网络交易规制

第四十三条【规制原则】处理未成年人网络交易民事纠纷，应注重实现未成年人权益"特殊、优先"保护与网络经营者的信赖利益保护，维护网络交易效率与安全的价值平衡。

第四十四条【效力判定】未成年人网络交易行为效力认定，重点考虑未成年人的认知力、理解力和辨识力，结合个案中未成年人参与的游戏类型、消费习惯、受教育程度、家庭经济状况、不同地区消费水平等因素综合判定。

第四十五条【监护人追认推定】监护人应妥善保管、审慎核查、勤勉管理银行账户、网银等信息，发现交易异常时应及时采取解绑银行卡、修改支付密码或指纹、询问未成年人等措施，尽到注意义务。如果监护人对持续多笔、不合常理的支出未尽到必要的审慎核查义务，可以推定为追认未成年人网络交易行为效力。

第四十六条【交易主体判定】结合交易发生时的视听资料、消费特点、交易主体所在地、当事人陈述等信息，综合判断交易主体是否为未成年人。

第四十七条【举证规则】关键证据由具有信息优势的网络公司或直播平台掌握，未成年人及其法定代理人一方因客观原因不能提交时，举证责任由网络公司或直播平台一方承担。

第四十八条【责任承担主体】坚持"谁收款谁返还"原则，主播与直播平台之间构成劳动关系的，直播平台承担返还责任，主播与直播平台之间构成合作关系的，直播平台与主播共同承担返还责任。

第四十九条【责任划分】责任划分应重点审查法定代理人是否履行必要注意义务和监护职责，网络公司与直播平台是否履行技术规制义务，网络经营者是否履行未成年人相关保护义务等因素。

七、未成年人监护制度

第五十条【民事监护司法介入基本原则】审理涉及未成年人监护案件，应按照"最有利于未成年人原则"，综合考虑未成年人权益相关因素，充分发挥未成年人民事监护制度功能。

第五十一条【坚持修复家庭监护优先原则】除家庭监护人严重侵害未成年人合法权益，必须撤销其监护资格的情形外，因监护人履职不当导致未成年人权益受损的情形，应当以修复未成年人与监护人之间的家庭关系为首要原则。

第五十二条【构建家庭、社会与国家协同保护机制】构建家庭监护为本、社会监护补充、国家监护兜底的保护机制，推动形成三者协同保护机制。

第五十三条【构建一般性监护失当预防规则】人民法院发现监护人监护能力不足、监护人不当行使监护权等问题的，应及时启动家庭教育指导。根据监护失当行为程度采取不同方式，引导监护人依法履行监护职责。对监护人失当行为情节较轻的，采用书面提醒、口头提示、家庭教育令告诫、参加专业机构培训学习、定期报告未成年人生活学习情况等方式，督促监护人履行监护职责。

第五十四条【申请人身保护令及监护权暂停】监护人实施家庭暴力、任意处分未成年人财产且拒不退还等侵害未成年人合法权益的行为，可由未成年人申请，或由其近亲属、公安机关、妇女联合会、居民自治委员会、村民自治委员会、救助管理机构等组织申请保护令或申请暂停监护人监护权。

第五十五条【完善指定监护人考察制度】人民法院可以委托专业机构对有监护条件的人选进行考察，并根据专业机构意见指定监护人。

第五十六条【完善监护失当行为评价标准】监护人监护行为多次失当，经专业机构评估不适宜继续履行监护职责的，应限制或撤销其监护权。失权监护人在监护能力、监护行为改善后，可向法院申请重新评估，经法院委托专业机构评估通过后，可恢复其监护权。

八、校园欺凌综合治理

第五十七条【监护人赔偿责任】监护人怠于履行监护教育义务，对被监护人实施欺凌行为存在监护过错的，应承担民事责任，并根据监护人履职情况，确定赔偿金额。

第五十八条【监护人行为评定原则】被监护人行为按照致害程度分为"不良行为""违反治安管理处罚行为""因年龄限制不予刑事处罚行为"和"犯罪行为"四类。根据未成年人保护法、预防未成年人犯罪法等法律规定，参照被监护人行为评价体系，监护人行为分为"不良行为""违反治安管理处罚行为"和"犯罪行为"三类。

第五十九条【监护人不良行为】监护人有以下四种行为的，为不良行为：

（1）放任被监护人实施不良行为、严重不良行为；

（2）允许或者迫使未成年人从事国家规定以外的劳动；

（3）允许、迫使未成年人结婚或者为未成年人订立婚约；

（4）违法处分、侵吞未成年人财产或者利用未成年人牟取不正当利益。

第六十条【监护人违反治安管理处罚行为】监护人有以下三种行为的，为违反治安管理处罚行为：

（1）将未成年人置于无人监管和照看状态，导致未成年人面临死亡或者严重伤害危险，经教育不改的；

（2）拒不履行监护职责长达六个月以上，导致未成年人流离失所或者生活无着的；

（3）胁迫、诱骗、利用未成年人乞讨，经公安机关和未成年人救助保护机构三次以上批评教育拒不改正，严重影响未成年人正常生活和学习的。

第六十一条【监护人犯罪行为】监护人有以下三种行为的，为犯罪行为：

（1）性侵害、出卖、遗弃、虐待、暴力伤害未成年人，严重损害未成年人身心健康的；

（2）教唆、利用未成年人实施违法犯罪行为，情节恶劣的；

（3）有吸毒、赌博、长期酗酒等恶习，无法正确履行监护职责或者服刑等原因无法履行监护职责，且拒绝将监护职责部分或者全部委托给他人，致使未成年人处于困境或者危险状态的。

第六十二条【评定标准】对监护人怠于履行监护教育义务的判定，以"预见可能性"为考量标准。若被监护人存在暴力倾向、实施过暴力或欺凌行为、存在实施欺凌行为苗头，但监护人未采取管教措施避免欺凌行为发生的，应认定监护人怠于履行监护教育义务而存在过失。

第六十三条【未成年人特殊保护精神损害赔偿制度】细化校园欺凌刑事案件精神损害赔偿制度，探索校园欺凌民事案件惩罚性赔偿制度，提高民事案件中精神损害抚慰金额度。

第六十四条【构建校园欺凌多元共治体系】建立政府为主导，专业第三方机构为主体，学校和家庭为基础，多元主体合作的校园欺凌治理长效机制。

第六十五条【校园欺凌预防主体】建立校园欺凌分类预防机制，按照基本预防、目标预防和特定预防三类，对正在经历显著学习或社会行为困难的学生实行特定预防，进行一对一评估和干预。

第六十六条【校园欺凌认定主体】由教师和经过训练的专业人员召集涉事双方进行协商，对是否属于欺凌行为进行认定，评估事件造成的伤害。

第六十七条【校园欺凌处置主体】按照"罪错分级处置"原则，由教育行政部门负责规制措施实施。按照行为轻重程度，采取书面警告、10个教学日不得参加班级和其他校内活动、转入平行班级或教学小组、转入采取相同课程设置的其他学校、禁学令五类措施。

九、人民法庭补位未成年人司法延伸工作机制

第六十八条【工作原则】人民法庭集中实施未成年人案件审判延伸工作，以审判工作和延伸工作适度分流、分段开展为原则。

第六十九条【优化转型】经济发达、交通便利，家事事件、未成年人保护纠纷等较为集中区域的人民法庭，可以通过改造或者加挂牌子的方式转型为少年专业法庭；对交通不便的边远地区人民法庭，进一步加强巡回审判等方式灵活审理涉及未成年人案件及开展延伸工作。

第七十条【延伸工作分流工作机制】探索构建非审判业务剥离的未成年人案件审判延伸工作分流机制，以人民法庭为据点，设置涵盖心理干预工作室、社会工作服务站、社区服务点、司法救助点、法治宣传教育中心等一体化的未成年人司法服务中心。

第七十一条【未成年人司法保护社会支持体系】构建由人民法院引领、人民法庭主推的未成年人司法保护社会支持体系：一是建立人民法庭担任协调中心的综合应对信息沟通机制；二是推进未成年人司法工作联席会议制度化、常态化；三是建立社会工作者提前介入机制。

第七十二条【工作考核】对人民法庭延伸工作制定特别考核办法，将未成年人案件审判延伸工作开展情况作为重要指标。

第七十三条【案件管理】探索开发针对未成年人案件的特色管理平台，设置涵盖案件流程管理、数据采集、延伸工作、工作量计算、节点管控等若干少年法庭工作特色的模块，满足未成年人案件审判专业化需求。

第七十四条【专职辅助人员配备】探索各类人员职能清单，配备少年案件审判调查官、调解员、心理咨询师等专职辅助人员。

第七十五条【专业化审判技能培训】强化人民法庭工作人员未成年人保护理念指导，定期对未成年人案件审判法官及司法辅助人员开展审判调解技能、法庭教育、法治宣传等多方面系统培训，确保专业化审判团队的适岗性。

参考文献

［1］北京青年报. 新疆：不断创新未成年人审判工作机制［EB/OL］.
(2022-6-2)［2022-9-10］. https://www.163. com/dy/article/H8RH8HGD05
14R9KQ.html.

［2］贝卡利亚. 论犯罪与刑罚［M］. 黄风，译. 北京：中国法制出版
社，2005.

［3］毕玉谦. 试论民事诉讼中的经验法则［J］. 中国法学，2000
(6)：111-118.

［4］蔡艺生，唐云阳. 罪错未成年人分级处遇制度的解释与塑造［J］.
警学研究，2020 (4)：63-74.

［5］曹波. 刑事职业禁止司法适用疑难问题解析［J］. 刑法论丛，
2017 (1)：193-222.

［6］曹孟源. 罪错未成年人分级处遇机制研究［D］. 湘潭：湘潭大
学，2020.

［7］曹诗权. 未成年人监护制度研究［M］. 北京：中国政法大学出版
社，2004.

［8］苣雅洁. 防范未成年人沉迷网络游戏的法律保障机制研究［J］.
长江论坛，2019 (5)：70-75.

［9］陈光中，李玉华，陈学权. 诉讼真实与证明标准改革［J］. 政法
论坛，2009 (2)：3-21.

［10］陈家恩. 论涉罪未成年人拒证权的三重面向：以国家亲权理论为
视角［J］. 理论月刊，2021 (9)：113-123.

［11］陈嘉明. 知识与确证：当代知识论引论［M］. 上海：上海人民
出版社，2003.

［12］陈琴. 反校园欺凌，应以"预防为先"：对美国反欺凌立法和实
践的分析及启示［J］. 教育科学研究，2020 (12)：71-77.

［13］陈苇，谢京杰. 论"儿童最大利益优先原则"在我国的确立：兼论《婚姻法》等相关法律的不足及其完善 ［J］. 法商研究，2005，22 （5）：37-43.

［14］程啸，樊竟合. 网络直播中未成年人充值打赏行为的法律分析 ［J］. 经贸法律评论，2019 （3）：1-15.

［15］迟颖. 未成年人监护人违反法定限制之法定代理的效力：《民法典》第 35 条第 1 款解释论 ［J］. 法学，2022 （9）：135-149.

［16］储槐植. 刑事一体化与关系刑法论 ［M］. 北京：北京大学出版社，1997.

［17］崔家新. 青年亚文化的被标签化与去标签化 ［J］. 江苏海洋大学学报（人文社会科学版），2021 （6）：136-144.

［18］代秋影. 司法改革背景下未成年人审判理论与实务专家论证会综述 ［J］. 预防青少年犯罪研究，2016 （1）：111-117.

［19］戴春来. 未成年人犯罪矫治的恢复性司法模式构建 ［J］. 吉林公安高等专科学校学报，2007，22 （3）：73-76.

［20］邓泉洋，汪鸿波. 我国未成年人"双向保护原则"的实践困境及破解之策 ［J］. 中国青年研究，2020，27 （2）：100-106.

［21］邓卓行. 美国联邦最高法院判决书：米勒诉阿拉巴马州 ［J］. 中国应用法学，2018 （5）：167-202.

［22］杜立. 转型期的社会分层与未成年人弱势群体 ［M］∥王牧. 犯罪学论丛：第七卷. 北京：中国检察出版社，2009.

［23］樊崇义. 客观真实管见：兼论刑事诉讼证明标准 ［J］. 中国法学，2000 （1）：114-120.

［24］范愉. 多元化的法律实施与定量化研究方法 ［J］. 江苏大学学报（社会科学版），2013，15 （2）：68-80.

［25］方芳. 关于赴荷兰、英国考察未成年人保护工作的情况报告 ［J］. 预防青少年犯罪研究，2016 （3）：118-123.

［26］弗朗西斯·福山. 大断裂：人类本性与社会秩序的重建 ［M］. 唐磊，译. 桂林：广西师范大学出版社，2015.

［27］弗朗西斯·福山. 历史的终结与最后的人 ［M］. 陈高华，译. 桂林：广西师范大学出版社，2014.

［28］付涵. 性侵幼女案中被害人谅解情节的量刑考量 ［J］. 人民司

法，2020（17）：13-15.

[29] 高英东. 美国少年法院的变革与青少年犯罪控制 [J]. 河北法学，2014，32（12）：149-160.

[30] 龚世明. 我国未成年人国家监护责任研究 [D]. 西安：西北大学，2017.

[31] 郭开元. 2014年中国未成年人违法犯罪调查：中国未成年犯的群体特征分析 [J]. 中国青年社会科学，2015（1）：34-37.

[32] 何雪锋. 法官如何论证经验法则[J]. 北方法学,2021（1）：113-123.

[33] 贺颖清. 福利与权利：挪威儿童福利的法律保障 [M]. 北京：中国人民公安大学出版社，2005.

[34] 胡俊文. 学校与未成年人犯罪预防：以社会控制理论为视角 [J]. 学术论坛，2009（2）：197-200.

[35] 华璃欣. 英格兰和威尔士少年司法制度的发展 [J]. 中国刑事法杂志，2014（5）：124-143.

[36] 黄祥青. 性侵未成年人犯罪审判要点探析 [J]. 青少年犯罪问题，2014（3）：111-114.

[37] 姜丽媛. 未成年人国家监护制度研究 [D]. 重庆：西南政法大学，2019.

[38] 教育部. 《加强中小学生欺凌综合治理方案》有关情况介绍 [EB/OL].http：//www.moe.gov.cn/jyb_xwfb/xw_fbh/moe_2069/xwfbh_2017n/xwfb_20171227/sfcl/201712/t20171227_322963. html.

[39] 教育部. 国务院教育督导委员会办公室关于开展校园欺凌专项治理的通知[EB/OL].（2016-5-9）[2022-9-1].http：//www.gov.cn/xinwen/2016-05/09/content_5081203. htm.

[40] 卡尔·拉伦茨. 法律行为解释之方法 [M]. 范雪飞，吴训祥，译. 北京：法律出版社，2018.

[41] 兰跃军. 性侵未成年被害人的立法与司法保护 [J]. 贵州民族大学学报（哲学社会科学版），2019（4）：119-183.

[42] 李德顺. 知识论、认识论与全面的反映论 [J]. 教学与研究，1986（3）：6-10.

[43] 李冬梅，雷雳，邹泓. 青少年社会适应行为的特征及影响因素 [J]. 首都师范大学学报（社会科学版），2007（2）：150-156.

[44] 李卫国，郭文豪. 未成年人网络游戏充值退款困境与出路 [J]. 山东行政学院学报，2021，181 (6)：21-30.

[45] 李霞. 监护制度比较研究 [M]. 济南：山东大学出版社，2004.

[46] 林维，吴贻森. 网络保护未成年人模式：立法跃升、理念优化与困境突破 [J]. 吉林大学社会科学学报，2022，62 (5)：5-19.

[47] 刘东根. 恢复性司法及其借鉴意义 [J]. 环球法律评论，2006 (2)：236-242.

[48] 刘婧. 浅析网络游戏沉迷或成瘾与青少年犯罪的联系 [D]. 北京：中国政法大学，2011.

[49] 刘强. 英国青少年社区刑罚执行制度及借鉴 [J]. 青少年犯罪问题，2012 (3)：104-110.

[50] 刘双阳. 从收容教养到专门矫治教育：触法未成年人处遇机制的检视与形塑 [J]. 云南社会科学，2021 (1)：92-99.

[51] 刘双阳. 损害修复视野下创新社区矫正教育矫治模式研究 [J]. 山东警察学院学报，2019，31 (5)：115-122.

[52] 龙宗智. 刑事庭审制度研究（司法文丛）[M]. 北京：中国政法大学出版社，2001.

[53] 龙宗智. 刑事证明中经验法则运用的若干问题 [J]. 中国刑事法杂志，2021 (5)：55-70.

[54] 龙宗智. 中国法语境中的"排除合理怀疑" [J]. 中外法学，2012 (6)：1124-1144.

[55] 卢建平. 刑事政策学 [M]. 3 版. 北京：中国人民大学出版社，2021.

[56] 路德维希·冯·贝塔兰菲. 一般系统论：基础·发展·应用 [M]. 秋同，袁嘉新，译. 北京：社会科学文献出版社，1987.

[57] 罗伊斯顿·派克. 被遗忘的苦难 [M]. 章艳，译. 福州：福建人民出版社，1983.

[58] 马克昌. 中国刑事政策学 [M]. 武汉：武汉大学出版社，1992.

[59] 马明亮. 恢复性司法的程序化 [J]. 国家检察官学院学报，2005，13 (6)：10-14.

[60] 牧晓阳. 未成年人犯罪刑事处遇研究：以《联合国少年司法最低限度标准规则》为视角 [J]. 铁道警官高等专科学校学报，2009 (6)：

44-48.

[61] 尼尔·波兹曼. 娱乐至死：童年的消逝 [M]. 章艳，译. 桂林：广西师范大学出版社，2009.

[62] 潘伟华. 论电子合同当事人的行为能力 [J]. 安徽警官职业学院学报，2005，4 (3)：44-46.

[63] 裴苍龄. 论刑事案件的当事人 [J]. 中国法学，2008 (1)：93-102.

[64] 皮艺军. 中国少年司法制度的一体化 [J]. 法学杂志，2005，26 (3)：24-28.

[65] 钱晓峰. 少年司法跨部门合作"两条龙"工作体系的上海模式 [J]. 预防青少年犯罪研究，2015 (3)：38-51.

[66] 人民法院报. 安徽：充分发挥职能强化未成年人司法保护 [EB/OL]. (2022-6-1) [2022-9-10]. https://www.court.gov.cn/zixun-xiangqing-361021.html.

[67] 山东省高级人民法院课题组. 人民法庭参与乡村治理的功能定位与路径选择 [J]. 山东审判，2021 (6)：83-97.

[68] 宋英辉，刘铃悦. 提升新时代未成年人司法保护专业化水平 [N]. 法治日报，2015-05-31 (2).

[69] 宋英辉，苑宁宁. 未成年人罪错行为处置规律研究 [J]. 中国应用法学，2019 (2)：36-52.

[70] 宋志军. 论未成年人刑事司法的社会支持体系 [J]. 法律科学，2016 (5)：99-109.

[71] 苏明月，岑培凯. 性侵未成年人犯罪从业禁止制度的问题与完善 [J]. 少年儿童研究，2020 (2)：15-21.

[72] 孙谦. 中国未成年人司法制度研究 [M]. 北京：中国检察出版社，2021.

[73] 孙笑侠. 基于规则与事实的司法哲学范畴 [J]. 中国社会科学，2016 (7)：126-144.

[74] 唐·布莱克. 社会学视野中的司法 [M]. 郭星华，译. 北京：法律出版社，2002.

[75] 陶建国，王瑜. 日本校园欺凌事件中家长责任的司法认定 [J]. 石家庄学院学报，2021，23 (5)：144-150.

[76] 特拉维斯·赫希. 少年犯罪原因探讨 [M]. 吴宗宪，程振强，

译. 北京：中国国际广播出版社，1997.

[77] 腾讯研究院. 中国青少年网络游戏行为与保护研究报告（2017）[EB/OL].（2017-4-19）[2022-9-1].http://www.tisi.org/4911.

[78] 滕洪昌，姚建龙. 中小学校园欺凌的影响因素研究：基于对全国10万余名中小学生的调查 [J]. 教育科学研究，2018（3）：5-11.

[79] 滕丽. 被害人陈述可信性的知识论考察 [D]. 北京：中国政法大学，2009.

[80] 佟丽华. 预防和处理性侵害未成年人案件的难点与对策 [J]. 中国青年社会科学，2019（2）：126-132.

[81] 童飞霜，刘园芝. 修复型少年司法的本土化改造：基于枫桥经验的路径探索 [J]. 预防青少年犯罪研究，2018（5）：20-28.

[82] 王多，李嘉妍. 论未成年人罪错行为分级制度的建立和完善 [J]. 青少年学刊，2020（6）：51-57.

[83] 王广聪."教育为主，惩罚为辅"刑事政策的福利化改造 [J]. 青少年犯罪问题，2019（6）：52-57.

[84] 王洪. 论子女最佳利益原则[J]. 现代法学，2003，25（6）：31-35.

[85] 王鹏."美丽的中国梦属于你们"：以习近平同志为核心的党中央关心少年儿童工作纪实[EB/OL].http://jhsjk.people.cn/article/31793660.

[86] 王顺，王春丽. 域内外罪错未成年人分级处遇比较与借鉴 [J]. 山西省政法管理干部学院学报，2021，34（3）：5-8.

[87] 王新宇. 论未成年人网络交易行为的效力 [D]. 太原：山西大学，2021.

[88] 吴海航，黄凤兰. 日本虞犯少年矫正教育制度对我国少年司法制度的启示 [J]. 青少年犯罪问题，2008（2）：67-70.

[89] 武桐. 性侵未成年人案件司法保护及完善 [J]. 犯罪与改造研究，2020（7）：41-46.

[90] 习近平. 坚持服务青少年的正确方向 推动关心下一代事业更好发展 [N]. 人民日报，2015-08-26（1）.

[91] 向燕. 论刑事综合型证明模式及其对印证模式的超越 [J]. 法学研究，2021（1）：103-121.

[92] 向燕. 性侵未成年人案件证明疑难问题研究：兼论我国刑事证明模式从印证到多元"求真"的制度转型 [J]. 法学家，2019（4）：160-

174, 196.

[93] 向燕. 综合型证明模式：性侵未成年人案件的证明逻辑 [J]. 中国刑事法杂志，2021 (5)：71-91.

[94] 肖姗姗. 中国特色未成年人司法体系的构建 [D]. 武汉：中南财经政法大学，2018.

[95] 谢澍. 从"认识论"到"认知论"：刑事诉讼法学研究之科学化走向 [J]. 法制与社会发展，2021 (1)：146-168.

[96] 谢振民. 中华民国立法史 [M]. 北京：中国政法大学出版社，2000.

[97] 徐国栋. 国家亲权与自然亲权的斗争与合作 [J]. 私法研究，2011 (1)：3-23.

[98] 徐国栋. 普通法中的国家亲权制度及其罗马法根源 [J]. 甘肃社会科学，2011 (1)：186-190.

[99] 央广网. 零容忍！严重侵害未成年人权益的案件重刑率远高于普通刑事案件 [EB/OL]. http://js. cnr. cn/ztgz/20220531/t20220531_525844407. shtml.

[100] 央广网. 重庆市首个《关于罪错未成年人分级矫治实施办法（试行）》出炉 [EB/OL]. (2020-6-23) [2022-9-15]. http://news.cnr.cn/native/city/20200623/t20200623_525141924. shtml.

[101] 杨大可. 德国校园欺凌法律规制体系及司法实践探析 [J]. 比较教育研究，2020，371 (12)：100-106.

[102] 杨解君. 法治的悖论 [J]. 法学杂志，1999 (6)：11-16.

[103] 姚建龙. 少年司法与社会工作的整合 [J]. 法学杂志，2007 (6)：64-66.

[104] 姚建龙. 国家亲权理论与少年司法：以美国少年司法为中心的研究 [J]. 法学杂志，2008 (3)：92-95.

[105] 姚建龙. 长大成人：少年司法制度的建构 [M]. 北京：中国人民公安大学出版社，2003.

[106] 叶青，叶瑛. 论国际化视野下的未成年犯罪人的司法保护 [J]. 青少年犯罪问题，2006 (4)：67-71.

[107] 尹力. 我国校园欺凌治理的制度缺失与完善 [J]. 清华大学教育研究，2017 (4)：101-107.

[108] 俞亮, 吕点点. 法国罪错未成年人分级处遇制度及其借鉴 [J]. 国家检察官学院学报, 2020, 28 (2)：155-176.

[109] 苑宁宁. 论未成年人犯罪三级预防模式的法律建构：以《预防未成年人犯罪法》的修订为视角 [J]. 预防青少年犯罪研究, 2021 (2)：42-50.

[110] 张鸿巍, 果晓峰. 未成年人司法社会支持体系之回顾、反思与建构：基于服务集成的视角 [J]. 青少年犯罪问题, 2020 (2)：98-105.

[111] 张鸿巍, 易榆杰. 对《联合国少年司法最低限度标准规则》中译本若干翻译的商榷 [J]. 青少年犯罪问题, 2014 (5)：76-86.

[112] 张鸿巍. 英国少年司法政策变化之研究 [J]. 河北法学, 2005 (2)：2-7.

[113] 张婧. 作为方法论的实证主义：基于犯罪学与实证主义之亲缘而展开 [J]. 理论界, 2008 (6)：114-116.

[114] 张良驯. 工读学校"去工读化"现象及其原因分析 [J]. 预防青少年犯罪研究, 2016 (5)：88-93.

[115] 张明楷. 刑法学 [M]. 北京：法律出版社, 2016.

[116] 张燕. 从电影《刮痧》解读美国针对儿童的家庭暴力立法及实施 [J]. 中华女子学院学报, 2015 (4)：123-128.

[117] 赵桂芬. 论未成年人恢复性司法的合理性与局限性 [J]. 政法学刊, 2011 (4)：76-82.

[118] 浙江政务服务网. 全省首家！富阳区发布罪错未成年人分级处遇协作机制[EB/OL].(2022-4-8)[2022-8-20]http://www.fuyang.gov.cn/art/2022/4/8/art_1228923167_59258400.html.

[119] 郑将军. 德国未成年人违法犯罪矫正体系及借鉴 [D]. 重庆：西南政法大学, 2018.

[120] 中共北京市委教育工作委员会. 中共北京市委教育工作委员会、北京市教育委员会等部门关于防治中小学生欺凌和暴力的实施意见[EB/OL].(2017-6-13)[2021-11-4].http://www.beijing.gov.cn/zhengce/gfxwj/sj/201905/t20190522_60253.html.

[121] 中国司法大数据研究院. 从司法大数据看我国未成年人权益司法保护和未成年人犯罪特点及其预防[EB/OL].(2018-6-1)[2022-9-19].http://data.court.gov.cn/pages/research.html.

[122] 中国新闻网. 广西法院重点打击性侵未成年人犯罪 2020 年重刑率 46% 最高判死刑 [EB/OL]. (2021-1-15) [2022-9-1]. https://china.huanqiu.com/article/41WhbdmryB3.

[123] 中国新闻网. 最高法谈性侵未成年人犯罪：该判处重刑乃至死刑的坚决依法严惩 [EB/OL]. (2020-12-28) [2022-9-1]. http://yn.people.com.cn/n2/2020/1228/c361322-34497865.html.

[124] 周道鸾. 未成年人刑事判决书的修改与制作暨少年法庭工作调查 [M]. 北京：法律出版社，2010.

[125] 周江洪. 服务合同在我国民法典中的定位及其制度构建 [J]. 法学，2008（1）：76-83.

[126] 朱良. 解构与建构：未成年人罪错行为分级制度研究 [J]. 学习与实践，2022（4）：74-83.

[127] 朱钰婷. 论《刑法》中的从业禁止制度 [D]. 上海：华东政法大学，2018.

[128] 最高人民法院. "打造枫桥式人民法庭 积极服务全面推进乡村振兴"典型案例：融入基层社会治理篇 [EB/OL]. (2022-6-2) [2022-9-10]. https://mp.weixin.qq.com/s/pwvrx3ILhtOYEj_iZyLeJQ.

[129] 最高人民法院. 最高人民法院关于加强新时代未成年人审判工作的意见 [EB/OL]. (2021-1-20) [2022-9-10]. https://www.court.gov.cn/zixun-xiangqing-285011.html.

[130] 最高人民检察院. 聚焦"十四五"时期检察工作发展规划 [EB/OL]. (2021-4-16) [2022-9-20]. https://www.spp.gov.cn/spp/xwfbh/wsfbt/202104/t20210416_515886.shtml#2.

[131] LAWRENCE R, HESSE M. Juvenile Justice：the essentials [CD/M]. e Book：Fixed Pag eTextbook（PDF）. SAGE Publications，2009：12.

[132] LIN N, DEAN A, ENSEL W M. Social Support, Life Events, and Depression [M]. New York：Academic Press，1986.

[133] SCHRAMM G L. Philosophy of the juvenile court [J]. The Annals of the American Academy of Political and Social Science，1949，261（1）：101-108.

[134] TANNENBAUM F. Crime and the Community [M]. New York：Columbia University Press，1938.

［135］TRÉPANIER J, ROUSSEAUX X. Youth and Justice in Western States, 1815-1950: From Punishment to Welfare ［M］. Basingstoke: Palgrave Macmillan, 2018: 366-367.